21世纪日语系列教材

日语语法
中高级句型全解

张玉玲　李占军　／编著

北京大学出版社
PEKING UNIVERSITY PRESS

图书在版编目(CIP)数据

日语语法：中高级句型全解/张玉玲，李占军编著. —北京：北京大学出版社，2018.10
(21世纪日语系列教材)
ISBN 978-7-301-29442-0

Ⅰ.①日… Ⅱ.①张…②李… Ⅲ.①日语-语法-高等学校-教材 Ⅳ.①H364

中国版本图书馆CIP数据核字(2018)第061008号

书　　名	日语语法——中高级句型全解 RIYU YUFA ZHONGGAOJI JUXING QUANJIE
著作责任者	张玉玲　李占军　编著
责任编辑	兰　婷
标准书号	ISBN 978-7-301-29442-0
出版发行	北京大学出版社
地　　址	北京市海淀区成府路205号　100871
网　　址	http://www.pup.cn　新浪微博：@北京大学出版社
电子信箱	lanting371@163.com
电　　话	邮购部 62752015　发行部 62750672　编辑部 62759634
印　刷　者	河北滦县鑫华书刊印刷厂
经　销　者	新华书店
	720毫米×1020毫米　16开本　18印张　230千字 2018年10月第1版　2018年10第1次印刷
定　　价	48.00元

未经许可，不得以任何方式复制或抄袭本书之部分或全部内容。
版权所有，侵权必究
举报电话: 010-62752024　电子信箱: fd@pup.pku.edu.cn
图书如有印装质量问题，请与出版部联系，电话: 010-62756370

本书获外交学院本科生教育教学改革专项经费资助出版

前 言

　　本书是面向有一定日语基础的学习者编写的中高级日语句型语法书。在本书的编写过程中，基于2018年4月国家颁布的《外国语言文学类教学质量国家标准》（新国标），我们参考了《日语专业八级考试大纲》《高等院校日语专业高年级阶段教学大纲》、『日本語能力試験出題基準』（N2、N1）对日语句型的规定和要求，收录了日语专业八级考试要求的句型以及N2、N1考试要求的句型，总条目达343条。本书可以一书多用，既适用于学习者备考日语专业八级考试，也适用于学习者备考N2、N1考试，同时也可以作为具备一定日语基础的学习者提高日语能力的参考书。本书的主要特点是：

1. 句型表达分类合理，排序科学

　　全书按照功能类型将句型表达分为三十六类。分类的名称尽量简短，用一两个术语概括，同时尽量反映所涵盖句型的典型特征。在条目编排方面，按照先N2句型然后N1句型最后非N2、N1句型的顺序，按序排列，这样有利于学习者从易到难逐渐掌握相关句型。

2. 以历年真题例句为例进行解说

　　本书涵盖2002—2017年日语专业八级考试真题中的句型、副词等语法真题。以这些真题为例能够帮助学生更好地理解句型，同时把握专业八级对这些句型的考查方式和考查重点。对于没有对应真题的也尽量使用地道的日语例句，这些例句很好地反映了句型表达中的各方面要点。所有例句还附加了汉语译文，有利于学习者在译文语境中把握相关句型。

　　日语专业八级考试语法部分的考题有些年份有所重复，例如对表示禁止、否定的「～べからざる」的考察，在2014年、2015年、2016年的考试中连续出现，通过真题的例句展示，有助于学习者把握日语专业八级考试的特点。

3. 解说设置科学，层次清晰

本书按照「接续」、「理解」、「意味」、「例文」、「特徵」、「解说」、「注意」七个方面对句型表达进行讲解。内容由浅入深、层次清晰、设置科学，便于学习者从各个侧面系统地把握句型特征。

「接续」是对句型可以接续的对象范围的介绍。「理解」分析了句型的构成要素和构成方式，是掌握句型的关键。「意味」部分给出了该句型的日语和汉语译文，有利于学习者从语义上对句型进行把握。「例文」部分尽量选取历年日语专业八级考试真题，通过分析例句把握句型特征。「特徵」部分总结了该句型的前后项特征，比如与副词、肯否定的呼应以及句末特征等。「解说」是对句型的功能、语义、用法的详细讲解。最后，「注意」部分列举了该句型在使用上的注意事项，如是口语还是书面语、在哪些情况下不能使用等。

4. 检索形式多样，便于查找和复习

本书提供了三种分类检索形式，学习者可以根据不同的检索方式学习相关句型。第一种分类是按照句型表达的功能类型进行分类。本书将日语句型按照功能作用的不同将句型分为三十六种不同的功能类型。第二种分类是在功能类型分类的基础上，为了兼顾学习者备考日本语 N2、N1 考试，将 N2 和 N1 句型标示出来，按序排列。最后本书还提供了传统的五十音图检索顺序，学习者可以按照日语五十音图的顺序查找相关句型条目。

本书的出版得到了外交学院本科生教育教学改革专项经费的资助。外交学院日本专家铃木昭吾先生为本书的部分例句做了校对和修正，对铃木先生的无私付出表示感谢。感谢北京大学出版社对本书的大力支持和兰婷女士在本书的出版过程中给予的诸多帮助。

本书句型详解的一至二十四由张玉玲编写，其他由李占军编写。因编者水平有限，书中难免有疏漏和错误，敬请各位读者批评指正。

编著者
于外交学院

目 录

日语专业中高级考试句型表达的把握重点 ················· 1

句型详解

一、表示伴随、附带的表达 ································· 1
- N2　1. 〜こと（も）なく ····························· 1
- N2　2. 〜ついでに ································· 1
- N2　3. 〜抜きで（は）/〜抜きに（は）/〜抜きの/
  〜を抜きにして（は） ····························· 2
- N2　4. 〜を込めて ································· 3
- N1　5. 〜かたがた ································· 3
- N1　6. 〜かたわら ································· 4
- N1　7. 〜がてら ··································· 4
- N1　8. 〜ことなしに ································ 5
- N1　9. 〜ながら（に/の） ····························· 5
- N1　10. 〜なしに（は） ······························· 6
- N1　11. 〜をもって ································· 7

二、表示比较、对比的表达 ································· 7
- N2　1. 〜一方（で） ································ 7
- N2　2. 〜かわりに ·································· 8
- N2　3. 〜というより ································ 9
- N2　4. 〜に比べ（て） ······························· 9
- N2　5. 〜に対し（て） ······························· 10
- N2　6. 〜反面/〜半面 ······························· 10
- N1　7. 〜にひきかえ ································ 11
- N1　8. 〜にもまして ································ 12

三、表示变化、状态的表达 ··· 12

- N2 1. 〜一方だ ················· 12
- N2 2. 〜かけ／〜かける ··········· 13
- N2 3. 〜つつある ················ 13
-     4. 〜ずにいる、〜ないでいる ····· 14
-     5. 〜ずにおく、〜ないでおく ····· 14
-     6. 〜ずにしまう、〜ないでしまう ··· 15
-     7. 〜たて ···················· 15
-     8. 〜たばかりだ ··············· 16

四、表示场面、状况的表达 ··· 17

- N2 1. 〜際 ····················· 17
- N2 2. 〜最中だ／〜最中に ········· 17
- N2 3. 〜に当たって／〜に当たり ···· 18
- N2 4. 〜において（は／も）、〜における ··· 18
- N2 5. 〜に際し（て） ············· 19
- N2 6. 〜につけ（て） ············· 20
- N2 7. 〜まま（に） ··············· 20
- N1 8. 〜にあって／〜にあっては／〜にあっても ··· 21
-     9. 〜折から ·················· 21
-     10. 〜折に ··················· 22
-     11. 〜にして（は） ············ 22

五、表示传闻、传言的表达 ··· 23

- N2 1. 〜ということだ ············ 23
- N2 2. 〜とか ··················· 24
-     3. 〜とのことだ ·············· 24
-     4. 〜とやら ················· 25

六、表示感慨、感叹的表达 ··· 25

- N2 1. 〜ことか ················· 25
- N2 2. 〜ことに（は） ············ 26
- N2 3. 〜ものがある ·············· 27

4. ーとは･････････････････････････････････27
七、表示关联、相关的表达････････････････････････28
　N2　1. ～次第だ/～次第で/～次第では ････････････28
　N2　2. ～たび/たびに ････････････････････････28
　N2　3. ーとともに ････････････････････････････29
　N2　4. ～に応じて/～に応じ/～に応じては/
　　　　　～に応じても/～に応じた･･････････････････29
　N2　5. ーにかけては/ーにかけても･･･････････････30
　N2　6. ーに関して（は/も）ーに関する ･････････････30
　N2　7. ーに応え（て）/に応え/ーに応える ････････31
　N2　8. ーに従って/ーに従い ･･････････････････････32
　N2　9. ～について/～については/～についても/
　　　　　～についての ････････････････････････････32
　N2　10. ～につれて/～につれ ････････････････････33
　N2　11. ～にとって/～にとっては/～にとっても/
　　　　　～にとっての ･････････････････････････33
　N2　12. ーに伴って/ーに伴い/ーに伴う ･･･････････34
　N2　13. （ーば）ーほど･･････････････････････････34
　N2　14. ーわけだ ････････････････････････････35
　N2　15. ～をきっかけに/～をきっかけとして/
　　　　　～をきっかけにして ･･･････････････････････36
　N2　16. ～を契機に/～を契機として/～を契機にして ･･････36
　N2　17. ーをめぐって/ーをめぐる ･･････････････････37
　N1　18. ーいかんで（は）/ーいかんによって（は）、
　　　　　ーいかんによらず/ーいかんにかかわらず/
　　　　　ーいかんを問わず ･･････････････････････37
　N1　19. ーとあいまって ･･････････････････････････38
　N1　20. ーにかかっている ････････････････････････39
　N1　21. ーにかかわる ････････････････････････････39
　N1　22. ーようによっては ･･･････････････････････40

八、表示回想的表达·····40
- N2　1. ～っけ·····40
- N2　2. ～ものだ·····41

九、表示基准、参考的表达·····42
- N2　1. ～とおり／～とおりに／～どおり／～どおりに·····42
- N2　2. ～に沿って／～に沿い／～に沿う／～に沿った·····42
- N2　3. ～につき·····43
- N2　4. ～に基づいて／～に基づき／～に基づく／～に基づいた·····43
- N2　5. ～のもとで、～のもとに·····44
- N2　6. ～をもとに／～をもとにして·····44
- N1　7. ～に即して·····45
- N1　8. ～を限りに·····45

十、表示假定条件的表达·····46
- N2　1. ～限り（は）·····46
- N2　2. ～かというと、～かといえば·····47
- N2　3. ～さえ～ば·····47
- N2　4. たとえ～ても／たとい～ても、たとえ～であれ·····48
- N2　5. ～つもりだ·····49
- N2　6. ～とすると、～とすれば、～としたら·····49
- N2　7. ～ない限り·····50
- N2　8. ～ないことには［～ない］·····50
- N2　9. ～ものなら·····51
- N1　10. いざ～となると、いざ～となれば、いざ～となったら·····52
- N1　11. ～てはかなわない、～ではかなわない·····52
- N1　12. ～とあれば·····53
- N1　13. ～なくして（は）［～ない］·····53
- 　　14. ～ては·····54
- 　　15. ～（よ）うものなら·····54

十一、表示禁止的表达·····55
- N2　1. ～ものではない·····55

N1	2. 一べからず / 一べからざる	56

十二、表示经过、结果的表达 ······ 56

N2	1. 一あげく（に）	56
N2	2. 一きり	57
N2	3. 一次第だ	57
N2	4. 一ずにすむ / 一ないですむ / 一なくてすむ	58
N2	5. 一たところ	59
N2	6. 〜た末 / 〜た末に / 〜た末の	60
N1	7. 一かいがある	60
N1	8. 一始末だ	61
N1	9. 一ずじまい	61
N1	10. 〜に至る / 〜に至って（は）/ 〜に至っても	62

十三、表示立场、角度的表达 ······ 63

N2	1. 一からいうと、一からいえば、一からいったら、一からいって	63
N2	2. 一からすると、一からすれば	63
N2	3. 一から見ると、一から見れば、一から見て、一から見ても	64
N2	4. 一上（じょう）	64
N2	5. 一として / 一としては / 一としても	65
N1	6. 一にしたら、一にすれば、一にしても	66
N1	7. 一たる、一たるもの	66
N1	8. 一なり（に / の）	67
	9. 一でもって	67
	10. 一をもってすれば	68

十四、表示例示、并列的表达 ······ 69

N2	1. 一にしろ一にしろ、一にせよ一にせよ	69
N2	2. 一につけ一につけ	69
N2	3. 一やら一やら	70
N1	4. 一であれ一であれ、一であろうと一であろうと	71
N1	5. 一といい一といい	71

N1	6. ーといわずーといわず	72
N1	7. ーなりーなり	73

十五、表示不明确的表达 · 73
N1	1. ーともなく／ーともなしに	73
	2. ーとやら	74

十六、表示目的的表达 · 74
N2	1. ー上で	74
N1	2. ーべく	75
N1	3. ーんがため（に／の）	76

十七、表示难易、可能的表达 · 76
N2	1. ー得る、ー得ない	76
N2	2. ーがたい	77
N2	3. ーかねない	77
N2	4. ーかねる	78
N2	5. ーきる、ーきれる	79
N2	6. ーっこない	79
N2	7. ーどころではない	80
N2	8. ーないことはない、ーないこともない	80
N2	9. ーなくはない、ーなくもない	81
N2	10. ーようがない、ーようもない	82
N2	11. ーわけがない	82
N2	12. ーわけではない、ーわけでもない	83
N2	13. ーわけにはいかない、ーわけにもいかない	83
N1	14. ーないものでもない	84
N1	15. ーにかたくない	84
N1	16. ーにたえる、ーにたえない	85
N1	17. ーに足る	86
N1	18. ーに（は）あたらない	86
N1	19. ーべくもない	87
N1	20. ーまでもない	87

21. ～とは限らない ･････････････････････････････････ 88
　　22. ～には及ばない ･････････････････････････････････ 88
　　23. ～はずがない ･･･････････････････････････････････ 89
　　24. ～ものではない ･････････････････････････････････ 89

十八、表示逆接假定的表达 ････････････････････････････ 90
N2　1. ～といっても ･･････････････････････････････････ 90
N1　2. ～たところで ･･････････････････････････････････ 91
N1　3. ～たりとも［～ない］･･････････････････････････････ 91
N1　4. ～であれ ･･････････････････････････････････････ 92
N1　5. ～といえども ･･････････････････････････････････ 93
N1　6. ～ないまでも ･･････････････････････････････････ 93
N1　7. ～ながら（も）････････････････････････････････････ 94
　　8. ～（よ）うが ･･･････････････････････････････････ 94
　　9. ～（よ）うと ･･･････････････････････････････････ 95

十九、表示评价视点的表达 ･･････････････････････････････ 96
N2　1. ～向き（だ/に/の）･････････････････････････････ 96
N2　2. ～にしては ････････････････････････････････････ 96
N1　3. ～まじき ･･････････････････････････････････････ 97
N1　4. ～ともなると、～ともなれば ････････････････････ 97
　　5. ～も～なら～も～だ ･････････････････････････････ 98

二十、表示起始、范围的表达 ････････････････････････････ 99
N2　1. ～から～にかけて ･･･････････････････････････････ 99
N2　2. ～からして ････････････････････････････････････ 99
N2　3. ～にわたって/～にわたり/～にわたる/～にわたった ････ 100
N2　4. ～を通して、～を通じて ････････････････････････ 101
N2　5. ～をはじめ（として）･････････････････････････････ 101
N1　6. ～に至るまで ･･････････････････････････････････ 102
N1　7. ～を皮切りに ･･････････････････････････････････ 102

二十一、表示前后、前提的表达·················103

- N2　1. ―た上で··················103
- N2　2. ―て以来··················104
- N2　3. ―てからでないと［―ない］、―てからでなければ
　　　　［―ない］··················104
- N2　4. ―てはじめて··················105
- N2　5. ―（ない）うちに··················105
- N1　6. ―てからというもの··················106

二十二、表示强调、程度的表达·················107

- N2　1. ―くらい／―ぐらい··················107
- N2　2. ―こそ··················108
- N2　3. ―だけ（の）··················108
- N2　4. ―（で）さえ··················109
- N2　5. ―てしようがない··················109
- N2　6. ―て堪らない··················110
- N2　7. ―てならない··················111
- N2　8. ―に過ぎない··················111
- N2　9. ～（の）限り··················112
- N1　10. ―あっての··················113
- N1　11. ―以外の何ものでもない··················113
- N1　12. ―限りだ··················114
- N1　13. ―からある、―からする、―からの··················114
- N1　14. ―極まる、―極まりない··················115
- N1　15. ―てまで··················116
- N1　16. ―てやまない··················116
- N1　17. ―というところだ、―といったところだ··················117
- N1　18. ―というもの··················117
- N1　19. ―といったらない、―といったらありはしない／
　　　　―といったらありゃしない··················118
- N1　20. ―とばかりに··················119

N1	21. ～にこしたことはない	119
N1	22. ～の至り	120
N1	23. ～の極み	120
	24. ～てもしかたがない、～てもしようがない	121
	25. ～にしても	121
	26. ～に足りない	122
	27. ～のこと（で）	122
	28. ～んばかりだ／～んばかりに／～んばかりの	123

二十三、表示傾向、样态的表达 124

N2	1. ～がち	124
N2	2. ～かのようだ	124
N2	3. ～気味	125
N2	4. ～げ	125
N2	5. ～だらけ	126
N2	6. ～っぽい	127
N1	7. ～きらいがある	127
N1	8. ～ごとき／～ごとく／～ごとし	128
N1	9. ～ずくめ	129
N1	10. ～っぱなし	129
N1	11. ～まみれ	130
N1	12. ～めく	130

二十四、表示劝诱、愿望的表达 131

N2	1. ～に限る	131
N2	2. ～（よ）うではないか／～（よ）うじゃないか	132
	3. ～がいい	132
	4. ～たいものだ	133
	5. ～たらいい	133
	6. ～てほしい	134
	7. ～といい	134
	8. ～ばいい	135

二十五、表示确定条件的表达·········135

- N2　1. ～からといって［～ない］·········135
- N2　2. ～くせに、～くせして·········136
- N2　3. ～つつ（も）·········136
- N2　4. ～ところを·········137
- N2　5. ～ものの·········138
- N2　6. ～わりに（は）·········138
- N1　7. ～が最後、～たら最後·········139
- N1　8. ～と思いきや·········140
- N1　9. ～とはいえ·········140
- N1　10. ～ものを·········141
- 　　11. ～とはいいながら·········142
- 　　12. ～とはいうものの·········142

二十六、表示手段、方式的表达·········143

- N2　1. ～を通して·········143
- N1　2. ～にして·········143
- N1　3. ～をもって·········144

二十七、表示瞬时、同时的表达·········145

- N2　1. ～か～ないかのうちに·········145
- N2　2. ～（か）と思うと、～（か）と思えば、
  　　　～（か）と思ったら·········145
- N2　3. ～次第·········146
- N2　4. ～たとたん（に）·········146
- N1　5. ～が早いか·········147
- N1　6. ～そばから·········148
- N1　7. ～つ～つ·········149
- N1　8. ～なり·········149
- N1　9. ～や、～や否や·········150
- 　　10. ～（か）と思う間もなく·········150

二十八、表示添加、不限的表达 ··· 151
- N2　1. ―上（に）··· 151
- N2　2. ―どころか··· 152
- N2　3. ―に限らず［―も］··· 153
- N2　4. ―に加え（て）··· 153
- N2　5. ―のみならず［―も］、（ただ／ひとり）
　　　　―のみならず［―も］··· 154
- N2　6. ―はおろか［―も］··· 154
- N2　7. ―ばかりか、―ばかりでなく［―も］··· 155
- N2　8. ―はもちろん［―も］、―はもとより［―も］··· 156
- N2　9. ―も―ば―も、―も―なら―も··· 156
- N1　10. ―だけでなく［―も］、（ただ／ひとり）
　　　　―だけでなく［―も］··· 157
- N1　11. ―もさることながら［―も］··· 158

二十九、表示同格、内容的表达 ··· 158
- 1. ―といった··· 158
- 2. ―ところの··· 159
- 3. ―との··· 160

三十、表示推测、推量的表达 ··· 160
- N2　1. ―恐れがある··· 160
- N2　2. ―に相違ない··· 161
- N2　3. ―にちがいない··· 161
- N1　4. ―ものと思われる··· 162
- 　　5. ―かもしれない··· 163
- 　　6. ―のだろう··· 163

三十一、表示无关、无视的表达 ··· 164
- N2　1. ―にしろ、―にせよ··· 164
- N2　2. ―にかかわらず、―にかかわりなく··· 164
- N2　3. ―はともかく（として）··· 165
- N2　4. ―もかまわず··· 166

N2	5. ―を問わず	166
N1	6. ―ならいざしらず	167
N1	7. ―（よ）うが―まいが、―（よ）うと―まいと	168
N1	8. ―をものともせず	168
N1	9. ―をよそに	169
	10. ―（よ）うが―（よ）うが、―（よ）うと―（よ）うと	170

三十二、表示习惯、经验的表达 170

N2	1. ―ことになっている	170
	2. ―ことにしている	171
	3. ―ようにしている	171

三十三、表示限定、排除的表达 172

N2	1. ―きり／―きりだ	172
N2	2. ―しかない	172
N2	3. ―に限って	173
N2	4. ―ぬく	174
N2	5. ―よりほか（に／は）ない	174
N1	6. ただ―のみ	175
N1	7. ―ならでは（の）	175
N1	8. ―ばそれまでだ	176
N1	9. ―まで（のこと）だ	177
N1	10. ―をおいて［―ない］	177
	11. ―によらず	178

三十四、表示原因、理由的表达 178

N2	1. ―あまり（に）	178
N2	2. ―以上（は）	179
N2	3. ―上は	180
N2	4. ―おかげで／―おかげだ／―おかげか	180
N2	5. ―からには	181
N2	6. ―ことから	181

N2	7. ～ことだから	182
N2	8. ～せいだ／～せいで／～せいか	183
N2	9. ～（だ）からこそ	183
N2	10. ～だけあって、～だけのことはある	184
N2	11. ～だけに	184
N2	12. ～につき	185
N2	13. ～ばかりに	186
N2	14. ～もの／～もん	186
N2	15. ～ものだから	187
N1	16. ～こととて	188
N1	17. ～ではあるまいし／～でもあるまいし	188
N1	18. ～とあって	189
N1	19. ～ばこそ	190
N1	20. ～ゆえ（に）	190
	21. ～でもって	191

三十五、表示主题、话题的表达 192

N2	1. ～というと、～といえば、～といったら	192
N1	2. ～ときたら	192
	3. ～となると、～となれば、～となったら	193
	4. ～とは	194
	5. ～におかれましては	194

三十六、表示主张、强制的表达 195

N2	1. ～ことはない	195
N2	2. ～ざるをえない	195
N2	3. ～ずにはいられない／～ないではいられない	196
N2	4. ～というものだ、～というものではない／～というものでもない	197
N2	5. ～（ない）ことだ	197
N2	6. ～に決まっている	198
N2	7. ～にほかならない	199

N2	8. ーべき（だ）、ーべきではない	199
N2	9. ーまい	200
N2	10. ーものか / ーもんか	201
N2	11. ーものだ	201
N1	12. ー言わずもがな	202
N1	13. ーずにはおかない / ーないではおかない	202
N1	14. ーずにはすまない / ーないではすまない	203
N1	15. ーてしかるべきだ	204
N1	16. ーでなくてなんだろう	204
N1	17. ーべくして	205
N1	18. ーを禁じえない	206
N1	19. ーを余儀なくさせる、ーを余儀なくされる	206
	20. ーことになる	207
	21. ーのだ / ーんだ	207
	22. ーはずだ、ーはずの	208

日语专业八级考试对其他语法项目的考查 ········· 210

敬　语 ························· 223

授受表达 ························ 245

参考文献 ························ 251

索　引 ························· 253

日语专业中高级考试句型表达的把握重点

为了使解说更具有条理性、层次性，同时使读者能够更加系统地掌握句型，本书从「接続」、「理解」、「意味」、「例文」、「特徴」、「解説」、「注意」七个方面对句型表达进行了说明。这七个方面是把握句型特征的重要手段，也是日语专业八级考试考查的重点。

1. 接续对象的范围——「接続」

「接続」反映了句型能够接续的对象范围，这一点是日语专业八级考试考查的重点。例如，

(1) レストランで料理を食べ終わってからもしばらく話していたら、帰れと言わん＿＿＿にウェートレスが食器を片づけ始めた。　　　(2005年真题)

　　A. いったの　　B. ばかり　　C. いうの　　D. ゆえ

在表示强调、程度的「〜んばかり」中，「ばかり」前面接续的是「動詞のない形＋ん」，四个选项中只有B能够这样接续，所以答案为B。又如，

(2) 親＿＿＿者は、子供が悪いことをした時に、きちんとしかるべきだ。(2006年真题)

　　A. さる　　B. たる　　C. なる　　D. むきの

「〜たる／〜たるもの」前面要求接续表示身份、地位的名词,表示立场、角度。四个选项中只有B和D能够接续名词，而「〜たるもの」本身又是固定的表达，所以从接续的角度就能选出正确答案B。

另外，相同功能类型的句型之间可能存在接续上的不同，这些也往往是考查的重点。例如表示瞬时、同时的表达有「〜が早いか、〜や否や、〜たとたん（に）」等，但是「〜が早いか、〜や否や」接续的是动词的る形，而「〜たとたん（に）」接续的是动词的た形，在接续上它们就表现出了不同。

2. 句型的理解方式——「理解」

　　为了便于把握句型表达本身的意思，本书在「理解」部分从各个组成部分对句型进行了分析。根据句型的核心成分的不同，可以将核心成分分为名词、动词ます形、动词及动词活用形式（ます形除外）、イ、ナ形容词、助动词、接续助词、形式名词的类型，以及组合型、特殊型等类型。知道了这些核心词汇的意义，句型整体的意义就更容易把握。

　　由于很多句型都包含本来应该用汉字来标记的实词，实词经过历时演变之后语义虚化，由表示实词义转向功能性表达。在句型中这部分汉字大多都已经消失，只保留了对应的假名。在理解这些句型的时候，有必要经历一个还原的过程，把假名还原为汉字标记的实词，借此加深对句型意义的理解。

　　例如，表示结果的「～あげく」，「あげく」原来记作汉字「挙句」，是表示"连歌、连句的最后一句"的名词，其"最后"的意思被保留在「～あげく」中，所以「～あげく」是表示结果的意思。又如，「～にちがいない」是包含名词「違い」的句型，并且保留了名词「違い」的部分意义。包含动词的句型方面，含有「限る」的句型有「～限りだ、～限り（は）、～とは限らない、～ない限り、～に限って、～に限らず、～に限る、～の限り、～を限りに」，它们都继承了动词「限る」的部分意义。另外，名词和动词组合成「名詞＋がある」的句型有「～甲斐がある、～恐れがある、～嫌いがある」等，它们都包含了各自名词和动词「ある」的意义。

　　同时，不隐含汉字的句型中有一些是包含了副词、助词、助动词、形式名词的，通过对这些成分的把握也有利于对句型表达的理解。例如，「～はもちろん、～はもとより」包含了副词「勿論、元より」；「～ばかりか、～ばかりでなく」包含了提示助词「ばかり」；「～べき（だ）、～べきではない」包含了助动词「べき」；「～こととて」包含了形式名词「こと」和接续助词「とて」。在上述这些句型中，副词、助词、助动词、形式名词本身的意思都对理解各句型的意义提供了便利。

　　从还原主义、整体主义的观点来看，将作为一个整体的句型拆分成便于理解的部分，然后组合起来也有助于对句型的把握。当然，有时候整体的功能大于个体之和，整体的意思也并不是个体的简单相加，有的也不易还原为个体。但是这种方法确实提供了一种理解上的便利。例如，「～でなくてなんだろう」等可以通过组合「（名詞＋）で＋なくて＋何＋だろう」来理解其意思。

对于句型的组合形式，日语专业八级考试真题也有所考查。下面举两个例子：

(3) 私は彼にパソコンの使い方を教えているが、教えるそば_____忘れてしまうので、何度も同じ説明を繰り返さなければならない。　　(2005年真题)

　　A. まで　　　　B. から　　　C. より　　　D. だけ

表示瞬时、同时的「～そばから」是由名词「そば（側）」和格助词「から」组合而成的，所以从构成上来看只有B是正确答案。又如，

(4) ボランティア活動は経験の有無を_____、誰でも自由に参加できる。

(2012年真题)

　　A. 言わず　　　B. 聞かず　　C. 説かず　　D. 問わず

是对句型「～をとわず」中的汉字标记的考查，由于该句型的组合形式为"格助词「を」＋动词「問う」のない形＋打ち消しの助动词「ず」"，所以正确答案为D。

另外，由于文语语法在现代日语句型中有所残留，对这部分的分析也更有利于对句型的理解和掌握。例如，

(5) この問題は一年生は_____もがな、三年生でも難しい。　　(2011年真题)

　　A. 言わず　　　B. 言えず　　C. 聞かず　　D. 聞けず

惯用形式「言わずもがな」是由"「言う」のない形＋打ち消しの助动词「ず」＋願望を表す終助詞「もがな」"组成的，其中保留了表示愿望的文语终助词「もがな」，所以答案为A。又如，

(6) 彼のような若者こそ、わが社にとっては欠く____人材なのだ。(2016年真题)

　　A. べからざる　　B. までもない　C. わけがない　D. にあたらない

表示禁止的「～べからざる」是由"推量の助动词「べし」の否定形（べから）＋打ち消しの助动词「ず」の連体形（ざる）"组成的，是文语在现代日语中的残留。

如上所述，从结构上对句型的构成形式、构成成分进行分析有助于为读者提供理解上的参考，所以本书在句型解说的过程中加入了"理解"一栏。

3. 句型表达的意思——「意味」

「意味」是基于"理解"对句型的组合形式的阐述，是对句型的意思的具体说明。"理解"部分为"意思"提供了分析过程。例如，表示瞬时、同时的「～たとたん（に）」，可以理解为"助动词「た」＋名词「途端」（＋格助词「に」）"。由于「途端」表示的是「同時、直後」的意思，所以该句型就可以解释为"～が

起こった瞬間/刚一……就……"。这种解释最大限度地体现了「途端」的特征。从日语和汉语两种语言的角度把握句型的意思有助于读者加深句型的理解。

4. 通过例句把握句型——「例文」

本书在「例文」部分举出了三个例句，这三个例句尽量选取 2002—2017 年日语专业八级考试的真题，并标出了考试的年份信息。例句提供了观察句型特征的载体和语境，典型的例句是能够全方位反映句型的特征。

由于篇幅所限，同时为了同一形式，句型讲解部分的例句未以选择的形式给出。对于相似度很高的真题本书全部列举了出来，如 2012、2014、2015 年的真题对表示强调、程度的「～てまで」的考查就十分相似，本书也一并列出。这样读者可以更直观地把握历年真题对相关条目的考查情况。

另外，三个例句均附有汉语译文，译文最大限度地反映了原文的特色，便于读者在日语和汉语的语境中把握句型的语义特征。

5. 句型的前后项特征——「特徴」

句型的前项和后项是反映句型特征的关键位置，通过观察前后项特征可以把握句型的运用特征。本书在「特徴」部分重点考查了句型的前项和后项的特征，这些特征是一个句型区分于其他句型尤其是区别于表示相同功能的句型。

在前项特征方面，由于句型本身的语义、接续关系等原因，有些句型要求所接续的对象具有某种特征，有的要求前项有与之呼应的副词，有的要求具有先行语境等。例如，

(7) 社会にすこしでも還元し自分なりに奉仕する精神さえあれば、ボランティア活動は経験の有無＿＿＿＿、誰でも自由に参加できる。　　(2014 年真題)
　　A. を言わず　　B. を問わず　　C. を置かず　　D. を疑わず

「～を問わず」の前項看可以接续「年齢、性別、学歴」等具有幅度的名词或「男女、有無、国の内外」等具有相反关系意义的名词，只有 B 可以形成固定句型。另外，表示无关、无视的句型还有「～にしろ/～にせよ、～はもとより、～もかまわず、～をよそに」等，但是只有「～を問わず」最适合接续具有相反关系意义的名词。所以前后项特征是对句型进行把握时的重点。下面是和前项副词呼应的例子，

(8) 民事上の賠償の支払いに関しては、まず交渉の前提として、たとえ交通事故の加害者の立場＿＿＿＿交渉ごとの立場は対等であることを主張します。

(2007年真題)

　　A. ではあろう　　B. であり　　C. ではあって　　D. であれ

　表示假定条件的「～であれ」可以和副词「たとえ」呼应，表示"即使是……也……"的意思，「たとえ」起到强调的作用。

(9) 思いがけないゲリラの反撃が政府軍の撤退を＿＿＿＿。　　(2013年真題)

　　A. 余儀なくさせた　　　　　B. 余儀なくされた

　　C. せざるをえなかった　　　D. せざるをしなかった

　表示强制的「～を余儀なくさせる、～を余儀なくされる」前项要求接续表示行为的名词，同时要求有"不可抗拒的情况"作为做出该行为动作的前提。「撤退」是行为动词，「思いがけないゲリラの反撃」做出该动作的前提，所以本题的正确答案是A。

　在后项特征方面，由于句型本身的语义特征以及人称指向关系等原因，有些句型的后项一般接续否定、负面的评价，有的不能接续命令、请求等主观性表达，有些后面要求添加其他同类项目等。例如，

(10) 家の弟＿＿＿＿、わがままでどうしようもない。　　(2011年真題)

　　A. ともなれば　　B. ときたら　　C. とはいえ　　D. はおろか

　表示评价的主题、话题的「～ときたら」，其后项的评价一般是否定的、负面评价。又如，

(11) 小学校へ入る＿＿＿＿僕はたちまち世間に多い「いじめっ子」というものに巡り合った。　　(2010年真題)

　　A. そばから　　B. と早いか　　C. ばかりに　　D. が早いか

　表示动作或事件瞬时、同时发生的「～が早いか」是对事件的客观描写，要求后项必须是既成的事实，同时后项不能为表示命令、否定、意志、计划的表达。下面是后续添加表达的例子，

(12) 非常用備蓄食糧としての条件というのは、食品そのものの品質はさること＿＿＿＿、保存の方法に至るまで、非常に欲ばった具備条件が求められている。　　(2007年真題)

　　A. だけに　　B. ゆえに　　C. ながら　　D. ばかり

　表示添加、不限的「～も/はさることながら」在意义上表示"……自不必

说、不用说……了(连……也)"的意思，按含有"连……也"的意思，所以后项一般有「～さえ、～まで、～も、～でも」等表示添加的表达。

　　句型的前后项特征有的也反映在了句型条目上面，如表示添加、不限的「～に限らず[～も]」；有副词和添加表达呼应的「ただ/ひとり～のみならず[～も]」；后接续否定，表示假定条件的「～ないことには［～ない］」等。对于拥有典型的前后项特征的句型，文中对这些特征都做了详细讲解，这样有利于读者更宏观地把握句型特征。

6. 句型的具体功能——「解説」

　　句型的功能、意义、使用场景、表达的语气、语用效果等是句型把握的重要方面。例如，对「～ならでは」的把握就需要包含其意义(表示此特色是该名词所独有的)、使用场景(多用于公司的宣传、广告等)、表达的语气(包含很高的评价语气，含有对这种特色的自信和自豪)等。本书在句型的「解説」部分对上述信息做了具体说明。

　　对于一个句型具有的多重意义本书也进行了解释。例如，对「～どころか」的解释包含了「～どころか」的两个功能(转折；让步)、两种意义(表示与预想完全相反的事实；表示不仅是前项没有达到要求，就连程度更低的后项都没有达到要求的意思)。

7. 需要注意的地方——「注意」

　　本书的「注意」部分是对句型的使用过程中的注意事项的补充说明，涉及与该句型相关的惯用形式；该句型的其他用法；文体上的限制；例外或不能使用的情况；近义句型的区别等。

　　例如，表示确定条件的「～つつ（も）」需要注意的是其惯用形式有「言いつつ、感じつつ」等；其相关的其他用法是表示同时进行的用法，表示"一边……一边……"的意思，此时和顺接的「～ながら」意思相同(近义表达)；文体上的限制是属于书面语。又如，在例外或不能使用的情况方面，表示瞬时、同时的「～が早いか」的后项不能是命令、否定以及「～つもり、～よう」等意志性动作，也不能用于自己的动作。在近义句型的区别方面，在讲解表示确定条件的「～ものを」和「～ものの」的时候，说明了他们的区别在于前者暗含因为做了或者没有做某事而后悔、不满、非难等语气，后者只是单纯地表示转折的意思。

句型詳解

一、表示伴随、附带的表达

N2 1. ～こと(も)なく

- ◆ 接続　動詞る形
- ◆ 理解　形式名詞「こと」+（助詞「も」）+ 打消しの助動詞「ない」から
- ◆ 意味　〜しないで、ずに/不……、没有……
- ◆ 例文　△ 彼らは生活のため、休日も休むことなく働いている。
  → 他们为了生活，休息日也不休息仍在工作。
  △ その子は、もうこちらをふりかえることもなく、両手を振り、胸を張って消えて行った。
  → 那孩子头也不回地，摆着两臂挺着胸膛消失了。
  △ その学生は、お世話になった先生にあいさつすることなく帰国してしまった。
  → 那个学生回国时，都没有跟照顾过自己的老师打个招呼。
- ◆接続　後項-「てしまう」などマイナス的な表現
- ◆区別　表示"一般会做……，但是这种情况下却不做……"，后项通常是不符常理的意外事件。上面三个例句都分别含有「休む」、「振り返る」、「あいさつする」的可能性，但实际上并没有这样做。
- ◆注意　「〜ことなく」比「〜こともなく」的书面语感更强。

N2 2.〜ついでに

- ◆接続　動詞る形
  　　　名詞＋の
- ◆理解　動詞「次ぐ」のて形＋格助詞「に」

- ◆意味　〜する機会を利用して／顺便……
- ◆例文　△ 散歩のついでに手紙を出してきた。
    - → 去散步顺便把信寄出去了。
    - △ 洗濯物を干すついでに、花に水をやっておいて。
    - → 晾晒衣服顺便给花浇水。
    - △ 大阪に行くついでに、京都にもちょっと足を伸ばしてみるつもりです。
    - → 打算去大阪顺便去趟京都。
- ◆接続　前項‐行為を表す名詞、動作動詞
- ◆解説　利用要做的主要事件捎带着做别的事情，捎带做的事一般是临时附加上去的小事。
- ◆注意　前主后次。

N2　3.〜抜きで(は)／〜抜きに(は)／〜抜きの／〜を抜きにして(は)

- ◆接続　名詞
- ◆理解　動詞「抜く」のます形＋「で(は)／に(は)／の／にして(は)」
- ◆意味　〜を入れないで、〜を除外して／去掉……、省去……
- ◆例文　△ わがチームの優勝はイチロさん抜きでは語れない。
    - → 如果撇开了一郎，我们队想得冠军的愿望是无从谈起的。
    - △ 急ぎの要件だから、挨拶抜きのメールを送った。
    - → 因为事情很急，所以就发了一封没写寒暄语的邮件。
    - △ 冗談は抜きにして、真面目に考えてください。
    - → 撇开玩笑，请认真考虑。
- ◆接続　後項‐「〜ない、〜られない」など不可能な意味を表す表現が多い
- ◆解説　多用于比较特殊的场合，表示"去掉（缺少）某个成分的话就不……"的意思，后面多接续表示否定的「〜ない」。
- ◆注意　表示去掉通常应该包含的东西。

N2　4. ～を込めて

- ◆接続　名詞
- ◆理解　動詞「込める」のて形
- ◆意味　～を入れて／包含了……、倾注了……
- ◆例文　△ 気に入った詩があったら、感情をこめて声に出して読もう。
　　　　　　→ 遇到喜欢的诗时，就声情并茂地放声朗读吧。
　　　　△ いろいろな思いをこめて、彼のために絵を描いた。
　　　　　　→ 感慨万千地为他画了幅画。
　　　　△ いかりをこめて、抗議活動に参加した。
　　　　　　→ 带着愤怒参加了抗议活动。
- ◆特徴　前項－感情を表す名詞
- ◆解説　对某事物倾注了心血、精力、爱情等情感。
- ◆注意　修饰名词时用「～をこめた」的形式。

N1　5. ～かたがた

- ◆接続　名詞
- ◆理解　副詞「かたがた（旁）」から
- ◆意味　～のついでに、～を兼ねて／顺便……
- ◆例文　△ 近くに用事があったものですから、先日のお礼かたがた伺いました。
　　　　　　→ 刚好到附近有点事，顺便过来拜访一下。
　　　　△ 帰国の挨拶かたがたお土産を持って先生のお宅を訪問した。
　　　　　　→ 回国的时候去问候老师，顺便带了些礼物去老师家拜访。
　　　　△ 花見かたがた一度ぜひ遊びに来ていただきたいですが。
　　　　　　→ 赏花后请一定过来玩。
- ◆特徴　前項－「お祝、お詫び、ご挨拶、ご報告」などの名詞
- ◆解説　表示同一动作主体的行为包含两个目的，在做前一动作的同时顺便兼做后面的动作。
- ◆注意　一般用于商务等郑重的人际关系场合。

N1　6. ～かたわら

- ◆接続　動詞る形
  　　　　名詞＋の
- ◆理解　副詞「かたわら（傍）」から
- ◆意味　…しながら、…する一方で／一边……一边……
- ◆例文　△ 田中さんは不動産業を営むかたわら、暇を見つけてボランティア活動をしている。
  　　　　　→田中在经营房地产的同时，还抽空参加志愿者的活动。
  　　　　△ 彼は歌手としての活動のかたわら、小説家としても活躍している。
  　　　　　→他作为歌手积极从事各种活动的同时，作为小说家也很活跃。
  　　　　△ 妹は毎日講義のかたわら研究も続けている。
  　　　　　→妹妹每天上课的同时还要做研究。
- ◆特徴　前項－職業、身分を表す内容
- ◆解説　表示在从事主要职业的同时还分出精力在空余时间做别的事情。是书面语，多用于同时具有两种身份，如职业等长期的持续状态。与「～ながら」不同，「～ながら」表示同时进行的动作，且以后项动作为主。
- ◆注意　「～かたわら」还有"在……旁边"的意思。如：
  　　　　△ 子供は母親のかたわらで眠っている。
  　　　　　→孩子在妈妈旁边睡着了。

N1　7. ～がてら

- ◆接続　動詞ます形
  　　　　名詞
- ◆理解　動詞「かてる（糅）」のます形「かて」＋動詞「ある」から
- ◆意味　～を兼ねて／顺便……
- ◆例文　△ 新しい自動車を試しがてら公園をサイクリングした。
  　　　　　→试骑新买的自行车，顺带逛了公园。
  　　　　△ その結果の報告がてら彼に会ってくる。
  　　　　　→汇报结果时顺便见他一面。
  　　　　△ 散歩がてら、本屋へ寄った。
  　　　　　→散步的时候顺便去了书店。

一、表示伴随、附带的表达

- ◆特徴　後項-「行く、歩く、寄る」などの動詞
- ◆解説　表示同一动作主体的行为包含两个目的，在做前一动作的同时顺便兼做后面的动作，可用于一般的日常会话。
- ◆注意　相当于「～を兼ねて、～かたがた」。

N1　8.～ことなしに

- ◆接続　動詞る形
- ◆理解　名詞「こと」+打消しの助動詞「なし」+格助詞「に」
- ◆意味　ないで/没有
- ◆例文　▲他人を犠牲にすることなしに、個人の望みを達成することは困難だと考えている人もいます。（2002年真題）
  → 也有人认为不牺牲他人的利益就很难达成自己的愿望。
  △ タバコを吸うことなしには一日もいられなかった。
  → 一天不吸烟都不行。
  △ 来週は先生の誕生日だ。先生に知らせることなしにパーティーの準備をした。
  → 下周是老师生日。我们瞒着老师准备了生日晚会。
- ◆特徴　後項-マイナス的な意味が多い
- ◆解説　表示伴随，没有进行前项动作的状态下进行后项动作。后项如果是否定形式则以「～ことなしに（は）～できない」的形式表示"不……就不能……"的意思。
- ◆注意　和「～ことなく」意思相同，后项多用于否定。

N1　9.～ながら(に/の)

- ◆接続　動詞ます形
  イ形容詞普通形
  ナ形容詞+であり
  名詞+であり
- ◆理解　接続助詞「ながら」+助詞「に」／「の」
- ◆意味　～けれども、～のに/虽然……但是……
- ◆例文　▲どうしてそんなにまで、あの学生帽が好きだったのか、自分の

ことながらよく解らない。(2010年真題)
→ 为什么过去对那种学生帽喜欢到了那个地步？虽然是自己的事情，却不是很明白。

△ このカメラは小型でありながら、よく写ります。
→ 这部相机虽然是小型的，但拍照的效果很好。

△ 体によくないと知りながら、煙草をやめられない人も多い。
→ 虽然明知对身体不好，但是一些人还是戒不掉。

◆特徴　前項‐各品詞
◆解説　表示逆接、让步的意思，说明虽然有这种情况，但是也存在与之相对的另一面。「～ながらも」语气更强。
◆注意　「～ながら」还有表示并列、附带的用法。惯用表现有「残念ながら、勝手ながら」等。

N1　10.〜なしに(は)

◆接続　動詞る形
　　　　名詞
◆理解　打消しの「なし」＋助詞「に」＋（助詞「は」）
◆意味　〜しないで；〜ないでは〜ない／没有……就……；如果没有……就不……
◆例文　△ 人間である以上は社会と関係なしには生きられない。
　　　　→ 既然是人就不可能脱离社会。

△ 断りなしに外泊したために寮の規則で一週間ロビーの掃除をさせられた。
→ 由于擅自夜不归宿，根据宿舍的管理规定，被罚清扫大厅一个星期。

△ 先生方のご指導や友人の助けなしには、論文を書き上げられなかっただろう。
→ 如果没有老师的指导和朋友的帮助，我的论文也不会完成吧。

◆特徴　後項‐打消しの内容が多い
◆解説　与肯定呼应，表示伴随着前项的状态做某事，此时只用「～なしに」。与否定呼应，表示没有前面这一条件的话就不会有后项这种情况的可能。

◆注意　类似的句型还有「～ことなしに」，具体用法可以参照该条目。

N1　11.～をもって

- ◆接続　名詞
- ◆理解　助詞「を」＋動詞「持つ」のて形
- ◆意味　～で（期限；基準；方法）/ 以……为限；根据……；凭借……
- ◆例文　△ 彼の実力をもってすれば、成功するだろう。
　　　　　→ 如果以他的实力，应该会成功吧。
　　　　△ 国外交官としてどう対処するべきか、彼女は身をもって示した。
　　　　　→ 她以身作则展示了作为一名外交官应该怎么应对事务。
　　　　△ この書類をもって、本コースの修了証明書とみなす。
　　　　　→ 以这份材料作为本课程的结业证明。
- ◆特徴　前項－「書面、書類、レポート」などの名詞
- ◆解説　接在时间名词后多表示以该时间为限，此时多用「～をもちまして（谨以……）」的形式，用于会议、通知、致辞等场合。以「身をもって、自信をもって」等形式表示方法或伴随的状态。
- ◆注意　「～をもって」虽然相当于「～で」的意思，但用法不尽相同。

二、表示比较、对比的表达

N2　1.～一方（で）

- ◆接続　動詞、イ形容詞普通形
　　　　ナ形容詞語幹＋な / である / だった
　　　　名詞＋である / だった
- ◆理解　名詞「一方」＋格助詞「で」
- ◆意味　ある事柄と並行して他の事柄が行われること / 一方面……另一方面……
- ◆例文　△ 彼は小説家である一方で、登山家でもある。
　　　　　→ 他既是小说家，又是登山家。
　　　　△ 海外旅行は楽しい一方で、色々勉強にもなる。
　　　　　→ 海外旅行不仅可以享受快乐，而且还能学到很多东西。

　　　　△ 男は力強い一方、情にもろいところもある。
　　　　　　→ 男人身体强壮，但感情上也有脆弱的一面。
◆特徴　　後項 – 前項の相反か追加
◆解説　　表示并列或累加。既是前项，又是后项。既有前项的性质，又有后项的性质。
◆注意　　「一方で」也可以作为接续词使用。

N2　2. 〜かわりに

◆接続 1　動詞る形
　　　　　名詞＋の
◆理解　　動詞「かわる（替・代）」のます形＋格助詞「に」
◆意味　　〜にひきかえて/代替……
◆例文　　△ 映画を見るかわりに、うちで新しい DVD を見ることにした。
　　　　　　→ 我决定不去看电影，而是在家看新买的 DVD。
　　　　△ 返事のかわりに深い溜息が返ってきた。
　　　　　　→ 没有给回应只有深深地叹息。
　　　　△ 佐藤先生が病気なので、佐藤先生のかわりに、野田先生が授業してくれた。
　　　　　　→ 佐藤老师生病了，野田老师代替她给我们上了课。
◆特徴　　前項 – 物事と人を表す内容
◆解説　　后项的人或事代替前项的人或事，或做后项的事情以取代前项。
◆注意　　「そのかわりに」作为接续词使用。

◆接続 2　動詞、イ形容詞普通形
　　　　　ナ形容詞語幹＋な
　　　　　名詞＋の
◆理解　　動詞「かわる（替・代）」のます形＋格助詞「に」
◆意味　　〜と交換して、〜と同時に / 作为交换……、与之相对……；虽然……但是……
◆例文　　△ 日曜日出勤するかわりに、明日は休ませてください。
　　　　　　→ 我星期天可以上班，但条件是明天让我休息。

△ 日本語を教えてあげるかわりに、私に英語を教えてください。
　　→ 我教你日语，（作为交换）你教我英语。
△ 東京は便利なかわりに、物価は高い。
　　→ 东京很方便，与之相对，物价也很高。

- ◆特徴　　後項‐前項との代償を表す内容
- ◆解説　　表示用于"条件交换"或"补偿、报答"，前后项是两个动作或状态的并列。
- ◆注意　　「そのかわりに」作为接续词使用。

N2　3. ～というより

- ◆接続　　動詞、イ形容詞普通形
　　　　　　ナ形容詞語幹、名詞
- ◆理解　　格助詞「と」＋動詞「いう」＋格助詞「より」
- ◆意味　　～というのは～のほうが～ / 与其说……不如说……
- ◆例文　　△ クーラーが効きすぎて、涼しいというより寒いよ。
　　　　　　　→ 冷气效果太好，与其说凉快不如说太冷啦。
　　　　　　△ あの人はきれいというより上品だ。
　　　　　　　→ 与其说那个人漂亮，不如说气质高雅。
　　　　　　△ 教育資源の奪い合いというより、むしろお金の勝負だ。
　　　　　　　→ 与其说是教育资源的争夺不如说是金钱之间的较量。
- ◆特徴　　後項‐前項より程度が深まる
- ◆解説　　表示"虽然也有前者的说法，但是后者的说法更确切"，某种更确切的说法或判断代替之前的说法或判断。
- ◆注意　　是对事物认识的深化。

N2　4. ～に比べ(て)

- ◆接続　　名詞
- ◆理解　　動詞「比べる」のて形
- ◆意味　　～と比較すると / 与……相比
- ◆例文　　△ 諸外国に比べて、日本は食料品が高いと言われている。
　　　　　　　→ 据说与其他国家相比，日本的食品价格高。
　　　　　　△ 今年は去年に比べ、雨の量が高い。

→ 这种车不会污染空气，但是另一方面价格也很昂贵。

△ 彼は仕事に厳しいが反面やさしいところもある。

→ 他虽然对工作要求很严，但也有温和的一面。

△ 大都市は生活が便利な反面、渋滞や騒音など不便なところもある。

→ 大城市生活方便，但也有堵车、噪音等不便之处。

- ◆特徴　後項 - マイナス的な意味が多い
- ◆解説　表示同一事物的两个方面，即前项是积极的，后项是消极的，「その反面」常用于连接两个句子。
- ◆注意　「〜一方」可以表示同一事物的不同侧面，也可以表示并列存在的多个状态，而「〜反面」只表示事物相反的两个侧面。

N1　7. 〜にひきかえ

- ◆接続　名詞
- ◆理解　格助詞「に」＋動詞「引（き）換える・引（き）替える」のます形
- ◆意味　〜とは違って、〜と比べて／与……相反、与……不同
- ◆例文　▲都会の人間は、話すのも歩くのも食べるのも速いが、それにひきかえて、田舎の人たちの暮らしぶりは、実にのんびりしている。
（2009年真題）

→ 城市人说话、走路吃饭都很快，与此相反，农村人的生活非常悠闲。

△ 若い頃は一日中テニスをしても何ともなかった。それにひきかえ、最近は一時間やっただけで足が動かなくなってしまう。

→ 年轻的时候打一整天网球跟没事一样。可是，最近刚打一个小时脚就挪不动了。

△ 兄はまじめで働き者であるのにひきかえ、弟はわがままで怠け者だ。

→ 哥哥老实又能干，与之相对，弟弟任性还懒惰。

- ◆特徴　後項 - 避難、不満の感情が多い
- ◆解説　举出同一事物两方面的性质进行对比，也可以对不同事物进行对比。
- ◆注意　一般是前项为正面表达，而后项是负面表现。

N1　8. 〜にもまして

- ◆接続　名詞
- ◆理解　格助詞「に」＋助詞「も」＋動詞「増す」のて形
- ◆意味　〜よりも以上に／比……更
- ◆例文　△ 今回のイベントは、前回にもまして好評だった。
  　　→ 这次的活动取得了比上次更好的评价。
  　△ 彼の演技力は以前にもまして、磨きがかかり、円熟味が加わってきた。
  　　→ 他的表演能力比以前更加精湛、成熟老练。
  　△ この地方は今年で桜を見に来た観客にもまして、紅葉を観賞する人が多い。
  　　→ 今年来这观赏红叶的人比当初来看樱花的人多。
- ◆特徴　前項 - 数量、程度などを表す内容
- ◆解説　表示后项比前项数量或程度更高。有时前接疑问词，表示"比任何对象都……"的意思。
- ◆注意　与「〜より」相比，「〜にもまして」重点在数量或者程度上的比较。

三、表示变化、状态的表达

N2　1. 〜一方だ

- ◆接続　動詞る形
- ◆理解　名詞「一方」＋断定の助動詞「だ」
- ◆意味　〜の方向にだけ進む／一直、越来越、一个劲儿地……
- ◆例文　△ 地震の被害についての情報が混乱し、住民の不安は拡がる一方だ。
  　　→ 关于地震的受灾情况众说纷纭，居民们越来越感到不安。
  　△ ここ数年、経済回復の兆しが見えず、就職状況は厳しくなる一方だ。
  　　→ 近几年经济没有回暖迹象，就业状况也越来越严峻。
  　△ 国民の生活がよくなっているが、物価もあがる一方だ。
  　　→ 人民生活正在改善，但是物价也越来越高了。

三、表示变化、状态的表达

- ◆特徵　前項‐副詞「ますます」など
- ◆解説　事物持续向着某个方向、某个倾向发展，前面接续变化动词。
- ◆注意　多用于负面表达。

N2　2.〜かけ／〜かける

- ◆接続　動詞ます形
- ◆理解　動詞「掛ける」から
- ◆意味　〜し始めて、まだ終わっていない／……做了一半、正……
- ◆例文　△ テーブルの上に食べかけのケーキがおいてある。
  　　　　→桌子上有一块吃了几口的蛋糕。
  　　　△ バブル経済が崩壊するとともに、不動産の倒産が相次いだ。まだ建てかけのビルがあちこちに残っている。
  　　　　→泡沫经济崩溃的同时，不少房地产公司纷纷倒闭。于是，多处留下了只建了一半的烂尾楼。
  　　　△ 道端で死にかけの子猫を発見した。かわいそうなので、持ち帰って世話した。
  　　　　→在路边看到一只快死的小猫。太可怜了，就把它带回家照顾了。
- ◆特徵　前項‐「まだ」などの副詞
- ◆解説　接持续动词后表示动作已经开始且还没结束，接瞬间动词后表示动作完成前的状态，"快要……"。
- ◆注意　「〜かける」前接动词形成复合动词，表示对某人做某事。如「話しかける、呼びかける」等。

N2　3.〜つつある

- ◆接続　動詞ます形
- ◆理解　反復・継続を表す「つつ」＋動詞「ある」
- ◆意味　今まさに〜ている／正在……、逐渐……
- ◆例文　△ 新しい日本の文化が現在作られつつあるし、これからも作られていくだろう。
  　　　　→新的日本文化正在不断地形成，今后也会不断地发展下去。

△ 大気汚染に関しては、徐々に改善されつつあると言えよう。
　　→ 可以说大气污染正在一点点地得到改善吧。
△ 国民生活は向上しつつあるというが、それは単なる消費面でしかない。
　　→ 人民生活水平在不断提高，但这只不过是消费层面的现象而已。
◆特徵　前項－変化動詞
◆解説　表示某事物处在朝着某个方向不断地变化的过程之中。
◆注意　「～つつある」不能前接「行く」、「泣く」、「話す」等表示具体动作的词。

4. ～ずにいる、～ないでいる

◆接続　動詞ない形
◆理解　助動詞「ず／ない」＋動詞「いる」
◆意味　ないでいる／没有……
◆例文　△ 彼は、銀行からの借金が数百万円もあって、返せずにいるという。
　　　　　→ 据说他从银行借了数百万日元没有还。
　　　　△ 何も知らないでいる若い人たちのために、わたしの目の前で起こったことを、すべて書き残そうと思う。
　　　　　→ 为了什么都不明白的年轻人，把眼前发生的事情全都写下来。
　　　　△ いつも忘れずにいる故郷の京都が思われる。
　　　　　→ 经常想起无法忘怀的故乡京都。
◆特徵　前項－動作動詞
◆解説　表示前项动词的动作、作用没有实现的状态。
◆注意　动作主体只限于具有感情和意志的人和动物。

5. ～ずにおく、～ないでおく

◆接続　動詞ない形
◆理解　打ち消しの助動詞「ず／ない」＋動詞「おく」
◆意味　～ないで／不做……
◆例文　△ わざといわずにおいて、当日ホームでびっくりさせてやろうと思っていた。

→ 故意不提前说，当天在家给他惊喜。
△ 大袈裟なことは言わないでおくんなさい。
→ 请不要夸大其词。
△ 目を覆わずにいられないほど怖いので、ここではあえて書かずにおく。
→ 很恐怖，蒙上眼睛，所以在这就先不写了。
- ◆特徴　前項－動作動詞
- ◆解説　表示因为某种原因和目的，不实现前面动词的动作、作用。
- ◆注意　用于主体有意识的行为。

6. 〜ずにしまう、〜ないでしまう

- ◆接続　動詞のない形
- ◆理解　打ち消しの助動詞「ず／ない」＋動詞「しまう」
- ◆意味　ないで／没能……
- ◆例文
  △ 本当の事はただ神だけが知つている。我々には勿論永久に解らないでしまう。
  → 真实的事情只有神知道，对我们永远是无解的。
  △ 彼女の怒った顔を見ることができずにしまった。
  → 没能看到她愤怒的表情。
  △ ついにその要領を得ないでしまった。
  → 最终还是没能听明白。
- ◆特徴　前項－動作動詞
- ◆解説　表示前面动作、作用未实现便结束了。
- ◆注意　主体带有遗憾的情感。

7. 〜たて

- ◆接続　動詞のます形
- ◆理解　動詞「立てる」のて形から
- ◆意味　終わったばかり／刚刚……
- ◆例文
  ▲ この料理はできたてがおいしいのよ。熱いうちに召し上がれ。（2014年真題）
  → 这道菜刚刚做好很好吃哦，趁热吃。

▲このお茶には沸騰したてのお湯より少し冷ましたお湯を使ってください。（2006年真題）

→泡茶用稍微凉一点的开水比刚烧开的好。

△上腹、下腹ともに焼きたての食パンくらいの弾力と柔らかさがあります。

→上腹和下腹都富有弹力和柔软度，像刚刚烤出的面包一样。

◆特徴　前項 – 動作動詞
◆解説　表示动作、行为刚刚结束。
◆注意　与「～たばかり」意思相近。

8.～たばかりだ

◆接続　動詞て形
◆理解　助動詞「た」＋副助詞「ばかり」＋断定の助動詞「だ」
◆意味　～が生じた直後／……之后
◆例文　△空港到着はまだ午後五時を過ぎたばかりだが、もう、東京行きの便はない。

→到达机场刚过下午五点，但已经没有去东京的航班了。

△年齢は四十を超えたばかりだが、苦労性のせいか、実際の年齢より上に見えた。

→刚过四十，但因为劳累看上去比实际年龄大。

△日本に来たばかりの時、道に迷ったり、地下鉄を乗り間違えたりして、とても困った。

→刚来日本的时候，经常迷路、乘错地铁等，非常困惑。

◆特徴　前項 – 動作動詞
◆解説　表示动作行为结束后经过了较长一段时间，但是说话人感觉上"犹如刚刚发生"的事态。
◆注意　可以与「昨日」、「先週」、「先月」、「去年」连用，有时甚至可以与「1年前に」等客观上比较久远的时间副词连用。

四、表示场面、状况的表达

N2　1. ～際

- ◆接続　動詞る形
  　　　　名詞＋の
- ◆理解　名詞「際」から
- ◆意味　～をする時／在……的时候
- ◆例文　△ 東京を訪問した際に、林先生のお宅に立ち寄りました。
  　　　　　→ 访问东京之际，顺便拜访了林老师。
  　　　　△ お降りの際は、お忘れ物のないよう、お気をつけください。
  　　　　　→ 下车时请留意不要遗忘东西。
  　　　　△ ネット通販をご利用の際、個人情報に気を付けなければならない。
  　　　　　→ 利用互联网购物时必须注意保护个人信息。
- ◆特徴　前項－動作動詞が多い
- ◆解説　相当于「～時（は）／時に（は）」，表示在某个特殊时间或非常时期做某事，也可以表示"这是做某事的最佳机会"。
- ◆注意　主要用于书面语。

N2　2. ～最中だ／～最中に

- ◆接続　動詞ている形
  　　　　名詞＋の
- ◆理解　名詞「最中」から
- ◆意味　ちょうど～している時／正在……的时候
- ◆例文　△ 四ヶ月前に大輝を出産して、今は子育ての真っ最中だ。
  　　　　　→ 四个月前生了大辉，现在正正育儿中。
  　　　　△ 試合の最中に、雨が降ってきた。
  　　　　　→ 比赛的时候下雨了。
  　　　　△ 着替えしている最中に誰かがドアをノックした。
  　　　　　→ 正在换衣服的时候有人敲门了。

- ◆特徴　後項－意外、不満を表す内容が多い
- ◆解説　某个动作正在进行的时候发生了别的事情。含有前项正在进行得顺利或正值高潮的时候被后项突发的、偶然的事件打断的意思。
- ◆注意　「真っ最中」是强调的表达方式。

N2　3. 〜に当たって / 〜に当たり

- ◆接続　動詞る形
  　　　　名詞
- ◆理解　格助詞「に」＋動詞「当たる」のて形
- ◆意味　〜するその時に、〜に際して / 正在……时候
- ◆例文　△ 答弁に当たっては、誠意を持ってきちんと対応されるよう望みます。
  　　　　→ 希望答辩时带着诚意去应对。
  　　　　△ 税率改革案を実施するにあたって、政府はマスコミを通じて国民に説明するとともに、国民の理解を求めました。
  　　　　→ 在实施税率方案改革之际，政府通过媒体向全体人民做了说明，同时力求得到人民的理解。
  　　　　△ 新作映画の公開にあたり、監督をはじめ、主演俳優が記者会見を行った。
  　　　　→ 新电影上映之际，导演及主要演员举办了记者见面会。
- ◆特徴　前項－「開会、申し込み、新学期、入学、受験、就職、退職」などの名詞
- ◆解説　在面临某个崭新的时期、某个前所未有的时期、某个称得上历史性的时期去做某事。
- ◆注意　多用于致辞、演讲、慰问、采访、致谢等较拘谨隆重的场合。

N2　4. 〜において（は / も）、〜における

- ◆接続　名詞
- ◆理解　助動詞「に」＋動詞「おく」のて形
- ◆意味　〜で / 在……
- ◆例文　△ 結婚式は大ホールにおいて行われた。

→ 在大礼堂举办了婚礼。

△ チャイナドレスは中国の清朝、および民国時代において流行っていた服装である。

→ 旗袍是流行于中国的清朝以及民国时期的服装。

△ 三時から三階の多目的ホールにおいて、緊急対策会議を開くことになっている。

→ 三点在三楼多功能厅召开紧急对策会议。

- ◆特徴　前項－時間、場所、状況を表す名詞
- ◆解説　接表示时间、场所、状况等词后面，表示某事件发生的背景。相当于「～で」，但更正式。
- ◆注意　还可以表示领域、方面等。如：

  △ この政策は、人口を増やすことにおいて、非常に刺激的である。

  → 这项政策在增加人口数量方面很有成效。

N2　5. ～に際し（て）

- ◆接続　動詞る形

  名詞
- ◆理解　助動詞「に」＋動詞「際する」のて形
- ◆意味　…の時にのぞんで / 在……时
- ◆例文　△ 計画を変更するに際しての問題点を検討する。

  → 探讨计划变更带来的问题。

  △ 図書館のご利用に際しては、以下の点にご注意ください。

  → 使用图书馆的时候请注意以下几点。

  △ 帰国に際して、お世話になった指導の先生にお礼を申し上げた。

  → 回国前，对给予自己关照的指导老师表达了谢意。
- ◆特徴　前項－「利用、注文、購入、発表、卒業、結婚、入院」等の名詞
- ◆解説　基本意思与「～際（は）／際に（は）」相同，即表示在某个特殊时间或非常时期做某事，前面接动词的例子极其少。
- ◆注意　多用于书面语或演讲文。

N2 6. ～につけ(て)

- ◆接続　動詞る形
　　　　名詞
- ◆理解　格助詞「に」+動詞「つける」のて形
- ◆意味　～すると、いつも／毎逢……
- ◆例文　△ 何事につけて物事を悪いほうへと考える。
　　　　　→ 遇事总把事情往坏想。
　　　　△ 地震のニュースを聞くにつけ、恐く感じる。
　　　　　→ 每当听到地震的新闻，总是感到恐惧。
　　　　△ この歌を聞くにつけ、大学時代のことを思い出される。
　　　　　→ 每当听到这首歌，就会想起上大学时候的往事。
- ◆特徴　前項－「見る、聞く、考える」等の動詞
　　　　後項－「思い出す、感じる、懐かしむ、後悔する、疑う」などの感情動詞
- ◆解説　表示每当看到、听到或想到前项的物品或事情时，总会出现后项(想起、感到、怀念、后悔莫及、怀疑等)。
- ◆注意　后项多为自发产生的动作或感情。

N2 7. ～まま(に)

- ◆接続　動詞た形
　　　　名詞＋の
- ◆理解　名詞「まま（儘）」から
- ◆意味　その状態で／就那样……、保持原样
- ◆例文　▲守りの前に出されると、ほのぐらい火影に背を向けたまま、女は顔に袖を押しつけるようにしてうずくまった。(2007年真題)
　　　　　→ 被带到守的面前，女子就在微暗的灯光前转过身去，蹲下来将袖子遮在脸上。
　　　　△ 東京から京都までずっと立ったままだった。
　　　　　→ 我从东京一直站到京都。
　　　　△ 昨夜は飲みすぎで、服のまま寝てしまった。
　　　　　→ 昨晚喝多了，穿着外衣就睡着了。

- ◆特徵　前項 - 動作動詞
- ◆解説　表示原封不动地保持某个状态的意思，有时是违反一般常识的做法。
- ◆注意　相当于形式名词。

N1　8. ～にあって / ～にあっては / ～にあっても

- ◆接続　名詞
- ◆理解　格助詞「に」＋動詞「ある」のて形（＋格助詞「は」/「も」）
- ◆意味　～という時間、場所、立場、状況で / 处于……时间、场所；在……立场、状况之下
- ◆例文　▲この情報化時代にあってパソコンも使えないようでは、これからの社会に対応していけないだろう。（2006年真題）
    →在信息化社会不会使用电脑的话，无法应对这个社会吧。
  △彼女はこの緊急時にあって、いたって冷静だ。
    →她在紧急关头非常冷静。
  △どのような困難な状況にあっても、あきらめてはいけない。
    →无论面临多么困难的状况，都不能放弃。
- ◆特徵　前項 - 時間、場所、職位、状況などを表す名詞
- ◆解説　用于表示"处于某种特殊事态或情况中"，大部分情况下可以换成「～で」。注意与「～とあって」的区别，后者表示原因。
- ◆注意　「～にあっても」是逆接表现，表示"即使处于该状况之下也……"的意思。

9. ～折から

- ◆接続　動詞る形
  　　　　名詞
- ◆理解　名詞「おり（折）」から
- ◆意味　～の時である / ……时节
- ◆例文　△折から大粒の雨が降りだした。
    →正当那时，下起了大雨。
  △炎暑の折から皆様にはいっそうご自愛をお祈りいたします。
    →酷暑时节请大家多多保重。

△ 残暑の続く折から、お体には十分お気をつけてください。

→ 残暑依旧，请保重身体。

◆特徴　前項－時期を表す名詞

◆解説　表示原因、理由，意思与「～の時であるから」相同，起接续助词的作用。但在实际应用中，其原因、理由都是不甚明显的。

◆注意　主要用于书信中。

10. ～折に

◆接続　動詞る形

　　　　名詞

◆理解　名詞「おり（折）」から

◆意味　機会あるごとに／趁……时候

◆例文　▲先日松本を訪れた折に、昔お世話になった鈴木さんを訪ねました。（2003年真題）

→ 前几天访问松本先生时，顺便访问了关照过我的铃木先生。

△ 空腹の折には畑の麦の穂を摘み、もみがらを取って生のまま食べる日もあった。

→ 过去吃不饱的时候去摘田里的麦穗，把麦皮去掉生吃。

△ 閉会の折に学長からお話をいただきます。

→ 闭幕时请校长讲话。

◆特徴　前項－動作動詞

◆解説　意思同「～際に」，表示在过去某个时间或不远的将来发生某种事态时。表示"在某个好的时机"，后项一般不出现消极的事态。

◆注意　用于书面语。

11. ～にして(は)

◆接続　動詞、イ形容詞普通形

　　　　ナ形容詞語幹＋である

　　　　名詞（＋である）

◆理解　格助詞「に」＋動詞「する」のて形

◆意味　～と違って（～にふさわしくなく）／就……而言、照……来说

- ◆例文　▲ 人にして分からないのだから、どうしてあなたにわかるのだろうか。（2011年真題）
    → 作为普通人都不明白，为什么你知道呢？
  △ 50歳にして若く見える。
    → 照50岁来说，显得很年轻。
  △ この子は小学生にしてはずいぶんしっかりしている。
    → 按小学生来说，这个孩子很稳重。
- ◆特徴　後項－意外を表す評価
- ◆解説　表示前项和后项的反比例关系，前项具有的特性和现实情况相反，含有意外、批评等评价性语气。
- ◆注意　多用于书面语。

五、表示传闻、传言的表达

N2　1.～ということだ

- ◆接続　文の普通形
- ◆理解　動詞「言う」から
- ◆意味　～そうだ／听说……
- ◆例文　△ コーチの話では、彼が試合に出れば、優勝は間違いないということだ。
    → 听教练说，要是他参赛的话就肯定能赢。
  △ 友達の話では、日本の物価が大変高いということです。
    → 据朋友说，日本的物价非常高。
  △ 来月の北京公演はSMAPの初めての海外コンサートだということで、その時一緒に見に行かない？
    → 下个月的北京演唱会据说是SMAP的第一次海外公演，到时候一起去看吧。
- ◆特徴　前項－文
- ◆解説　表示将自己从别人那儿听到或自己在书上等看到的信息传达给对方。
- ◆注意　"传闻"的表达方式。

N2　2. ～とか

- ◆接続　動詞、イ形容詞普通形
  　　　　名詞、ナ形容詞だ
- ◆理解　格助詞「と」＋疑問助詞「か」
- ◆意味　そうだ / 听说……、据……
- ◆例文　▲甲：あの会社も倒産しそうだとか。
  　　　　乙：社長が代わってうまくいかなくなったみたいですね。（2006年真題）
  　　　→甲：那家公司听说要倒闭了。
  　　　　乙：好像是换了社长，经营不善。
  　　　△山本さんは具合が悪く、寝たっきりだとか聞いている。
  　　　→听说山本身体状况不好，一直躺着。
  　　　△ニュースによると大雨で新幹線がストップしているとかいうことだ。
  　　　→据新闻报道，因为大雨新干线停运了。
- ◆特徴　前項－文
- ◆解説　表示不确切的传闻。
- ◆注意　会话口语中使用较多。

3. ～とのことだ

- ◆接続　文の普通形
- ◆理解　格助詞「と」＋格助詞「の」＋形式名詞「こと」＋断定の助動詞「だ」
- ◆意味　～そうだ / 听说……
- ◆例文　△隣は四十年配の女性で、独身の銀行員が住むとのことだが、ひっそりと物音もしない。
  　　　→听说隔壁住着40岁的单身女性，在银行工作，总是静悄悄地没有声响。
  　　　△彼は少し遅れるので、会議を始めておいてとのことでした。
  　　　→他晚点到，说让大家先开始开会。
  　　　△人間が死んでも霊魂が生きているとのことだ。

→ 有人说，即使人去世之后，灵魂还活着。
- ◆特徴　前項－文
- ◆解説　表示客观地传达信息，与「〜ということだ」意思基本相同。
- ◆注意　多用于书面语。

4. 〜とやら

- ◆接続　終止形
- ◆理解　格助詞「と」＋副助詞「やら」
- ◆意味　〜とか聞いている/听说……、说是……
- ◆例文　△ 近頃は忙しいとやらで、彼と会う機会がありませんでした。
　　　　→ 说什么最近忙，没机会和他见面。
　　　　△ 私の答えを見て、先生がびっくりした顔をしていたとやら。
　　　　→ 说是老师看了我的答案，显得很吃惊。
　　　　△ 結局あの二人は結婚して、田舎で仲良く暮らしているとやら。
　　　　→ 听说两个人结了婚，在乡下生活得很幸福。
- ◆特徴　前項－文
- ◆解説　表示不确切的传闻，说话人模糊的记忆。
- ◆注意　日常会话中使用较少。

六、表示感慨、感叹的表达

N2　1. 〜ことか

- ◆接続　動詞、イ形容詞普通形
　　　　ナ形容詞語幹＋な/である
　　　　名詞＋である
- ◆理解　形式名詞「こと」＋終助詞「か」
- ◆意味　どれだけ〜だか分らない、非常に〜だ/多么……啊
- ◆例文　△ さまざまな苦しみの中で、自分をわかってくれる人がいることはどんなに頼りになることか。

　　　　→ 在各种苦痛中，如果有人能理解自己该是多么让人欣慰啊。
　　△ コンピューターは、なんと便利なことか。
　　　　→ 计算机多么方便啊。
　　△ 大好きな彼と別れてしまい、彼女にとってなんと悲しいことか。
　　　　→ 和深爱的他分手，对于她来说是怎样的悲伤啊。
◆特徴　前項 -「なんと、どんなに、どれほど、どれだけ」などの副詞
◆解説　用于难以用语言表达的强烈感情，表示程度之甚用语言是表达不出来的。有时用「（なんと／さぞ）～ことだろう」表示相同的意思。
◆注意　读作降调。

N2　2. ～ことに(は)

◆接続　動詞た形 / ない形
　　　　イ形容詞辞書形
　　　　ナ形容詞語幹＋な
◆理解　形式名詞「こと」＋助詞「に」＋（助詞「は」）
◆意味　とても～ / 令人……的是……
◆例文　△ きわめて興味深いことに、生後数日の乳児が、自分の母親とそうではない別の見知らぬ若い女性が、その間を区別できるという実験が最近おこなわれた。
　　　　　→ 最近做了个实验，结论很有意思，出生几天的婴儿能区分自己的母亲和其他人。
　　　　△ 火事になったが、幸いなことには火はすぐ消し止められた。
　　　　　→ 引发火灾，幸运的是火马上被扑灭了。
　　　　△ 困ったことに携帯の電源が切れ、誰かに助けを呼ぼうにもできなくなった。
　　　　　→ 困惑的是手机没电，无法向外人求救。
◆特徴　前項 -「うれしい、悔しい、不思議だ」などの形容詞が多い
　　　　後項 - 前項の理由を表す内容
◆解説　能接的动词很少，除了上面例句中的「困る」外，还有「呆れたことに」、「驚くべきことに」等表达方式。
◆注意　后项是已发生的事实，不用意志、推量、要求等表达方式。

N2　3.～ものがある

- ◆接続　動詞る形、ない形

  　　　イ形容詞普通形

  　　　ナ形容詞語幹＋な
- ◆理解　名詞「もの」から
- ◆意味　～と感じられる要素がある／有……的一面、很值得……
- ◆例文　△ 彼との間には、友情に似たものがあると思っている。

  　　　→ 和他之间有类似友情的东西。

  　　△ 彼女の演奏には、人の心を動かすものがある。

  　　　→ 她的演奏有能够打动人心之处。

  　　△ この計画はまだまだ未熟だが、しかしところどころに目を引くものがある。

  　　　→ 这项计划虽然还不成熟，但是也有吸引人之处。
- ◆特徴　前項－感情を表す内容
- ◆解説　表示评价和感受，某种因素让说话人有某种感觉。
- ◆注意　通常是对事物属性的描述。

4.～とは

- ◆接続　動詞、イ形容詞、ナ形容詞、名詞普通形
- ◆理解　格助詞「と」＋係助詞「は」
- ◆意味　（驚きを込めた気持で）～ということは／竟然……
- ◆例文　△ 彼にあんなかわいらしい娘がいようとは。

  　　　→ 他竟然有那么可爱的女儿。

  　　△ まさか東大に合格できるとは思ってみなかった。

  　　　→ 没想到居然能考取东京大学。

  　　△ 小学生が寝たきりの母の面倒をみるとは、感動された。

  　　　→ 小学生竟然能照顾卧床不起的母亲，真是让人感动。
- ◆特徴　前項－まさか等の副詞
- ◆解説　前句提出某个事实，后句对其加以评论或发表感想，多用于表示说话人就意料之外的事件表达惊讶之情。
- ◆注意　有时省略后续内容，句子只截至「とは」，表达相同的意思。

七、表示关联、相关的表达

N2　1. ～次第だ／～次第で／～次第では

- ◆接続　　名詞
- ◆理解　　名詞「次第」から
- ◆意味　　～によって決まる／全靠……、取决于……、视……而定
- ◆例文　　▲家事をするのが損なのか得なのかは、その人の考え次第である。（2009年真題）
  　　　　→做家务到底是损失还是受益，取决于自己的想法。
  　　　　△言葉の使い次第で相手を怒らせることもある。
  　　　　→因措辞不同有时会惹怒对方。
  　　　　△君の努力次第でどの大学に入れるかを決めるので、頑張ってください。
  　　　　→能进哪所大学取决于你的努力程度，所以你要加油啊。
- ◆解説　　后项会不会发生变化，要取决于前项的具体情况。根据条件的改变结果也会改变的意思。
- ◆注意　　与表示依据的「～によって」类似。

N2　2. ～たび／たびに

- ◆接続　　動詞る形
  　　　　名詞＋の
- ◆理解　　名詞「度」＋助詞「に」
- ◆意味　　～の時いつも／每当……就……
- ◆例文　　△先生に刺繍をご指導いただいておりましたころから、先生の作品を拝見するたびに、その配色の妙には感服するばかりでした。
  　　　　→从老师指导刺绣开始，每次看老师的作品都感叹于配色之妙。
  　　　　△この写真を見るたびに故郷のことを思い出す。
  　　　　→每当看到这个照片，就会想起故乡。
  　　　　△会議のたびに、書類をそろえておかなければならない。
  　　　　→每次开会都必须把资料备齐。

- ◆特徴　後項 – 過去への感想が多い
- ◆解説　表示习惯性、反复性地每次做前项动作的时候就会引出后项事件。
- ◆注意　「この度」是惯用表达。

N2　3. 〜とともに

- ◆接続　動詞る形
  　　　　名詞＋（である）
- ◆理解　名詞「とも（共）」から
- ◆意味　〜と一緒に / 随着……、与……的同时……
- ◆例文　△ 子の誕生とともに親としての生き方を新たにゼロからスタートしたと考えるべきだ。
  　　　　　→ 伴随孩子的出生，父母的生活方式从零重新开始。
  　　　　△ 言葉は時代とともに生まれ、時代消えていく生き物のようだ。
  　　　　　→ 语言好像是一种与时代共存亡的有生命力的存在。
  　　　　△ 日本は人口が増加するとともに、食糧自給率は低下した。
  　　　　　→ 随着日本人口的增长，其粮食自给率在降低。
- ◆特徴　前項 –「時代、季節、年齢」等の名詞
- ◆解説　接在动作或变化性词语后面，表示随着条件的变化，事物的性质等也会发生比例性改变。接名词时，该名词具有一定范围或量度。
- ◆注意　主要用于书面语。

N2　4. 〜に応じて / 〜に応じ / 〜に応じては / 〜に応じても / 〜に応じた

- ◆接続　名詞
- ◆理解　格助詞「に」＋動詞「応じる」のて形
- ◆意味　〜の変化と対応して…をする / 随着……、根据……
- ◆例文　△ 日本への期待と関心の高まりに応じて、諸国から要人の訪日が相次いでいる。
  　　　　　→ 随着对日本的期待和关心的提高，各国重要人物相继访日。
  　　　　△ 旅行のプランは、お客様のご希望に応じて変更できます。
  　　　　　→ 旅行的计划可以根据客人的要求来变更。
  　　　　△ 収入に応じた生活をしなければ、お金はいくらあっても足りな

七、表示关联、相关的表达

◆例文　△老人医療に関しては、医師や看護師を派遣してくれるようになりました。
　　　　　→关于老人看病，现在可以派遣医生和护士上门治疗。
　　　　△日本へ留学するなら、日本語だけでなく、日本の習慣に関しても知っておいたほうがいいと思う。
　　　　　→我认为如果要去日本留学不仅要提前学习日语，对日本的习俗也预先学习为好。
　　　　△修士論文に関する参考資料を図書館から借りた。
　　　　　→从图书馆借了与硕士论文相关的参考资料。
◆特徴　後項 - 前項への評価などの内容
◆解説　关于某方面、某领域的情况进行叙述，多用于书面正式场合或学术相关方面。
◆注意　日常対話中多使用「～について」。

N2　7.　～に応え(て)/に応え/～に応える

◆接続　名詞
◆理解　格助詞「に」+「応える」のて形
◆意味　～に沿うように/应……、响应……
◆例文　△かつて我が国のニーズに応える商品が少ないといわれており、早急な輸入の拡大は困難な情況にある。
　　　　　→曾经我国的商品数量不足，处于紧急扩大进口比较困难的时期。
　　　　△彼女は両親の期待に応えて、ついに東京大学に合格した。
　　　　　→她最终不负父母的期待考入了东京大学。
　　　　△観客のアンコールの拍手にこたえて、あの歌手はもう一曲歌った。
　　　　　→观众们鼓掌要求再来一首，那位歌手又唱了一曲。
◆特徴　前項 -「期待、声援、恩義、要望」等の名詞
◆解説　前面多接续表示对方的期待或好意的名词，后项为针对这种情况采取的具体行动。
◆注意　「～に応え」更加书面化。

N2　8. ～に従って / ～に従い

- ◆接続　動詞る形
  　　　　名詞
- ◆理解　格助詞「に」＋動詞「従う」のて形 / ます形
- ◆意味　～すると、～次第に；～に基づいて / 按照……；随着……
- ◆例文　△ 賃金収入が減少しかつ仕事上の困難が増えるに従い、退職したいという欲求は高まる。
  　　　　　→ 收入减少困难增多，盼着退休。
  　　　　△ 火災発生時は、係員の指示に従って冷静に行動してください。
  　　　　　→ 发生火灾时，请按照乘务员的指示冷静地采取行动。
  　　　　△ 医学が進歩するにしたがって平均寿命が延びた。
  　　　　　→ 随着医学的进步，平均寿命延长了。
- ◆特徴　前項 – 基準、根拠などを表す内容
- ◆解説　表示以某标准或根据为参照，后项展开某项活动，如叙述自己的意志或对对方的要求等。或接在具有变化意或程度意的词后面，以前项为标准后项随之变化。
- ◆注意　后者用法一般使用变化性动词。

N2　9. ～について / ～については / ～についても / ～についての

- ◆接続　名詞
- ◆理解　格助詞「に」＋「就く」のて形
- ◆意味　～を対象にして / 关于……、就……
- ◆例文　△ 今度の話題については、何か意見がありますか。
  　　　　　→ 关于这个话题有什么意见吗？
  　　　　△ 日本の習慣についても、自分の国の習慣と比べながら考えてみよう。
  　　　　　→ 关于日本的习俗，要一边与自己国家的习俗进行对比一边思考。
  　　　　△ 母親は、娘の病気についてお医者さんと相談した。
  　　　　　→ 关于女儿的疾病母亲和医生进行了交谈。
- ◆特徴　後項 –「話す、聞く、考える、相談する、書く、調べる」などの動詞
- ◆解説　提示话题或对象。

N2　10. 〜につれて / 〜につれ

- ◆接続　動詞る形
  名詞（する動詞語幹）
- ◆理解　格助詞「に」＋ 動詞「つれる」のて形
- ◆意味　〜すると、だんだん〜 / 随着……、伴随……
- ◆例文　△ 都市の住民たちは生活が向上するにつれ、質のいい製品を買い求めるようになってきている。
  →伴随城市生活质量的提高，居民们开始追求质量好的产品。
  △ 時代の変化につれて、結婚の形も変わってきた。
  →随着时代的发展，结婚的形式也发生了变化。
  △ 経験が重なるにつれて、業務をうまく処理できるようになった。
  →伴随着经验的积累，慢慢地能熟练处理业务了。
- ◆特徴　前項 - 変化を表す名詞と動詞
- ◆解説　表示随着前项的进展，后项也在自然地发展。前项多为表示事物进展或程度变化的词语。
- ◆注意　注意「〜に伴って」有修饰名词的「〜に伴う」形式，而「〜につれて」没有直接修饰名词的形式。

N2　11. 〜にとって / 〜にとっては / 〜にとっても / 〜にとっての

- ◆接続　名詞
- ◆理解　格助詞「に」＋動詞「とる」のて形
- ◆意味　〜の立場から考えると / 对于……来说
- ◆例文　△ 人間にとっての最高の宝は財産でも名声でも地位でもない。
  →对人来说最宝贵的不是财产不是名声也不是地位。
  △ 農耕にとって、「水」はなくてはならないものです。
  →对农耕来说，"水"是不可或缺的。
  △ あなたにとってこれはただ一冊のノートにすぎないかもしれないが、私にっとてはこれは大切なものである。
  →对于你来说这可能只是一个日记本，但是对我来说这可是极其

重要的东西。
- ◆特徴　後項－評価、判断を表す内容
- ◆解説　表示站在某人或某组织的立场来看的话是什么样的评价。
- ◆注意　「～にとって」前面是判断或受益、受害的主体。

N2　12.～に伴って／～に伴い／～に伴う

- ◆接続　動詞る形，する動詞語幹
- ◆理解　格助詞「に」＋動詞「伴う」のて形
- ◆意味　～すると、それと一緒にだんだん／随着……、伴随……
- ◆例文　△子どもたちは、この時期、体の成長に伴って、さまざまな衝動と葛藤しなければならない。
  →孩子在这个时期伴随着身体的成长，会有各种冲动和纠葛。
  △産業の高度化に伴ってより多くの低価格製品を世界市場に輸出する。
  →伴随着产业的高效率，有更多的低价产品出口到世界市场。
  △栄養摂取の低下に伴う体力の低下がある。
  →低营养的摄取导致体力下降。
- ◆特徴　前項－「増加、導入、進出、変化、高度化、多様化、拡大」などの名詞
- ◆解説　表示伴随前项的变化，后项也随之发生变化。也用于紧紧伴随前项出现的状况。如：
  △台風に伴って、大雨が降ってきた。
  →伴着台风，雨也大了。
- ◆注意　主要用于书面语，一般不用于个人的小规模变化。

N2　13.(～ば)～ほど

- ◆接続　動詞、イ形容詞ば形＋動詞、イ形容詞普通形＋ほど
  ナ形容詞語幹なら（であれば）＋ナ形容詞語幹である＋ほど
  名詞なら（であれば）＋名詞である＋ほど
- ◆理解　程度を表す名詞「程」から
- ◆意味　～ば、もっと…になる／越……就越……
- ◆例文　▲これは水の表面に限らず、底のほうでも同様ですが、ただ底へ

行くほどこの楕円形が平たくまた小さくなる。(2010年真題)
→不仅限于水的表面，底部也同样，越向底部走这个椭圆越来越平越来越小。

▲ これは一つの挿話にしか過ぎないのであるが、しかしこの話ほど私がこれから述べようとする問題を解明するための適切な糸口を与えてくれるものもないと思う。(2008年真題)
→这只不过是一个小故事，但是对于弄清我接下来想要说的问题，也没有比这更合适的线索了。

△ 有名人であればあるほどストレスも大きいのではないだろう。
→人是越有名压力越大吧。

◆特徴　後項−変化を表す内容
◆解説　随着前项程度的增强，后项的程度也会增强。
◆注意　前项「～ば」的部分经常省略。

N2　14.～わけだ

◆接続　動詞、イ形容詞普通形
　　　　ナ形容詞語幹＋な／である
　　　　名詞＋の／である
◆理解　名詞「わけ（訳）」から
◆意味　～から～は当然だ；～のは～からだ／当然就是……；因为……
◆例文　△ 教育者というものは生徒一人一人の全生命を守るということにおいては大変な重い責任を持つわけです。
　　　　　→作为教育工作者，有重大责任守护每一位学生的全部生命。
　　　△ 62kg あった体重は 54kg まで減っていった。スーツだってぶかぶかになるわけだ。
　　　　　→从 62 公斤瘦到 54 公斤，难怪西装变肥大了。
　　　△ 部屋の中はじめじめしている。梅雨に入ったわけだ。
　　　　　→屋子里面潮乎乎的，原来是进入梅雨季节了啊。
◆特徴　前项−事実、状況の提出
◆解説　以前项的事实或实际状况为依据，自然而然地、顺理成章地推理出理所当然的结论。在对话中，常常以「ということは／そういえば／つ

まり～わけだ／というわけだ」等形式出現。
- ◆注意　用于表示理解、领会，对某事情的原委恍然大悟时。

N2　15. ～をきっかけに／～をきっかけとして／～をきっかけにして

- ◆接続　動詞た形＋の
  名詞
- ◆理解　格助詞「を」＋名詞「きっかけ（切っ掛け）」から
- ◆意味　～を機会にして／以……为契机、以……为开始
- ◆例文　△ 入院したのをきっかけとして、スポーツクラブに入って、毎週トレーニングすることにした。
  → 以住院为契机，从那以后，我进了健身俱乐部，每周锻炼身体。
  △ 父は定年退職がきっかけになって、本格的にボランティア活動に参加するようになった。
  → 父亲以退休为契机，正式参加志愿者活动。
  △ テニスをきっかけに、彼と親しくなった。
  → 以打网球为缘由，和他的关系变得亲密了。
- ◆特徴　前項 - きっかけを表す内容
- ◆解説　以前项为契机，后项发生了前所未有的重大转折。前项要素一般包含偶然性。
- ◆注意　「～がきっかけで／～がきっかけになって」可以表达同样的意思。

N2　16. ～を契機に／～を契機として／～を契機にして

- ◆接続　動詞た形／る形＋の
  名詞
- ◆理解　助詞「を」＋名詞「契機」から
- ◆意味　～を機会にして／以……为契机
- ◆例文　△ 今回の大災害を契機に危険区域の指定の促進を図るべきだ。
  → 以此次大地震为契机，试图促进危险区域的划定。
  △ オイルショックを契機にして新エネルギーの研究が進められた。
  → 以石油危机为契机开展了新能源的研究。
  △ 幼稚園バスの定員オーバーによる事故を契機に、政府はスクー

ルバスの安全運転を強化した。

→以幼儿园的超载事故为契机，政府强化了校车安全。

- ◆特徴　前項－きっかけを表す内容
- ◆解説　语气较生硬，后项多为正面表达。前项多是大的事件，如时代变迁、社会变化、人生转折等。
- ◆注意　「～が契機で／～が契機になって」表达相同的意思。

N2　17. ～をめぐって／～をめぐる

- ◆接続　名詞
- ◆理解　格助詞「を」＋動詞「巡る」のて形
- ◆意味　～を議論・争いの焦点として／围绕……、就……
- ◆例文　△　金銭問題をめぐって養父との対立が深まった。

　　　　　→因为钱的问题和养父的对立加深了。

　　　　△　多くの学校や専門家から、ゆとり教育をめぐって貴重な意見が出された。

　　　　　→许多学校和专家学者，围绕"宽松教育"提出了宝贵的意见。

　　　　△　携帯電話をめぐるトラブルから子供を守るためには、学校・家庭や地域社会が一体となり、子供を見守るための体制づくりを行っていく必要がある。

　　　　　→手机带来很多问题，为了使孩子们远离这些问题，学校、家庭、社区需要齐心协力，制定出保护孩子的政策。

- ◆特徴　後項－「議論する、討論する、争う、対立する」等の動詞
- ◆解説　围绕前项某问题、某焦点在多数人之间展开一场争论和讨论，或发表各种意见等。
- ◆注意　后项通常是「議論する」之类表示语言行为的动词。

N1　18. ～いかんで（は）／～いかんによって（は）、～いかんによらず／～いかんにかかわらず／～いかんを問わず

- ◆接続　名詞＋（の）
- ◆理解　名詞「いかん（如何）」から

◆意味　～に関係して；～に関係なく / 根据……、要看……；不管……、不论……
◆例文　▲公立エレメンタリースクール3年生からは、毎年進級に関して英語と算数の州統一テストが実施され、成績いかんでは留年もあり得るという。（2007年真題）
　　　　→听说从公立小学三年级开始，每年会在州内实施有关升班的英语和数学统考，根据成绩，也可能有学生留级。
　　　△テストの成績いかんで進級のみならず席順まで決定される。
　　　　→从升级到座位都是由考试成绩决定。
　　　△一度使用した商品は、理由のいかんにかかわらず、返品、交換には一切応じることができません。
　　　　→一经使用的商品，不问理由，一律不予退换货。
◆特徴　後項 – 何か決まった内容
◆解説　表示根据具体情况来决定某事物是否能实现，后项是基于前项条件的变化而做出的判断、评价、建议、决议等表达。
◆注意　与「～次第」意思相近，但是更显生硬和正式。

N1　19. ～とあいまって

◆接続　名詞
◆理解　格助詞「と」＋連語「相俟って」
◆意味　～と組み合わせて / 与……相融合、与……相搭配
◆例文　△青少年期における運動量の不足とあいまって肥満傾向を増長するおそれがある。
　　　　→加上青少年时期的运动量不足，肥胖倾向有加重的可能。
　　　△厳しい経済状況とあいまって、就職は非常に困難だった。
　　　　→同时受到严峻的经济形势的影响，今年的就业情况十分困难。
　　　△あの国は豊かな自然資源と優れた人材とが相まって、今後大きな発展を遂げるだろう。
　　　　→丰富的自然资源加上优秀的人才，国家肯定能获得更大的发展。
◆解説　表示两种因素相互融合产生了更鲜明的特征，书面语。通常使用「～と～とが相まって」的表达方式。

◆注意　第一个因素有时在句中并不会明确提及，而是用「～Bもあいまって」的形式，只提第二个因素。意思是"原本就……，再加上B的影响所以就……"。

N1　20. ～にかかっている

◆接続　名詞

　　　　文の普通形
◆理解　格助詞「に」＋動詞「かかる」から
◆意味　～次第だ／取决于……、和……相关
◆例文　△ 先方が納得できるかどうかは、結局解釈の仕方にかかっている。
　　　　　→ 能否得到对方客户的谅解，最终取决于解释的方法。
　　　　△ 試合で逆転できるかどうかは、選手たちの意志にかかっている。
　　　　　→ 比赛中能否反超对手，取决于队员们的意志。
　　　　△ インターネットは便利である一方、さまざまな欠点も持っている。重要なのは、どう利用するかにかかっている。
　　　　　→ 网络有其便利的一面，但是也有缺点。重要的是，这些取决于使用方法。
◆特徴　前項 - 仕方、技などを表す名詞
◆解説　表示前后两项的关联，前项如何取决于后项。常用「疑問詞＋動詞＋か＋にかかっている」的形式。
◆注意　常用形式「～のいかんにかかっている」。

N1　21. ～にかかわる

◆接続　名詞
◆理解　格助詞「に」＋動詞「関わる」
◆意味　～という重大なことに関係する／事关……、影响到……
◆例文　△ それは生死にかかわるころだ。
　　　　　→ 那是生死关头的时刻。
　　　　△ 腐った野菜や果物を売ったのでは、店の信用にかかわります。
　　　　　→ 如果出售腐烂的蔬菜或水果，将影响本店的信用。
　　　　△ 結婚は一生にかかわる重大な問題だから、真剣に考えなければ

ならない。

→结婚是事关一生的重大问题，必须仔细考虑。

◆特徴　前項-「会社の評判、国の将来、動物保護、人命、名誉、プライバシー」などの名詞

◆解説　"关系到……、和……密切相关"的意思，前面多接续「人生、名誉、将来、権利」等重大问题。表示句子叙述的内容涉及前项提示的重大内容。

◆注意　与「～にかかわらず」表达相反的意思。

N1　22.～ようによっては

◆接続　動詞ます形
◆理解　名詞「よう」から
◆意味　～やり方次第では／要看……的不同、取决于……
◆例文　△この古新聞も、使いようによっては、何かの役に立つのではないかと思いますが。

→旧报纸也能发挥作用，这取决于使用的方法。

△やりようによっては、その仕事はもっと簡単に済ませることができる。

→根据做法的不同，那项工作可以完成得更简单。

△プレッシャーというのは、考えようによっては進歩の原動力にもなる。

→压力这种东西，换一种角度来思考，也会变成进步的动力。

◆特徴　前項-方式、方法などを表す名詞
◆解説　表示前后两项的关联，前项的方式、方法、观点不同，后项的结果也不一样。
◆注意　名词「よう」表示"方式、方法"。

八、表示回想的表达

N2　1.～っけ

◆接続　名詞、ナ形容詞だった

　　　　　イ形容詞かった

　　　　　動詞た形

- ◆理解　文語助動詞「けり」から
- ◆意味　～のは本当か / 是不是……来着
- ◆例文　△ 君の名前を呼んだ有名な監督は誰でしたっけ？

　　　　　　→ 叫你名字的那个有名的导演是谁来着。

　　　　　△ 明日田中さんも来るんだっけ。

　　　　　　→ 明天田中是不是也说要来来着。

　　　　　△ 昨日はお酒を飲んだっけ。

　　　　　　→ 昨天是喝酒了吗？

- ◆特徴　前項－文
- ◆解説　既可以是向对方寻求确认，也可以用于自言自语地确认。
- ◆注意　较随和的口语形式。

N2　2. ～ものだ

- ◆接続　動詞た＋ものだ
- ◆理解　形式名詞「もの」＋断定の助動詞「だ」
- ◆意味　過去の状態やよく起こったことを思い出して言う時の表現 / 曾经……
- ◆例文　△ 小さい頃はよくみんなで近くの森へ遊び行ったものです。

　　　　　　→ 小时候大家经常去附近的森林玩。

　　　　　△ あの頃は雑草まで奪い合って食べたものです。

　　　　　　→ 那时候连杂草都抢夺着吃。

　　　　　△ 学生のころはよく貧乏旅行に行ったものです。

　　　　　　→ 学生时代，经常去穷游。

- ◆特徴　前項－過去のこと
- ◆解説　表示带着感慨的心情回忆过去经常做的事。
- ◆注意　前接过去式，表示回忆。

九、表示基准、参考的表达

N2　1. ～とおり / ～とおりに / ～どおり / ～どおりに

- ◆接続　動詞る形 / た形
  　　　　名詞＋の
  　　　　名詞＋どおり / どおりに
- ◆理解　動詞「通る」のます形
- ◆意味　～と同じように / 按照……、和……的一样
- ◆例文　▲今学期の授業の選択については、先日先輩に教わった通りにやります。（2011年真題）
  　　　　→ 这学期的课，按前辈教我的方法选。
  　　　　△ 説明書どおりに組み立てて見たのですが、動かないんです。
  　　　　→ 我照着说明书组装的，但是不行。
  　　　　△ 届けてくれた物は私の思ったとおりの品質の物ではなかった。
  　　　　→ 送来的东西在质量上没有像我想像得那么好。
- ◆特徴　前項−「説明書、案内状、説明、予想、計画、基本、指示、希望、考え、思い」などの名詞
- ◆解説　表示按照某项标准做某事。
- ◆注意　接名词后是结尾词用法，此时要读作「～どおり」。

N2　2. ～に沿って / ～に沿い / ～に沿う / ～に沿った

- ◆接続　名詞
- ◆理解　動詞「沿う」から
- ◆意味　～に合うように / 沿着……、按照……
- ◆例文　△ 川に沿って、ゆっくり車を走らせながら、周りの風景を眺めている。
  　　　　→ 一边沿着河岸慢悠悠地骑着车，一边欣赏着周围的景色。
  　　　　△ 消費者の意向に沿った製品やサービスを提供する。
  　　　　→ 提供符合消费者需求的产品和服务。
  　　　　△ 会社の経営方針に沿って新製品開発の計画を立てる。
  　　　　→ 按照公司的经营方针制定新产品的开发计划。

- ◆特徴　前項-「考え方、方針、意見」などの名詞が多い
- ◆解説　沿着具体的某物进行某动作的意思，引申出按照抽象的规则、程序、操作流程等进行某项活动之意。
- ◆注意　修饰名词时用「～に沿った」的形式。

N2　3. ～につき

- ◆接続　名詞
- ◆理解　動詞「付く・就く」のます形「つき」
- ◆意味　～のために；～に対して / 因为……；每……
- ◆例文　△ 火事現場の検証につき、関係者以外は立ち入り禁止。
    → 火灾现场正在取证，闲人莫入。
  △ 昼休みにつき、事務所は一時まで休みです。
    → 因为是午休时间，事务所1点之前不办公。
  △ アルバイト料は、昼は一時間につき800円ですが、深夜は1000円です。
    → 兼职工资为白天每小时800日元，夜间12点以后每小时1000日元。
- ◆特徴　後項-禁止、請求、命令を表す内容
- ◆解説　表示前项的特殊原因，才做出后项的决定。一般不用在会话中，主要对顾客或使用者等出示理由时使用。或表示以某单位为标准所占的比例。
- ◆注意　不能用于过去曾经发生的事情上，主要用于展板、告示、书信等书面通知的正式场合。

N2　4. ～に基づいて / ～に基づき / ～に基づく / ～に基づいた

- ◆接続　名詞
- ◆理解　格助詞「に」＋動詞「基づく」から
- ◆意味　～を基本・根拠に / 根据……
- ◆例文　△ 使用状況とデータ分析に基づき、調整できます。
    → 根据使用状况和数据分析进行调整。
  △ 以下は事実に基づいた話です。

→ 以下是基于事实的讲话。

△ この映画は、歴史上実際に起こったことに基づいて作られたのである。

→ 这部电影是根据真实历史事件拍摄的。

- ◆特徴　前項-「事実、史実、経験、規則」などの名詞
- ◆解説　表示以前项为基础和根据做某事的意思。
- ◆注意　主要用于书面语。

N2　5.～のもとで、～のもとに

- ◆接続　名詞
- ◆理解　名詞「本・元」+格助詞「で」/「に」
- ◆意味　～の下で、～を頼りに/在……之下
- ◆例文　△ 卒業論文は高橋教授の指導のもとで書き上げた。

→ 毕业论文在高桥教授的指导下写完了。

△ 地域住民の理解と協力のもとに森林の整備を進めていく。

→ 在当地居民的理解和配合下进行森林的整修。

△ 子供たちは親の愛情のもとに、すくすくと成長している。

→ 孩子们在父母的关心下健康地成长。

- ◆特徴　前項-「環境、指導、条件、前提、名目」などの名詞
- ◆解説　表示在环境、指导、条件、前提、名义之下做某事。
- ◆注意　主要用于书面语。

N2　6.～をもとに/～をもとにして

- ◆接続　名詞
- ◆理解　名詞「本・元」から
- ◆意味　～を素材・基礎・土台にして/以……为基础、根据……
- ◆例文　△ ノンフィクションというのは事実をもとにして書かれたものです。

→ 报告文学是以事实为基础创作的作品。

△ その仮説を授業における子どもの反応をもとにして実証していく。

→ 那个假说以课堂上孩子们的反应为基础进行验证。

△ 指導教官の意見をもとに、論文に不備なところを修正した。

→ 根据导师的意见，对论文中不完善的地方进行了修改。

◆特徵　　前項-「事実、意見」などの名詞
◆解説　　把某事物作为材料、基础、启示、根据等，由此开展进一步的活动。
◆注意　　主要用于书面语。

N1　7. ～に即して

◆接続　　名詞
◆理解　　動詞「即する」のて形
◆意味　　～を根拠、基礎にして／按照……、根据……
◆例文　　△ 法律に即して事を運ぶ。

→ 依法办事。

△ 新聞には、事実に即して、正確な情報を提供してほしい。

→ 报纸应该依据事实，提供准确情报。

△ 自分の夢を実現しようとすれば、現実に即した行動を行わなければならない。

→ 要实现自己的梦想，做事都必须依照现实。

◆特徵　　前項-「事実、現実、現状、実態、状況、流れ、規則」などの名詞
◆解説　　表示"根据……""按照……"，并按照这些情况去做。
◆注意　　「～に即して」多接在表示事实、标准、行为规则等名词之后，「～に沿って」往往前接表示方针、路线等名词。

N1　8. ～を限りに

◆接続　　名詞
◆理解　　格助詞「を」+動詞「限る」から
◆意味　　～を最後に；～の限界まで／以……为界、到……为止；尽最大限度地……
◆例文　　▲百年もの歴史のあるあの会社は今日をかぎりに解散することになります。（2015、2016年真題）

→ 有百年以上历史的那家公司今天解散了。

▲その東京をあとに見て、彼は翌二十四年の七月をかぎりに歌舞伎の舞台から姿を隠した。（2010年真題）
　→他离开了东京，于第二年也就是明治二十四年的七月，退出了歌舞伎的舞台。
△天まで届けとばかりに、声をかぎりに歌った。
　→他扯开嗓子，仿佛要让歌声冲破云霄。

◆特徴　前項－時間を表す名詞が多い
◆解説　以前项作为最后一次，以后就不再是其所表示的身份或状态了，表示事物性质的变化。多接在时间名词后表示时间上的最后一次。
◆注意　表示最高程度的用法，「声をかぎりに」是惯用形式。

十、表示假定条件的表达

N2　1. ～限り（は）

◆接続　動詞、イ形容詞普通形
　　　　ナ形容詞語幹＋な/である
　　　　名詞＋である
◆理解　動詞「限る」のます形
◆意味　～の範囲から判断すれば / 只要是……就……
◆例文　△会社員であるかぎり、会社の名誉を守るべきだ。
　　　　　→只要是公司的职员，就应该维护公司的声誉。
　　　　△体が丈夫なかぎり、積極的に社会活動をしたいものだ。
　　　　　→只要身体健康，就积极参加社会活动。。
　　　　△学生であるかぎり、校則を守らなければなならない。
　　　　　→只要是学生，就必须遵守校规。
◆特徴　後項－「なければならない、べきだ」などが多い
◆解説　只要前项的状态不变，就会产生或就应该去做后项。
◆注意　主要用于书面语。

十、表示假定条件的表达

N2 2. ～かというと、～かといえば

- ◆接続　動詞、イ形容詞普通形
  　　　　ナ形容詞語幹
  　　　　名詞
- ◆理解　不定を表す副助詞「か」＋「というと／といえば」
- ◆意味　～かもしれないが、そうではない／至于说是否……、是不是就……
- ◆例文　△ 家を出たのは遅かったが、遅刻したかというと、そうではなかった。
  　　　　→ 从家出发是晚了点，至于说是否迟到了，也并没迟到。
  　　　　△ 簡単にできるかというと、お使いの機種によります。
  　　　　→ 能否简单完成，要看您使用的机器种类。
  　　　　△ コックさんが作った物はみんな美味しいかといえば、そうとは限らない。
  　　　　→ 要说厨师做的菜都很好吃，那倒也未必。
- ◆特徴　後項 - 打消し形式が多い
- ◆解説　虽然出现了前项的事实，但要说一定会导致什么结果，那倒也未必。对提示的某种结果加以否定的说法。
- ◆注意　前面接续疑问词时表示设问，后面多用「のだ、からだ、ためだ」与之呼应。也有直接接疑问词的惯用形式，如「なぜかというと、どうしてかというと」等。

N2 3. ～さえ～ば

- ◆接続　動詞ます形＋さえすれば／しなければ
  　　　　イ形容詞語幹＋く＋さえあれば
  　　　　ナ形容詞語幹＋で＋さえあれば
  　　　　名詞＋さえ＋動詞、イ形容詞ば形
  　　　　名詞＋さえ＋名詞、ナ形容詞語幹ならば
- ◆理解　名詞「添え」から
- ◆意味　～という最低の条件を満たせば／只要……就行了
- ◆例文　△ 買い物が便利でさえあれば、生活には問題がないと思う。
  　　　　→ 我认为只要购物方便，生活就没问题。

→ 今年与去年相比降水量更多。

△ 電気製品は、以前に比べて、種類が非常に多くなった。

→ 电器产品跟以前相比，种类变多了。

◆特徴　前項 - 後項とは対照的な意味になる
◆解説　表示前后两项的对比。
◆注意　「～のに比べて（は）」的接续形式更加广泛。

N2　5.～に対し（て）

◆接続　名詞
◆理解　格助詞「に」＋動詞「対する」のて形
◆意味　～に；～と対照的に／对……、对于……；与之相比……
◆例文　△ 戦争に対して、批判の声が次第に高まっている。

→ 对战争批判的呼声高涨起来。

△ 東京に対して、京都は高層ビルが少ない。

→ 相对于东京，京都的高层建筑较少。

△ 中国は南の地方が米を主食にするのに対して、北の地方は麺類を主食にする。

→ 在中国，南方以米饭为主食，与之相对，北方以面类为主食。

◆特徴　前項 - 話題を表す名詞
◆解説　表示对某一个对象或话题发表看法、表明立场、宣泄情感等，是动作发出者对外的动作。或者表示"与……相比"的对比用法，一般要出现相比较的双方。
◆注意　注意与「～にとって」的不同。参见「～にとって」。

N2　6.～反面／～半面

◆接続　動詞、イ形容詞普通形

　　　ナ形容詞語幹＋な／である／だった

　　　名詞＋である／だった
◆理解　名詞「反面」／「半面」から
◆意味　一面は～だが、別の面から見ると…／另一方面……、相反
◆例文　△ この車は、空気を汚さない反面、価格が高いという欠点がある。

△ 天気さえよければ、一度行ってもかまわない。
→ 只要天气好，去一趟也没关系。
△ あんなに練習したのだから、緊張さえしなければ、失敗しないはずだ。
→ 练习了那么多，只要不紧张就肯定不会输。

- ◆特徴　前項－極端な例を表す内容
- ◆解説　设定最基本的假定条件，只要满足条件，命题就能成立。含有对此条件的重视和对其他条件不予关心的语气。
- ◆注意　「～さえ～肯定＋ば」表示只要满足了前项的条件，肯定会带来好的结果。「～さえ～否定＋ば」表示只要不发生前项的事情，就不会出现不利的后项。

N2　4. たとえ～ても／たとい～ても、たとえ～であれ

- ◆接続　動詞、イ形容詞て形
　　　　ナ形容詞語幹、名詞＋でも
- ◆理解　動詞「つもる（積）」から
- ◆意味　もし～ても／即使……
- ◆例文　▲民事上の賠償の支払いに関しては、まず交渉の前提として、たとえ交通事故の加害者の立場であれ交渉ごとの立場は対等であることを主張します。（2007年真題）
→ 关于民事赔偿问题，作为谈判的前提条件，我们主张即使是交通事故的肇事者，在谈判时的立场也是与受害者方平等的。
△ 目標を決めた以上、たとえどんなに苦しくても、最後までやり抜くつもりだ。
→ 既然定下了目标，即使再苦，也要做到最后。
△ たとえお世辞でも、人間はみんな良い言葉を聞くのが好きだから。
→ 即使是恭维话，人都喜欢听好话的。

- ◆特徴　前項－極端な例を表す内容
- ◆解説　即使前面举出的极端例子成立，也不会影响决定下来的事情或做某事的决心。
- ◆注意　「たとえ（たとい）～としても」的形式表达相同的意思。

N2　5. ～つもりだ

- ◆接続　動詞る形
  　　　　イ形容詞普通形
  　　　　ナ形容詞語幹＋な
  　　　　名詞＋の
- ◆理解　動詞「つもる（積）」から
- ◆意味　～という仮定だ / 自以为……
- ◆例文　△ 私は彼女に色々親切にしたつもりなんですが、感謝されるどころが、恨まれました。
  　　　　→ 我原以为对她已经够好了，可是，别说感谢，反倒遭她怨恨。
  　　　△ 試験は問題がないつもりで、受けて見たところ、不合格だった。
  　　　　→ 我还以为考试绝对没有问题，考完之后才知道没及格。
  　　　△ 自分としては詳しく説明したつもりだが、どのぐらい納得してもらったか分からない。
  　　　　→ 我自认为说得够详细了，但不知道究竟对方明白了多少。
- ◆特徴　後項 - 予想と反対の結果となる
- ◆解説　自己还信以为真，但是却不符合事实。
- ◆注意　「～つもりだ」还有"打算做某事"的意思，如：
  　　　△ 明日は山登りに行くつもりだ。
  　　　　→ 打算明天爬山。

N2　6. ～とすると、～とすれば、～としたら

- ◆接続　動詞、イ形容詞、ナ形容詞、名詞普通形
- ◆理解　動詞「する」から
- ◆意味　～と仮定したら / 如果……
- ◆例文　△ このまま後継者が決まらないとすると、社内は大混乱になるでしょう。
  　　　　→ 再这样决定不了继承人的话，公司就要乱成一团了吧。
  　　　△ 予定通りだとすれば、彼は二時に着くはずだ。
  　　　　→ 按计划，他应该两点到达。
  　　　△ 彼がそういうことをしたとしたら、大問題になるよ。
  　　　　→ 要是他做了那种事，问题就大了。

- ◆特徴　後項 - 判断、推量、疑問を表す内容
- ◆解説　前項假设某种情况属实，后项表示在此条件下的判断、推量或疑问等。可以用于假定条件或既定条件。
- ◆注意　「としたら」更适用于会话中。

N2　7. ～ない限り

- ◆接続　動詞ない形
- ◆理解　打消しの助動詞「ない」＋動詞「限る」から
- ◆意味　～しなければ／只要不…就（不）…、除非…否则就…
- ◆例文　△ よく練習しない限り、上達もありえない。
    → 不认真练习就不能进步。
    △ 大都会は危険だと言われているが、ここは夜遅くひとりで歩かない限り、安全である。
    → 都说城市不安全，不过在我们这里只要夜里不自己走夜路就不会有危险的。
    △ あきらめない限り、夢は続く。
    → 只要不放弃，梦想就会持续。
- ◆特徴　前項 - 極端な例を表す内容
- ◆解説　在前项不变化的条件持续范围内，后项状态就不会改变。
- ◆注意　后面多接否定构成「～ない限り～ない」的形式，表示"只要不……就不……"的意思。

N2　8. ～ないことには［～ない］

- ◆接続　動詞ない形
    イ形容詞＋く
    ナ形容詞、名詞＋で
- ◆理解　打ち消しの助詞「ない」＋形式名詞「こと」から
- ◆意味　～なければ「～ない」／如果不……（就不……）
- ◆例文　▲ 会ってゆっくり話さないことには、お互いの本当の気持ちは理解しあえない。(2008年真題)
    → 不见面好好交流就不能真正理解对方的心情。

▲ 通信販売に人気が集まっている。確かに便利なものであるとはいえ、実際に品物を見ないことには、安心できそうもない。（2002年真題）
　　→ 网购很受欢迎。虽说很方便，但是不能实地看到商品，还是不能放心。
△ 体が丈夫でなければ、このような仕事はできないだろう。
　　→ 如果身体不强壮，恐怕这样的工作是做不了。

◆特徴　　後項–「不可能だ、難しい、無理だ、～かねる」などが多い
◆解説　　表示如果不能做前项或者不具备前项的条件，后项就不可能成立。暗含前项是后项成立的必要条件和不实现前项就不能进入下一阶段的语气。
◆注意　　后项多是消极、否定的表达方式。

N2　9.～ものなら

◆接続　　動詞可能形
　　　　　動詞意向形
◆理解　　形式名詞「もの」＋助動詞「だ」の仮定形「なら」
◆意味　　もし～できるなら／如果能……的话
◆例文　　△ 簡単に治れるものなら、毎年癌で亡くなる人はそんなにたくさん出てこないだろう。
　　　　　　　→ 如果能那么容易地治愈的话，每年死于癌症的人也不会那么多了。
　　　　　△ あの日の記憶を消せるものなら消してしまいたい。
　　　　　　　→ 要是可以的话，真想把那天的记忆抹消。
　　　　　△ 昔は親に反抗しようものなら、すぐに叩かれたものだ。
　　　　　　　→ 以前如果要反抗父母的话，马上就会被斥责的。
◆特徴　　後項–願い、誘いなどを表す内容が多い
◆解説　　表示强调难以实现或者用比较苛刻的语气表达可能性很小。前项是不可实现的事物，假设这个条件具备，并在此基础上进行展望。
◆注意　　接意志形的「～（よ）うものなら」形式表示"如果想要做……的话"的意思。后项多为造成的重大结果，是夸张的假定。
　　　　　△ これは精密な機械で、操作一つでも間違えようものなら、壊れ

てしまう。
→ 这是精密器械，操作错一步都会坏掉。

N1 10. いざ～となると、いざ～となれば、いざ～となったら

- ◆接続　動詞る形
- ◆理解　副詞「いざ」+「となると / となれば / となったら」
- ◆意味　本当に～しようとする場合 / 一旦真要……的时候
- ◆例文　△ 決まった時はすごく嬉しかったのに、いざ入社日が近づいてくると、だんだん不安になってきます。
  → 定下的时候非常开心，但随着入职的临近越发不安。
  △ さていざ書くとなると、難しい。
  → 一旦开始写，就难了。
  △ 店には多くの魅力的な品が並んでいたが、いざ買うとなるとなかなか決心がつかなかった。
  → 虽然商店里摆满了很多吸引人的东西，但是一旦要买的时候却又下不了决心。
- ◆解説　表示具备了一定的前提，但是实施的时候却又产生了各种问题。
- ◆注意　「いざとなると」是惯用形式，表示"万一……、到了关键时刻……"的意思。

N1 11. ～てはかなわない、～ではかなわない

- ◆接続　動詞て形
  　　　　名詞では
- ◆理解　動詞「かなう（敵）」から
- ◆意味　我慢できない、～てたまらない / 不能接受……、不能忍受……、敌不过……
- ◆例文　△ 面白いといわれたからといって、同じ冗談を何度も聞かされちゃかなわない。
  → 虽说有意思，但同样的笑话反复地说也让人受不了。
  △ 仕事が好きだからといって、毎日残業続きではかなわない。
  → 虽然喜欢这份工作，但是每天加班的话还是会受不了。

△ 蟹が好きだけど、毎日食べてはかなわない。
→ 虽然喜欢吃螃蟹，但是天天吃的话也会受不了。
- ◆特徴　後項－批判、不満を表す内容
- ◆解説　強調主观情绪和感受，表示不能忍受前一个动作或状态。
- ◆注意　「～ちゃかなわない」是口语形式。

N1　12.　～とあれば

- ◆接続　動詞、イ形容詞普通形
　　　　ナ形容詞語幹
　　　　名詞
- ◆理解　動詞「ある」から
- ◆意味　もしそうであるならば／如果是……、要是……
- ◆例文　△ 必要とあれば睡眠時間を減らして朝しっかりと起きますよね。
　　　　→ 必要时减少睡眠时间早上早起。
　　　　△ 誰も手伝ってくれないとあれば、一人でやるしかない。
　　　　→ 如果没有人帮忙的话，只能一个人做了。
　　　　△ 先生の命令とあれば、嫌でもやらなければならない。
　　　　→ 如果是老师命令的事，就算是讨厌也必须得做。
- ◆特徴　後項－意志、判断を表す内容
- ◆解説　表示假设，如果为了前项的事情，可以尽最大努力。或者既然前项如此，就不得不做后项的事情。"如果实际情况是这样的话就必须……"，后项多表示意志或判断。
- ◆注意　固定用法「～のためとあれば」（若是为了……）

N1　13.　～なくして(は)[～ない]

- ◆接続　名詞
- ◆理解　動詞「無くす」のて形
- ◆意味　～がなければ／如果没有……（就没有……）
- ◆例文　▲ 傑作の文章は高い精神によって深い根底から言い当てられたもので、常にそれなくしてはありえないものである。（2010年真題）
　　　　→ 成为"杰作"的文章都是通过高尚的精神从根本上抓住要害，

因此如果没有这种精神，就无法产生"杰作"。

△ タンパク質なくしては生物は生きていくために必要な物質もエネルギーもつくれない。

→ 没蛋白质，就不会产生生物活下去的必需物质和能量。

△ 家族の励ましなくしては、この小説の完成はなかっただろう。

→ 如果没有家人的鼓励，恐怕这本小说也写不出来吧。

- ◆特徵　後項－打消し形式が多い
- ◆解説　假设前项条件不具备，就不会出现后项这种情况。
- ◆注意　主要用于书面语。

14. ～ては

- ◆接続　動詞、イ形容詞のて形

　　　　ナ形容詞語幹＋では
- ◆理解　接続助詞「て」＋係助詞「は」
- ◆意味　もし…したら／要是……
- ◆例文　△ いくら体にいいと言っても、食べすぎてはタンパク質の過剰を招きます。

→ 虽说对身体好但吃多了会引起蛋白质过剩。

△ そんなに厳しくては生徒に嫌われるよ。

→ 要是那么严的话会被学生讨厌的。

△ 態度があやふやでは困る。

→ 含糊的态度让人困惑。

- ◆特徵　後項－マイナス的な意味が多い
- ◆解説　表示假定的条件。
- ◆注意　通常后续负面结果。

15. ～（よ）うものなら

- ◆接続　動詞の意志形
- ◆理解　助動詞「（よ）う」＋形式名詞「もの」＋助動詞「だ」の仮定形「なら」
- ◆意味　もし～のようなことをしたら～（大変なことになる）／要是……就会……、如果……那可就……

- ◆例文　△ もし冗談にも口を滑らそうものならこわいことになる。
    - → 如果开玩笑说漏了嘴，后果很可怕。
    - △ あの人に発言させようものなら、一人で何時間でもしゃべっているだろう。
    - → 要是让他发言，他会一个人啰唆上几个小时。
    - △ そんなことを先生に言おうものなら、怒られるよ。
    - → 你要是跟老师讲这些，老师会批评你的。
- ◆特徴　後項 - マイナス的な意味が多い
- ◆解説　表示要是做了本不该做的事，或不希望看到的情况万一发生了的话，就会产生严重的后果。
- ◆注意　这是一种略带夸张的表达方式。

十一、表示禁止的表达

N2　1. ～ものではない

- ◆接続　動詞る形
- ◆理解　「ものだ」の打ち消し形式
- ◆意味　～ないのが当然だ / 不应该……
- ◆例文　△ 人を疑うものではない。
    - → 不应该怀疑他人。
    - △ お金さえあれば、必ず幸せに暮らせるというものではない。
    - → 有钱不一定生活幸福。
    - △ 常識のある大人なら、目上の人に対して失礼なことを言うものではない。
    - → 要是有基本常识的成人，是不会对长辈说出失礼的话的。
- ◆特徴　前項 - 社会的常識を表す内容
- ◆解説　不是从个人观点，而是从社会基本立场对事物本来的性质、倾向、道理、社会常识、道德约束等的描述。多表示提醒和忠告。
- ◆注意　侧重于以社会常识为依据，通过讲道理来提示别人应该怎么做或不应该怎么做。

N1　2. ～べからず / ～べからざる

- ◆接続　動詞る形
- ◆理解　助動詞「べし」の打ち消し形式
- ◆意味　～してはいけない / 禁止……、不得……、不能……
- ◆例文　▲ 彼のような若者こそ、わが社にとっては欠くべからざる人材なのだ。（2016年真題）

  → 对我们公司来说，他这样的年轻人是不可或缺的人才。

  ▲ チャレンジ精神が旺盛な彼のような若者こそ、わが社にとって欠くべからざる人材なのだ。（2015年真題）

  → 他这样富有挑战精神的年轻人是我们公司不可或缺的人才。

  △ つい感情的になって、言うべからざることを言ってしまった。

  → 一时感情用事，说了不该说的话。
- ◆解説　表示从社会常识的角度严格禁止做某事的意思，一般用于招牌和布告上提醒注意的通知。
- ◆注意　「～べからざる」是连体形形式。

十二、表示经过、结果的表达

N2　1. ～あげく（に）

- ◆接続　動詞た形

  名詞＋の
- ◆理解　名詞「挙げ句・揚げ句」から
- ◆意味　いろいろしたが、結局残念な結果になった / 最后、到头来、最终竟然
- ◆例文　△ 彼女はいろいろ悩んだあげく、結婚をやめてしまった。

  → 她犹豫了半天，终于放弃了结婚。

  △ 二人は口げんかのあげく、絶交すると宣言した。

  → 两个人吵到最后，宣布绝交。

  △ プリンターの調子が悪くなり、製造会社に電話で問い合わせたら、向こうの担当者に、あれこれ質問に答えさせられたあげく、対応できないと言われた。

→ 因为打印机出了毛病，就给生产厂家打了电话。结果被那里的负责人问这问那的，最后竟然说解决不了。

- ◆特徴　後項－マイナス的な意味が多い
- ◆解説　经过前项的反反复复，最后导致了不好的结果，或无奈做出后悔的决定。多带有负面色彩。
- ◆注意　有时也用「～あげくの果てに」表达相近的意思。

N2　2. ～きり

- ◆接続　動詞た形
　　　　名詞
- ◆理解　名詞「切り」から
- ◆意味　～した後ずっと～／……以来就再也没有……
- ◆例文　▲弟は学校から帰ってきて遊びに行ったきり、まだ帰ってきていません。（2003年真題）

　　→弟弟从学校回来后出去玩，一直没回来。

　△用があったらしくまた後でかけなおすと言われたきり連絡が来ません。

　　→听说有事，会再打电话，但之后没任何联系。

　△こんな難しい曲はひけませんよ。ギターは20年前に習ったきりですから。

　　→这么难的曲子我可弹不了。吉他也就是20年前学过，打那以后就没碰过了。

- ◆特徴　後項－否定形、意外な感情を表す内容が多い
- ◆解説　表示前项完成以后，长时间就再也没有出现预计中本来应该出现的后项，有时包含意料之外的语气。
- ◆注意　口语中可以使用「～っきり」。

N2　3. ～次第だ

- ◆接続　動詞、イ形容詞普通形
　　　　ナ形容詞語幹＋である
　　　　名詞＋である

- ◆理解　名詞「次第」から
- ◆意味　～わけだ／所以才……的
- ◆例文　△ 新車で3ヶ月程しか乗っていないので部品が劣化しているとは思えないので、運転の仕方が悪いのでしょうかと質問している次第です。
  - → 新车刚买三个月零件不可能老化，所以提出是不是驾驶方式不对。

  △ 面白いアイデアをいただきましたので、新しいビジネスの分野として確立できないかと考えている次第です。
  - → 得到了很好的创意，所以考虑是否建立新的商业领域。

  △ 友達が結婚することになったので、帰国してきた次第です。
  - → 朋友结婚，所以回国了一趟。
- ◆特徴　前項‐文の普通形
- ◆解説　交代事情的来龙去脉。前项提供原因，「次第」表示结果。另外，「次第に」还有逐渐的意思。如「次第に寒くなる（逐渐变冷）」。
- ◆注意　后项一般不能用人为地、有意识地去做某动作的表达形式。

  △ 店では、りんごの大きさ次第で、値段をつける。（×）

  △ 店では、りんごの大きさ次第で、値段が変わって来る。（○）
  - → 在商店，根据苹果的大小不一样，价格也有变化。

  △ 店では、りんごの大きさによって、値段をつける。（○）
  - → 在商店，按照苹果的大小定价。

N2　4.～ずにすむ／～ないですむ／～なくてすむ

- ◆接続　動詞ない形
- ◆理解　打ち消しの「ない」＋動詞「すむ」
- ◆意味　～なくていい／不用……就可以了、省得……了
- ◆例文　△ 体のバランスを立て直し、落ちずにすんだ。
  - → 调整身体平衡，没有摔落。

  △ 今ちゃんとやっておけば後で後悔せずにすみますよ。
  - → 如果现在好好干，将来也就不用后悔了。

△ 幸い友人が冷蔵庫をくれたので、新しいのを買わなくてすんだ。
→ 幸好朋友送我一台冰箱，这样就省得我买新的了。
- ◆特徴　前項 – 動作動詞
- ◆解説　表示不必做原本要做的事或避免了可能会发生的事。本来必须做的事情因为别的原因不用做了，或因为某原因避免了不好的结果等。含有省下心力了、可以放心了的心情。其中「ず」是书面语，口语中多用「～ないで」。
- ◆注意　「～ずにはすまない」是其否定形式，意为"不……就不算完、必须……"。

N2　5. ～たところ

- ◆接続　動詞た形
- ◆理解　名詞「ところ」から
- ◆意味　～したら/……之后发现……
- ◆例文　△ 言葉遣いの悪いスタッフに注意しなさいと指示したところ、店長は非常に婉曲にスタッフへ伝えた。
  → 提醒店长让语气不好的员工注意，他非常委婉地转告了员工。
  △ 見たところ、この部屋が行き止まりだった。
  → 看了之后发现，这个房间就是尽头了。
  △ 仕事の合間にときどき遠くを見るようにしたところ、目が疲れにくくなった。
  → 趁着工作间隙远望，之后发现眼睛不易疲劳了。
- ◆特徴　後項 – 意外な内容が多い
- ◆解説　后项是做完前项后所发现的事态、结果，含有"做完前项之后才发现后项情况"的意思。含有意外的意思。
- ◆注意　「～たところが」表示逆接，后项是意料之外的事情。
  △ あいつがいつも相談に来てくれと言ったので、相談に行ったところが、時間がないと言われた。
  → 那家伙说过随时可以找他商量，结果去了之后他竟然说没有时间。

N2　6. 〜た末 / 〜た末に / 〜た末の

- ◆接続　動詞た形＋た末 / た末に / た末の
  　　　　名詞＋の末 / の末に
- ◆理解　名詞「末」から
- ◆意味　〜した結果、最終的に / 经过……结果……
- ◆例文　△ 長期にわたる論議の末に、入試制度が改革されることになった。
  　　　　→ 经长期讨论，终于决定对升学考试制度进行改革。
  　　　　△ 努力した末の成功は、何より嬉しいものだ。
  　　　　→ 努力终得成功，无比开心。
  　　　　△ あれこれ悩んだすえに、ABC 大学を志望校に決めた。
  　　　　→ 经过冥思苦想，最终决定报考 ABC 大学。
- ◆特徴　後項－「結局、ついに、とうとう、やっと」などの副詞
- ◆解説　经过一番挫折和困难最终产生的结果。前项可以是经历的很多精神负担，也可以是一般的努力等；后项既可以是负面的结果，也可以是中性或正面的结果。
- ◆注意　主要用于书面语。

N1　7. 〜かいがある

- ◆接続　動詞た形
- ◆理解　名詞「甲斐」から
- ◆意味　〜した意味があって / 没白……、值得……
- ◆例文　△ この空の青さを見ただけでも、来た甲斐があるというものだった。
  　　　　→ 单单是看这蓝天，来一次也值了。
  　　　　△ コンクールで優勝したなんて、一日も休まずに練習した甲斐があったね。
  　　　　→ 演讲比赛获胜，每天的练习也值了。
  　　　　△ 応援のかいもなく、私のクラスのチームは一勝もできなかった。
  　　　　→ 给他们加油也没起什么作用，我们班一场都没有胜。
- ◆特徴　後項－動作動詞
- ◆解説　前接动作动词过去式或动名词形式，表示做某事有效果、回报。

◆注意　可以接动词连用形后构成名词，表示价值之意。如「やりがい」（干头、值得干）、「生きがい」（活头、活着的意义）等。

N1　8. ～始末だ

- ◆接続　動詞る形（＋という）
- ◆理解　名詞「始末」から
- ◆意味　～というよくない結果だ／最终……、竟然到了……的地步
- ◆例文
  △ あいつは、何をしても長続きせず、次々に仕事を変えている始末だ。
  　→那家伙干什么都没长性，总是在换工作。
  △ あの二人は犬猿の仲で、ちょっとしたことでも、すぐ口論になる始末だ。
  　→他们简直就是水火不容，一点小事都会闹到吵架的地步。
  △ 彼は本当に仕事をする気があるのかどうか、疑いたくなる。遅刻はする、約束は忘れる、ついには居眠り運転で事故を起こすしまつだ。
  　→真怀疑他是不是真心要工作。上班迟到还忘记赴约，最后竟然疲劳驾驶引起了交通事故。
- ◆特徴　後項-マイナス的な意味が多い
- ◆解説　表示一连串负面事件的最终结果，含有说话人对动作主体缺乏自制的批判语气，有时暗含说话人间接地受到了影响。
- ◆注意　固定用法「この始末だ」表示"沦落到如此地步"。

N1　9. ～ずじまい

- ◆接続　動詞ない形
- ◆理解　助動詞「ない」＋助動詞「じまう」（「でしまう」のくだけた言い方）
- ◆意味　ないでしまった／没能……
- ◆例文
  △ 高価な百科事典を買ったものの、読まずじまいで、本棚に飾ってあるだけだ。（2017年真題）
  　→花高价买的百科词典，却没怎么读，放在书架上当装饰。
  △ 東京へ出た私は、中学、高校、大学へかけて十年もの間、つい

に父母のいる故里の土を踏まずじまいだった。

→ 来到东京后，初中高中大学十几年的时间，我最终也没有回过父母所在的故乡。

△ いなくなったペットを懸命に探したが、結局、その行方はわからずじまいだった。

→ 四处寻找走失的宠物，最终还是没有找到。

- ◆特徴　後項－後悔、遺憾、失望などを表す内容
- ◆解説　本来应该做或想要做的事情却没有做，以此而告终。
- ◆注意　用于描述过去的事情。

N1　10. ～に至る／～に至って(は)／～に至っても

- ◆接続　動詞る形
　　　　名詞
- ◆理解　動詞「至る」から
- ◆意味　～という大変な状態になって／既然（即使）到了……的地步
- ◆例文　▲ 事故が起こるにいたっても、まだ安全対策を講じない。この会社は従業員の命を無視しているのではないか。(2012年真题)

→ 即使发生了事故也没有讨论安全对策，公司难道不是无视员工的生命吗？

△ ことここに至っては、手の施しようもない。

→ 事已至此，已无计可施了。

△ ここまで業績が悪化するに至っては、工場の閉鎖もやむを得ないと判断した。

→ 业绩恶化到如此程度，也只能确定将工厂关闭了。

- ◆特徴　前項－極端な程度を表す内容
- ◆解説　表示事态发展到了很严重的地步。「～に至って」表示事态到了极端的地步才……，后面常有「やっと、ようやく、初めて」等副词呼应；「～に至っては」表示既然已经到了这种极端的程度就……，后面多接否定表现；「～に至っても」表示即使到了该极端的程度仍然……，后面多接续「なお、まだ、いまだに」等副词。
- ◆注意　「～に至っては」还有提示话题的用法，意为"至于……、说到……"。

△ 理科は苦手だ。物理に至っては、全然だめだ。
　　→ 理科本来就不行。说到物理，就完全不行了。

十三、表示立场、角度的表达

N2　1.～からいうと、～からいえば、～からいったら、～からいって

- ◆接続　　名詞
- ◆理解　　格助詞「から」＋動詞「言う」から
- ◆意味　　～から判断すると／从……来说
- ◆例文　　△ 能力から言って、彼は一番適任だと思う。
　　　　　　　→ 从能力来看，我认为他是最胜任的。
　　　　　△ 現状からいって、ただちにその計画を実行するのは無理だ。
　　　　　　　→ 从目前的情况来看，要马上实施那个计划是不行的。
　　　　　△ 私の経験からいえば、ここは学生が間違いやすいところだ。
　　　　　　　→ 从我的经验来看，这里是学生容易弄错的。
- ◆特徴　　前項－「能力、経験」などの名詞が多い
- ◆解説　　表示以某一立场、某一侧面为评论的依据，意为"站在某立场、观点来判断的话……"，是对事物"是非""好坏""对错"的评价和判断。
- ◆注意　　不能直接接在人称后使用，而「～から見ると」可以直接接在人称名词后，构成"人称名词＋から見ると"的形式，表达相同的意思。

N2　2.～からすると、～からすれば

- ◆接続　　名詞
- ◆理解　　格助詞「から」＋動詞「する」から
- ◆意味　　～から判断すると／从……来看
- ◆例文　　△ 実験の結果からして、成功までまだ遠いだろう。
　　　　　　　→ 从实验结果来看，距离成功还很远。
　　　　　△ 現場の状況からすると、犯人は窓から侵入したようだ。
　　　　　　　→ 从现场来看，罪犯应该是破窗而入。
　　　　　△ あの雲の様子からすると明日は雨だろう。

→ 从云彩的样子来看，明天可能下雨。
- ◆特徴　前項-「結果、状況、様子」などの名詞
  　　　　後項-「だろう、ようだ」など
- ◆解説　表示判断的依据，用法和「〜からいうと」相同。
- ◆注意　「〜からすれば」更加正式。

N2　3.〜から見ると、〜から見れば、〜から見て、〜から見ても

- ◆接続　名詞
- ◆理解　格助詞「から」＋動詞「見る」から
- ◆意味　〜から判断すると／从……来看
- ◆例文　△ このグラフから見れば、効率が徐々に上がっている。
  　　　　→ 从这张图表来看，效率正在渐渐地上升。
  　　　　△ ボイスレコーダーの記録からみても、テロ事件だと分かる。
  　　　　→ 从黑匣子的记录来看，这是一起恐怖事件。
  　　　　△ 平凡な私からみると、彼女はあらゆる才能に恵まれているように思える。
  　　　　→ 在平平庸庸的我看来，她是集万千才华于一身的人。
- ◆特徴　後項-判断の結果を表す内容
- ◆解説　表示从某个立场来判断。
- ◆注意　「〜からいうと」与「〜からすると」、「〜からみると」在意思上大同小异。「〜からいうと」侧重点在"评论的依据"，「〜からすると」和「〜からみると」侧重点在"观察的依据"。

N2　4.〜上（じょう）

- ◆接続　名詞
- ◆理解　名詞「上」から
- ◆意味　〜では、〜の方面では／在……上，在……方面
- ◆例文　△ 防犯上、窓の鍵も必ずかけるようにしてください。
  　　　　→ 为了防范，窗户必须上锁。
  　　　　△ 医者という職業上、患者のプライバシーに関わることはお話できません。

→ 医生这个职业，不能谈论患者的隐私。

△ 表面上は仲のいい夫婦だが、実際はほとんど離婚状態という噂だ。

→ 表面上是关系很好的夫妻，但听说实际上几乎处于离婚状态。

◆特徴　前項－「表面上、教育上、法律上、ルール上、経験上、立場上」などが多い

◆解説　直接接在名词后，表示在某个方面。

◆注意　「～上」与「～の上で」基本可以互换，但一些习惯用法不能互换。如：表面上（表面の上では×）、暦の上では（暦上は×）等。

N2　5.　～として / ～としては / ～としても

◆接続　名詞

◆理解　格助詞「と」＋動詞「する」から

◆意味　～の資格、立場、名目で / 作为……、当作……

◆例文　▲ 初めて出たボーナスを落としてしまった。なかったものとしてあきらめよう。（2005年真題）

→ 把第一次发的奖金弄丢了，就当做没领过这份奖金，不再去想它了。

△ 社長の代理として、会議に出席した。

→ 以总经理代理的身分，出席了会议。

△ 現在の私たちにとって、もっとも重要なのは、地球の環境を守ることであろう。自分と関係がないと考えずに、自分の問題としてこの問題を考えることが求められている。

→ 现在对于我们来说最重要的是要保护环境。这要求我们把环境问题当做自己的问题，而不是与己无关。

◆特徴　前項－「資格、立場、名目」などの名詞

◆解説　表示以某身份、立场、名义做某事，后项通常是动作行为的发生。容易与之混淆的「～にとって」后面通常是判断句，即表达"对……来说……是重要的"等意义。

◆注意　「～としても」表达逆接假定条件，通常不表示立场，而是表示"即使……也……"的意思。

△ たとえ不合格だとしても、君の今までの努力はむだではないよ。
→ 即使是不及格，你至今的努力也不会白费的。

N2　6. ～にしたら、～にすれば、～にしても

- ◆接続　名詞
- ◆理解　格助詞「に」＋動詞「する」から
- ◆意味　～の立場になってみれば／从……的立场来看
- ◆例文　△ 君にすれば、つまらないことかもしれないが、私にとって大切なのだ。
  → 从你的角度说，也许是微乎其微，但对我来说很重要。
  △ 社会ルールを守ることは、小さいな子供にしても大切なんだ。
  → 小孩也应该遵守社会秩序，这很重要。
  △ 治れない病気は患者にしたらつらいことだろう。
  → 不治之症对于患者来说肯定是很痛苦的。
- ◆特徴　後項－「～だろう、～に違いない、～かもしれない」
- ◆解説　站在某个角度来看的意思，用于站在别人的立场或从别人的角度，推测其对某件事情的想法。
- ◆注意　不能用于说话人本人的立场。例如没有「私にしたら／私にすれば」的说法，这时可以用「私として／私にとって／私からみて」等。

N1　7. ～たる、～たるもの

- ◆接続　名詞
- ◆理解　文語の断定の助動詞「たり」から
- ◆意味　～の資格、立場として／作为……、身为……
- ◆例文　▲親たる者は、子供が悪いことをした時に、きちんとしかるべきだ。
  （2006年真題）
  → 作为父母，孩子做了错事，应该好好批评。
  △ 警官たる者、そのような犯罪にかかわってはいけない。
  → 作为警察，不能牵涉到那样的犯罪案件中。
  △ 国民の生活をよりよいものにすること、それが政治家たる者の

使命だと考えます。
→让国民生活得更好，这是作为政治家的使命。
- ◆特徴　前項 -「政治家、公務員、警官、選手、教師、医者」などの名詞
　　　　後項 - 評価を表す内容
- ◆解説　对具有某种资格的人进行与其身份相适应的行动、态度、义务等的评价。
- ◆注意　多是一般性、公认性的评论。

N1　8. ～なり（に/の）

- ◆接続　動詞、イ形容詞、ナ形容詞普通形
　　　　名詞
- ◆理解　名詞「成り」から
- ◆意味　～に応じて / 与……相应地（的）、就……来说
- ◆例文　▲この問題については、あなたなりのお考えがおありでしょうが、ここのところは私の言うとおりにしてください。（2002 年真題）
　　　　　→关于这个问题，也许你有你的想法，但现在请按我说的做。
　　　　△部屋が狭ければ狭いなりに、工夫して使っています。
　　　　　→房间狭小，想办法将小房间物尽其用。
　　　　△現行の制度における問題点を、私なりに整理してみました。
　　　　　→关于现行制度中的问题，按我个人的想法进行了梳理。
- ◆解説　"虽不充分，但与此相适应"的含义。表示事物各具自己的特点。
- ◆注意　「～なりに」修饰动词，「～なりの」修饰名词。

9. ～でもって

- ◆接続　名詞
- ◆理解　格助詞「で」＋動詞「持つ」から
- ◆意味　～で（手段、方法、材料）/ 用、以……
- ◆例文　△国際常識でもって応えているわけである。
　　　　　→用国际常识去应对。
　　　　△大部分の問題につきましては非軍事的な手段でもって対応できるわけであります。

い。
→ 如果不根据收入安排生活，有多少钱也不够用。
- ◆特徴　前項－要求、状況などの変化
- ◆解説　根据要求、情况的变化而变化。
- ◆注意　修饰名词时使用「～に応じた」的形式。

N2　5. ～にかけては／～にかけても

- ◆接続　名詞
- ◆理解　格助詞「に」＋動詞「かける」のて形
- ◆意味　～では／在……方面
- ◆例文　▲ 鳥というやつは、人間の出すゴミをあさって、人間の周辺をうろついているだけあって、用心深いことにかけては、とにかく抜群である。（2009年真題）
  → 鸟这种动物，正因为是在人类扔的垃圾中寻找食物，经常在人类周围转悠，所以在警惕性方面是出类拔萃的。
  ▲ 私は今でもボタンホールをかがることにかけては一流の職人並みだと思っている。（2008年真題）
  → 我觉得即使是现在，自己在做扣眼方面还是一流的行家水平。
  ▲ 高い体力と戦闘力を誇り、敵と直接戦うことにかけては彼らの右に出るものはいない。（2006年真題）
  → 他们以强大的体力和战斗力为傲，在和敌人直接作战时，没人能比他们更强。
- ◆特徴　前項－優秀な面を表す内容
- ◆解説　提示某个话题，表示在某方面特别出色、特别优秀，一般人敌不过。
- ◆注意　多用在高度评价某人的特长、技术等方面。

N2　6. ～に関して（は／も）／～に関する

- ◆接続　名詞
- ◆理解　格助詞「に」＋「関する」のて形
- ◆意味　～を対象にして／关于……、有关……

→ 大部分的问题可以使用非军事手段应对。

△ その実力でもって多くの人びとを導いていくのです。

→ 用实力引导更多的人。

- ◆特徴　前項−手段、方法、材料を表す内容
- ◆解説　表示动作、作用进行的状态、资格和立场。
- ◆注意　「で」的强调用法。

10. 〜をもってすれば

- ◆接続　名詞
- ◆理解　格助詞「を」＋動詞「持つ」＋動詞「する」から
- ◆意味　〜で（期限、基準、方法）／凭借……
- ◆例文　▲ 山下博士が画期的な理論を打ち立てたと新聞に出ていた。博士の頭脳と実力をもってすれば、それは意外なことではない。（2004年真題）

→ 新闻说山下博士开创了划时代的理论，凭借博士的头脑和实力，这并不意外。

△ 警察の力をもってすれば幾らでも捜査できる。

→ 凭借警察的实力，无论多少都能搜查。

△ 両親から相当な財産を受け継いでいたので、この財力と彼自身の才能をもってすれば、ローマ人の社会への浸透も容易であったろう。

→ 从父母那里继承了相当多的财产，以这财产和自身的才能，融入罗马社会也比较容易吧。

- ◆特徴　前項−期限、基準、方法を表す内容
- ◆解説　表示动作、作用的手段、方法等，与表示手段的「〜をもって」意思相近，是假定的表达方式。
- ◆注意　主要用于书面语。

十四、表示例示、并列的表达

N2　1. ～にしろ～にしろ、～にせよ～にせよ

- ◆接続　　動詞、イ形容詞普通形
　　　　　　ナ形容詞語幹
　　　　　　名詞
- ◆理解　　格助詞「に」＋動詞「する」の命令形「しろ／せよ」
- ◆意味　　～でも～でも／无论……还是……
- ◆例文　　△ 勉強にしろ体育や楽器演奏にしろ、暗い顔つきになって、体までコチコチになっています。
　　　　　　　→ 无论学习还是体育和乐器演奏，一脸的闷闷不乐，连身体也僵硬了。
　　　　　　△ 出席するにしろ欠席するにしろ、招待状の返事は早く出したほうがいい。
　　　　　　　→ 无论出席与否，最好早点回复。
　　　　　　△ 外国へ行くにせよ、行かないにせよ、まず自分の身の回りをきちんと整理してからにしてください。
　　　　　　　→ 无论去不去国外，你都要先好好整理身边的东西。
- ◆解説　　举出两个（或三个）对立的例子，无论是哪个都一样。注意谓语不能是已经完成的事情。
- ◆注意　　多用于书面语。

N2　2. ～につけ～につけ

- ◆接続　　動詞、イ形容詞普通形
　　　　　　ナ形容詞語幹
　　　　　　名詞
- ◆理解　　格助詞「に」＋動詞「付ける」のます形「つけ」
- ◆意味　　～ても、～ても／不论……还是……都……
- ◆例文　　△ 泣くにつけ、笑うにつけ、面白がるにつけ、淋しがるにつけ、お前たちを見守る父の心は痛ましく傷く。

→无论哭还是笑，开心还是寂寞，守护你们的父亲心痛不已。

△雨につけ雪につけ、毎日30分のジョギングを続ける。

→不论下雨还是下雪，每天都坚持跑步30分钟。

△社長は常に会社の状況をつかんでおかなければならない。いいにつけ悪いにつけ、現状を報告させる必要がある。

→社长必须时刻掌握公司的情况。不论是好事还是坏事，都应该让部下汇报实情。

◆解说　前项并列两个表示对立内容的词语，表示"无论是其中的哪一方面"的意思。

◆注意　「～につけ～につけ」后项通常叙述自然、自发事态。「～にしろ～にしろ、～にせよ～にせよ」后项通常叙述主观判断、意志、推测。

N2　3.～やら～やら

◆接続　動詞る形

イ形容詞普通形

ナ形容詞語幹

名詞

◆理解　「にやあらむ」の転である「やらん」から（中世後期以降の語）

◆意味　～や～など、～たり～たり／又是……又是……

◆例文　▲合格の知らせを聞いた彼は、もう自分の耳を疑うやら、嬉しいやらで、大きな口を開けて、「やったぞー！」と大声で叫んでいた。（2013年真题）

→听说考试通过了，他又不敢相信自己的耳朵，又欣喜，张开嘴大声喊道："太好啦！"

▲数学のテストで初めて百点を取った博君は、もうびっくりしたやら、嬉しいやらで、大きな口を開けて、「やったぞー！」と言っている。（2011年真题）

→第一次在数学考试中取得了满分的小博，又是惊讶又是欣喜，张大嘴巴说"太好了！"

△ポケットにはハンカチやらガムやらが入っている。

→口袋里装满了手绢、口香糖之类的东西。

- ◆特徴　前項 – いくつかの例
- ◆解説　并列两个或多个物、事项。表示多个物品摆放得有些杂乱无章，或心里有些乱糟糟的感觉。
- ◆注意　接在感情形容词后表示多种感情交杂，令人难以承受。

N1　4. ～であれ～であれ、～であろうと～であろうと

- ◆接続　動詞る

  ナ形容詞語幹

  名詞
- ◆理解　断定の助動詞「である」から
- ◆意味　～でも／无论……还是……
- ◆例文　▲たとえ足が悪かろうが、病弱であろうが、自分にとってはふじ子はかけがえのない妻になるのだと、信夫はいとしさでいっぱいになった。（2008年真題）

  →不管是腿脚不好还是体弱多病，对自己而言，不二子将成为无可替代的妻子，信夫充满了喜爱之情。

  △紙であれ何であれ、ここにごみを捨てないでください。

  →无论是纸片还是其他的，都不要在这里扔垃圾。

  △男性であれ女性であれ、上司であれ部下であれ、教職員であれ学生であれ、基本的には誰も平等です。

  →无论男性还是女性，无论上司还是部下，无论老师还是学生，根本上都是平等的。
- ◆特徴　後項 –「～なければならない」、「～べきだ」、「てはいけない」
- ◆解説　用于列举多个例子来表示"任何一种情况都……"，不论哪种情况都满足后项要求。接疑问词表示全部满足要求的意思。
- ◆注意　是书面语或比较正式的口语。

N1　5. ～といい～といい

- ◆接続　名詞
- ◆理解　格助詞「と」＋動詞「言う」のます形
- ◆意味　～も～も／……也好……也好、不论……还是……

◆例文　△ あの果物は、香りといい、甘さといい、南国の情緒を伝えてくれます。
　　　　　→那种水果不论香味还是甘甜，都传来南国的风味。
　　　　△ あの店の服は、品質といい、デザインといい、申し分ない。
　　　　　→那家店无论是质量方面，还是设计方面，都无可挑剔。
　　　　△ この家は、広さといい価格といい新婚夫婦にぴったりだ。
　　　　　→这套房子的大小和价格，都很适合新婚夫妇居住。
◆特徴　後項－感嘆、不満、嫌み、失望などを表す内容
◆解説　举出两个例子，有时暗含其他例子的存在，所举例子都满足后项要求。
◆注意　描述同一对象的两个不同的侧面，后项是总体评价。

N1　6. ～といわず～といわず

◆接続　名詞
◆理解　格助詞「と」＋動詞「言う」のない形から
◆意味　～だけでも～だけでもなく／不论……还是……
◆例文　△ 陸地といわず海上といわず、色とりどりの明かりがいっせいに瞬きはじめた。
　　　　　→无论陆地还是海上，各色灯光同时闪烁。
　　　　△ 今の若者は休み時間といわず食事中といわずいつも携帯電話を離さない。
　　　　　→现在的年轻人，无论是休息时间，还是吃饭时间，都离不开手机。
　　　　△ 部屋の中の物は、机といわずいすといわず、めちゃくちゃに壊されていた。
　　　　　→屋子里的东西，桌子也好，椅子也好，都被毁坏得乱七八糟。
◆特徴　後ろ項－客観的な事実を述べる
◆解説　表示列举，举出两个具有代表性的事物，暗示其他的也是如此。强调不加区分地对待的意思。多列举同类的事物或成对的反义词。
◆注意　「～といい～といい」的后项多是说话人的主观评价,「～といわず～といわず」的后项多是客观存在的事实。

N1　7.～なり～なり

- ◆接続　動詞る形
  　　　　名詞
- ◆理解　「成り」から
- ◆意味　～でも～でも／或是……或是……、……也好……也好
- ◆例文　▲ 分からない単語があったら、先生に聞くなり辞書を引くなりして、調べておいてください。（2007年真題）
  　　　　→如果有不认识的单词，问老师或者查字典，弄明白。
  　　　△ 電話なり手紙なりで連絡ください。
  　　　　→打电话或写信联系。
  　　　△ わからない単語があったら、辞書を引くなりだれかに聞くなりして調べておきなさい。
  　　　　→有不认识的单词就查字典或者问别人。
- ◆特徴　前項－同質の例
- ◆解説　并行列举两个动作或人物，说明选择其中任何一个都可以，暗含其他要素的存在。
- ◆注意　后项多表示处理某事物的多个手段。

十五、表示不明确的表达

N1　～ともなく／～ともなしに

- ◆接続　動詞る形
- ◆理解　格助詞「と」＋係助詞「も」＋形容詞「ない」から
- ◆意味　はっきりと意識せずに、その動作をしている時の表現／无意识地……、漫不经心地……
- ◆例文　▲ 私は列車の窓から見るともなく移り行く景色を見ていた。（2017年真題）
  　　　　→在火车上漫不经心地看着窗外移动的风景。
  　　　▲ 部屋でテレビを見るともなしに見ていたら、友人が回答者としてクイズ番組に出演していたので驚いた。（2006年真題）
  　　　　→在房间里漫不经心地看着电视，结果发现朋友作为答题者参加

了智力问答节目，吃了一惊。

▲ 夜中に見るともなしにTVをつけていると、いつの間にか洋楽専門の音楽番組になっていることがある。（2005年真題）
→ 深夜不经意地看着电视,有时不知不觉地会播放西洋音乐的节目。

- ◆特徴　前項-「見る、話す、言う、考える」などの動詞
- ◆解説　表示"无意做某事时发生了意外的状况"。通常接在表示感觉、知觉、思维等动词之后。
- ◆注意　接「どこ（から）、いつ、だれ、どちら」等疑问词时，表示地点、时间、人物、事物等的不确定性。

2. ～とやら

- ◆接続　名詞
- ◆理解　格助詞「と」＋副助詞「やら」
- ◆意味　～とかいうもの／……之类的
- ◆例文　△ 最近「食の安全」とやらで、低農薬・有機栽培が盛んになってきた。
  → 最近由于关注"食品安全"等问题，开始流行少用农药和有机栽培。
  △ 今日は市庁舎の前を通って川を越え、公園とやらへ行くつもりだ。
  → 今天打算穿过市政府门前，再穿过小河，去公园之类的地方。
  △ 彼は、いたずらっぽい表情をして、その「秘訣」とやらを話してくれた。
  → 他一脸顽皮地告诉了我"秘诀"。
- ◆特徴　前項-文
- ◆解説　表示不确切的名称、事物。
- ◆注意　主要用于书面语。

十六、表示目的的表达

N2　1. ～上で

- ◆接続　動詞る形
  　　　　名詞＋の

十六、表示目的的表达

- ◆理解　名詞「上」＋格助詞「で」
- ◆意味　～する場合に、～という過程の中で / 在……方面
- ◆例文　△ プロジェクトを成功させる上で最も重要なのは、その目的を明確にすることです。
  → 让项目得以成功最重要的是明确目标。
  △ 建設計画を進める上でまず問題になるのが、周辺環境への影響です。
  → 建设企划推进中的首要问题是对周边环境的影响。
  △ 海外旅行に行く上で、パスポートは絶対必要です。
  → 要去海外旅行，必须有护照。
- ◆特徴　前項 - 目的を表す内容が多い
- ◆解説　前项多表示目的，后项多是叙述在前项所做事情的过程中必要的、重要的事项。
- ◆注意　主要用于书面语。

N1　2. ～べく

- ◆接続　動詞普通形
- ◆理解　助動詞「べし」の連用形
- ◆意味　～ために / 为了……
- ◆例文　△ 兄は締め切りに間に合わせるべく、昼も夜も論文に取り組んでいる。
  → 为了赶上截止日期，哥哥不分昼夜地写着论文。
  △ 少しでも体力を蓄えるべく、ぐっすりと寝込んだ。
  → 为了存蓄体力，酣畅地睡熟了。
  △ 警察へ連絡すべく、電話機へと近づいた。
  → 为了和警察联系靠近电话。
- ◆特徴　後項 -「行く、引っ越す、行う、訪ねる」などの動作動詞
- ◆解説　表示为了达到前项目的而采取的措施，通常是针对前项对策性、政策性地采取行动。
- ◆注意　后项不用命令、祈使等表达。

N1　3. 〜んがため（に / の）

- ◆接続　　動詞ない形
- ◆理解　　名詞「ため」から
- ◆意味　　〜という目的をもって / 为了……
- ◆例文　　▲ 強くならんがために、自分より強い相手にぶつかってみた。（2013年真題）

  　　　　　→ 为了更强，尝试去挑战了比自己更强大的对手。

  ▲ 家族の皆に幸せな生活を過ごさせんがために、弛まず精一杯働いている。（2012年真題）

  　　　　　→ 为了让家人过上幸福的生活，不敢怠慢拼命工作。

  △ 長年の夢を実現させんがために、留学を決意した。

  　　　　　→ 为实现多年的理想而下决心留学。
- ◆特徴　　前項 – 動作動詞
- ◆解説　　用于积极的目的，表示"欲……、为了……"之意。后面不能用请求、命令、禁止、号召等表达方式。
- ◆注意　　较文言的书面表达。

十七、表示难易、可能的表达

N2　1. 〜得る、〜得ない

- ◆接続　　動詞ます形
- ◆理解　　動詞「得る」から
- ◆意味　　〜できる；〜できない / 能……；不能……
- ◆例文　　△ 治子と別れて再婚する道もありうる。

  　　　　　→ 也可以考虑与治子分开再婚。

  △ その曲のすばらしさはとても言葉で表しうるものではない。

  　　　　　→ 那首曲子很精彩，根本无法用语言表达。

  △ あの人がそんなひどいことをするなんてあり得ません。

  　　　　　→ 他不可能干那种出格的事。
- ◆特徴　　前項 – 可能性を表す動詞

◆解説　根据状况判断可能性，不用于单纯表示能力的表现。一般用于书面语，但「ありえない」也常用于口语。另外，「えない」还用于「～ざるをえない」的句型中。

◆注意　「あり得る」、「あり得ない」較常用。

N2　2.～がたい

- ◆接続　動詞ます形
- ◆理解　形容詞「かたい（難）」の接尾語化
- ◆意味　～するのが難しい / 难以……
- ◆例文　△ 恐ろしい、いいがたい雰囲気が漂っていた。
  - → 有着恐怖、难以言表的氛围。
  - △ 嬉しいような感情が胸にわきあがってくる。抑えがたい躍動というのだろうか。
  - → 兴奋的感情在胸中涌动，是难以抑制的悸动吧。
  - △ 得がたい人材。
  - → 难得的人才。
- ◆特徴　前項-「理解する、創造する、賛成する、受け入れる、認める、忘れる、信じる、許す」などの動詞
- ◆解説　表示不容易实现，做起来比较难的意思，多用于好的事情，偶尔也用于不好的事情。通常用于心理上难以处理的场合，不用于能力上的可能。
- ◆注意　主要用于书面语。

N2　3.～かねない

- ◆接続　動詞ます形
- ◆理解　動詞「兼ねる」から
- ◆意味　～というよくない結果になるかもしれない / 很可能……
- ◆例文　△ 単位が足りないうえに、事件を起こしたから、彼は退学になりかねない。
  - → 他学分没修够，再加上惹事，很可能被开除。
  - △ お酒を飲んでから運転すると、事故を起こしかねない。

→ 如果酒后驾车，很有可能会发生事故。

△ 食事と睡眠はきちんと取らないと、体を壊すことになりかねない。

→ 不好好吃饭和睡觉的话，有可能会搞垮身体。

◆特徴　前項-「～たら」、「～ば」、「～と」などが多い

◆解説　「かねる」的否定形式，是负面表达的推量表现，意为容易导致不好事态的发生。含有说话者的警告、担心等语气。

◆注意　肯定形式「～かねる」多用于主观上或感情上难以做到某事，主语通常为第一人称。

N2　4.～かねる

◆接続　動詞ます形

◆理解　動詞「兼ねる」から

◆意味　～するのは難しい / 难以……、不能……

◆例文　△ 面接試験ではどんな質問が出るのかと聞かれたが、そのようなことを聞かれてもちょっと答えかねる。

→ 被问到面试都考些什么的时候，我确实难以应答。

△ そんな厳しい要求には応じかねます。

→ 那么苛刻的要求不能应承。

△ こんな重大なことは一人で決めかねます。

→ 这么重大的事，一个人难以决定。

◆特徴　前項-「分る、応じる、決める、判断する、同意する、賛成する」などの動詞

◆解説　说话者根据自己的立场和状况判断难以这样做。用来表示"由于外部条件不具备、具体情况不允许，所以我很难做到"。多用于服务行业中很礼貌且委婉地拒绝客人的要求时。

◆注意　惯用句有「決めるに決めかねる / 难以决定」、「見るに見かねて / 惨不忍睹」等，是比较郑重的书面语。

N2 5. 〜きる、〜きれる

- ◆接続　動詞ます形
- ◆理解　動詞「切る」から
- ◆意味　〜全部することができる/……得完
- ◆例文　△ 応募者の人数が多すぎて数えきれない。

  → 应聘者人数太多，数都数不完。

  △ 会った時、彼が疲れきった様子だった。

  → 见面时，他已经是疲惫不堪的样子。

  △ このような靴はもう売り切れた。

  → 这样的鞋已经售完了。
- ◆解説　动词「切る」的语法化形式，保留了「切る」的完结意义。「〜きる」表示一点不留地全部做完的意思，「〜きれる」是可能态，「〜きれない」表示不能做完的意思。
- ◆注意　「きる」还有表示很深程度的用法，如「疲れきる（累得不得了）、分りきる（明摆着的）、澄みきる（清澈的、透明的）、言いきる（断言）」等。

N2 6. 〜っこない

- ◆接続　動詞ます形
- ◆理解　接尾語「っこない」
- ◆意味　絶対に〜ない/不可能……
- ◆例文　▲ 俳優になんかなれっこないと両親にも言われたが、夢は捨てられなかった。（2013年真題）

  → 父母说我不可能成为演员，但我没有放弃梦想。

  ▲ 出来そうもないそんな約束をしても守れっこない。（2011年真題）

  → 那种实现不了的事情，就算约定好了也不可能遵守。

  △ 毎日6時間勉強するなんて、できっこない。

  → 每天学习6小时，是很难做到的。
- ◆解説　是很主观的表达形式，表示否定，对某事不看好，表示"根本不可能"。

◆注意　口语表现，多用于亲密的人。

N2　7. ～どころではない

◆接続　動詞る形

　　　　名詞

◆理解　副助詞「どころ」の打ち消し形式

◆意味　～はとてもできない／哪能……、不是……的时候

◆例文　△ 仕事でしばしば出張するので、あちこち旅行できていいとみんなに言われるが、いつも忙しくて見物するどころではない。

　　　　　→ 由于工作经常出差，大家说能到处旅行很好，但是经常很忙哪有时间参观旅行。

　　　　△ せっかく古い友達が訪ねてきたのに、仕事に追われていっしょに酒を飲むどころではなかった。

　　　　　→ 好不容易有老朋友来访，但是被工作赶着，哪有闲工夫一块喝酒啊。

　　　　△ 褒められるどころではなく、さんざん叱られた。

　　　　　→ 别说是受到表扬了，反倒是被臭骂了一顿。

◆特徴　前項 - 極端な例を表す内容

◆解説　表示不是做预想或期待的事情的时候。前项就别提了，就连有可能出现的或者认为是最起码的后项也没有出现。或表示根本就不是前项，而是恰恰相反的后项，用于从根本上推翻说话人的预想或问话人的期待。

◆注意　与「～どころか」的意思相同。

N2　8. ～ないことはない、～ないこともない

◆接続　動詞ない形

　　　　イ形容詞＋く

　　　　ナ形容詞、名詞＋で

◆理解　助動詞「ない」＋名詞「こと」＋助詞「は」＋助動詞「ない」

◆意味　場合によっては～かもしれない／不是不……、有可能……

◆例文　△ この程度なら、我慢できないことはないと自分に言い聞かせた。

　　　　　→ 如果这种程度的话，告诉自己也不是不能忍受。

△ どうしてもやってくれと言われるなら、やらないこともない。
→ 如果被要求必须做的话，也不是不做。
△ 飲めないことはないが、今日は車だから、遠慮させてください。
→ 酒也不是说喝不了，只是今天我开车，还是不喝了吧。

- ◆特徴　前項－動作動詞
- ◆解説　表示某种可能性。"不是不……""有可能……"。对某种可能性给予部分的肯定，是双重否定句表示肯定的用法。
- ◆注意　「～ないこともない」相对比较委婉。

N2　9. ～なくはない、～なくもない

- ◆接続　動詞ない形
  　　　　イ形容詞＋く
  　　　　ナ形容詞、名詞＋で
- ◆理解　助動詞「なく」＋助詞「は」＋助動詞「ない」
- ◆意味　場合によっては～できる / 不是不……、并不是不……、并非是……
- ◆例文　△ 旅行に行きたくなくもないが、今のところは余裕がない。
　　　　　→ 也不是不想去旅行，只是现在没有时间。
　　　　△ 結婚するつもりはなくもないが、仕事が安定してからのほうがいい。
　　　　　→ 也不是没有结婚的打算，只是在工作安定之后比较好。
　　　　△ 山本はあの日突然会社をやめて周りを驚かせたが、あの人の性格を考えると理解できなくもない。
　　　　　→ 山本有一天忽然辞职了，让大家吃了一惊，但是考虑到他的性格，也并非不能理解。
- ◆特徴　前項－動作動詞が多い
- ◆解説　接在形容词和名词后面时表示那样的情况并非完全没有，接在动词后面时表示那样的行为也不是不成立。
- ◆注意　委婉地表达否定的方式。

N2　10. ～ようがない、～ようもない

- ◆接続　動詞ます形
- ◆理解　名詞「様」＋助詞「が」/「も」＋助動詞「ない」
- ◆意味　～する手段、方法がない / 没有办法……、不能……
- ◆例文　△ この点についてはまだ確認していないですから、申し上げようがないのです。
  　　　　→ 关于这一点我们还没有确认，所以无可奉告。
  　　　△ ゴミがこれほど散らかっていたら、一人で全部集めようもない。
  　　　　→ 这垃圾被散落成这样，我一个人是没法清理的。
  　　　△ 運転免許がないので、車を運転したくても運転のしようがない。
  　　　　→ 因为没有驾照，所以想开车也没法开。
- ◆特徴　前項 - 動作動詞
- ◆解説　由于前项不利的原因，或如果出现前项的情况，想做后项也找不到办法，所以办不成。
- ◆注意　暗含有放弃或无助的语气。

N2　11. ～わけがない

- ◆接続　動詞、イ形容詞普通形
  　　　　ナ形容詞語幹＋な / である
  　　　　名詞＋の / である
- ◆理解　名詞「訳」から
- ◆意味　～ことは考えられない / 绝对不会……、绝对不可能……
- ◆例文　△ 彼は犯人だから、警察官は彼に親切なわけがない。
  　　　　→ 因为他是犯人，所以警察不可能对他热情。
  　　　△ このマンガは若い人の間ですごくはやっているので、高校生が知らないわけがないよ。
  　　　　→ 这个漫画在年轻人中很流行，所以高中生不可能不知道。
  　　　△ 彼は昨日入院したばかりで、今日会社に来るわけがない。
  　　　　→ 他昨天刚住院，今天不可能来公司。
- ◆特徴　前項 - 文
- ◆解説　不具有实现后项的基础或前提，表示说话人主观上的一种强烈的否定，

某事不可能或没有理由成立。
- ◆注意　与「〜はずがない」用法基本相同。

N2　12. 〜わけではない、〜わけでもない

- ◆接続　動詞、イ形容詞普通形
  　　　　ナ形容詞語幹＋な／である
  　　　　名詞＋の／である
- ◆理解　名詞「訳」から
- ◆意味　全部とは言えない／并非……、并不是……
- ◆例文　△ スポーツが苦手だと言っても、スポーツ番組を見るのが嫌いだと言うわけではない。
  　　　　→虽说运动方面不擅长，但是并不是说不喜欢看体育节目。
  　　　　△ 彼とは友達ですが、仲良しだと言うわけではなく、少し距離を置いて付き合っている。
  　　　　→虽然和他是朋友关系，但并不是特别好，所以一直保持着距离。
  　　　　△ 現在、建設作業はスムーズに進んでいるが、必ずしも最初から順調だったわけではない。
  　　　　→现在建设作业进展得很好，但也并不是一开始就很顺利。
- ◆特徴　前項－文
- ◆解説　表示不全盘否定，但是有一部分是那样。
- ◆注意　「〜ないわけではない」以双重否定的形式表示部分肯定。

N2　13. 〜わけにはいかない、〜わけにもいかない

- ◆接続　動詞る形
- ◆理解　名詞「訳」から
- ◆意味　〜することはできない／不能……
- ◆例文　△ 重要な会議だから、責任者の私が遅れていくわけにはいかない。
  　　　　→因为是很重要的会议，我作为负责人不能迟到。
  　　　　△ 我々は、彼のした無責任な行動を見逃すわけにはいかないのである。

→ 我们不能放过他那不负责任的行为。

△ みんな残業しているので、自分一人で先に帰るわけにはいかない。

→ 大家都在加班，我不能自己先回去。

- ◆特徴　前項－文
- ◆解説　虽然想做某事，但是由于受到社会上的一般想法、道德观念等外部情况的约束，认为那样做又是不妥当的。
- ◆注意　不能用于个人能力原因造成的不能做某事。

N1　14. ～ないものでもない

- ◆接続　動詞ない形
- ◆理解　助動詞「ない」＋名詞「もの」の打ち消し形式
- ◆意味　場合によっては～かもしれない／也并非不……、有可能……
- ◆例文　△「私が悪かった。」と素直に謝れば、許してやらないものでもない。

→ 要是能诚恳地说声"是我的错"，也不是不原谅你。

△ 食事だけなら、今晩、つき合ってあげないものでもないわ。

→ 如果只是吃饭的话，今晚也不是不能陪你。

△ これをそのままにしておいては、九州一円を席捲されないものでもない。

→ 这样放任的话，有可能席卷整个九州一带。

- ◆特徴　前項－動作動詞
- ◆解説　用双重否定表达肯定的意思，表示还是有肯定的可能性的，多用于个人的判断、推測等。
- ◆注意　用于消极的肯定。

N1　15. ～にかたくない

- ◆接続　動詞る形

　　　　名詞
- ◆理解　形容詞「かたい（難）」から
- ◆意味　～できる、～するのは易しい／不难……、很容易……
- ◆例文　▲ このままの農地が減少し続けると、食料安全が脅かされ、社会不安につながることは想像にかたくない。（2013年真題）

→ 照这样农地继续减少的话，食品安全受到威胁，不难想象会引

起社会不安。

▲ いずれ会長の指導力も衰え、社長の陰に隠れてしまうことは想像に難くない。（2004年真題）

→ 会长的领导力衰退，不难想象已经藏在社长背后了。

△ 宇宙飛行士の長期間の訓練にはいかに苦労が多いか、想像にかたくない。

→ 宇航员的长时间训练有多辛苦，无法想象。

- ◆特徴　前項 –「想像する、理解する、推測する」などの動詞
- ◆解説　表示动作的难易程度，从具体情况出发很容易这么想象、理解、推理，多是站在对方的立场考虑问题。
- ◆注意　主要用于书面语。

N1　16. 〜にたえる、〜にたえない

- ◆接続　動詞る形
  　　　　名詞
- ◆理解　動詞「堪える」から
- ◆意味　〜ことができる；〜ことができない／值得、可以；不能（不堪）……
- ◆例文　△ ミスを犯したけど謝っていないのは誠に怒りにたえない。

　　　→ 犯错却不道歉，这实在让人生气。

　　　△ 事故現場の有様は、見るにたえなかった。

　　　→ 事故现场的样子惨不忍睹。

　　　△ わが社が開発したこの機種は、多くのユーザーの評価にたえるものだ。

　　　→ 我们公司开发的这种型号的商品，深受用户好评。

- ◆特徴　前項 –「感謝、無念、遺憾、悲しみ、同情」などの名詞
  　　　　　　　「見る、聞く、鑑賞する」などの動詞
- ◆解説　表示值得或不值得、能不能做某事。前接感情名词时，用于强调，相当于"非常……"。
- ◆注意　较生硬的客套语。

N1　17. 〜に足る

- ◆接続　動詞る形
  　　　　名詞
- ◆理解　動詞「足る」から
- ◆意味　〜できる、〜ための価値がある / 值得……、足以……
- ◆例文　△ 先日提出された調査報告は信頼に足るものではなかった。
  　　　　　→ 前些天提交的调查报告不足以信。
  　　　　△ この作品の芸術的価値は高く、十分、今回の展覧会に出品するにたる。
  　　　　　→ 这件作品的艺术价值很高，完全有资格在这次展览会上展出。
  　　　　△ この辺は「美食街」と言われ、推薦に足るレストランがいっぱいあります。
  　　　　　→ 这一带被称为"美食街"，有很多值得推荐的餐厅。
- ◆特徴　前項-「信頼、満足、推薦」などの名詞
- ◆解説　评价某物或某事达到了某种程度或者要求，"值得……""足以……"。表示十分值得这样做、有这样做的价值。
- ◆注意　否定形式为「〜に足りない（不值得……）」。

N1　18. 〜に（は）あたらない

- ◆接続　動詞る形
  　　　　名詞
- ◆理解　動詞「当たる」から
- ◆意味　〜ほど大きな問題ではない / 不必……、用不着……
- ◆例文　▲ 池田さんは以前から転職したいと言っていたので、会社を辞めるからといって驚くにはあたらない。（2005年真題）
  　　　　　→ 池田以前说过想换工作，所以他辞职大家不必惊讶。
  　　　　△ 彼なりにできるだけの努力をしたのだから、いい結果を出せなかったとしても、非難するにはあたらない。
  　　　　　→ 他也尽了自己最大的努力，虽然说没有取得好的结果，但是也没必要指责。
  　　　　△ 責任は会社にある。社員を非難するにはあたらない。

→ 责任在公司，用不着责备员工。
- ◆特徴　前項－「諦める、批判しる、落胆する、非難する」などの動詞
- ◆解説　表示还没有严重到要这么做的程度，这么做是不恰当的。多用于对对方的担心、自暴自弃等的安慰。
- ◆注意　通常没有中顿用法。

N1　19.～べくもない

- ◆接続　動詞る形
- ◆理解　助動詞「べし」の連用形「べく」＋格助詞「も」＋助動詞「ない」
- ◆意味　～しようと思ってもできない／没办法……、不可能……
- ◆例文　△ これらがヘレニズム科学の形成に重要な素材を提供したことは疑うべくもない。
　　　　→ 毋庸置疑，这些为希腊科学的形成提供了重要素材。
　　　　△ 土地が高い都会では、家などそう簡単に手に入るべくもない。
　　　　→ 地价高的城市，房子是不可能容易买的。
　　　　△ 祖父の病状は悪くなるばかりだ。回復はもう望むべくもない。
　　　　→ 祖父的病情不断恶化，恢复已经无望。
- ◆特徴　前項－動作動詞
- ◆解説　表示由于差距太大而根本就没有办法做到，常用搭配「望むべくもない」表示"无法指望……、不指望……"。
- ◆注意　较生硬的书面语。

N1　20.～までもない

- ◆接続　動詞る形
- ◆理解　副助詞「まで」から
- ◆意味　わざわざ～する必要はない／没必要……、用不着……
- ◆例文　△ そんな遠い店まで買いに行くまでもないよ。電話で注文すればすぐ届くんだから。
　　　　→ 用不着跑那么远买，打电话订购马上就能送过来。
　　　　△ そんなことは子供でも知っているんだ。君に言われるまでもない。

→ 那种事连小孩都知道，不用你说。

△ 今度の交渉は計画どおりに進んでいるので、社長が乗り出すまでもない。

→ 这次的谈判正按照计划进行，不需要社长亲自出马。

- ◆ 特徴　前項 – 動作動詞
- ◆ 解説　说话人自然而然地认为没有到达必须做某事的程度。「～までもなく」用在句中，「～までもない」用于句末，意思与「～ことはない」相同。
- ◆ 注意　慣用形式有「言うまでもない（不用说）」等。

21.～とは限らない

- ◆ 接続　動詞、イ形容詞、ナ形容詞普通形
  　　　　名詞
- ◆ 理解　動詞「限る」から
- ◆ 意味　絶対にそうだとは言えない / 不一定……、未必……
- ◆ 例文　▲ 習慣や考え方は人によって異なるので、自分にとっての常識は他人にとっての非常識でないともかぎらない。（2004 年真題）

　　　　→ 习惯和想法因人而异，对自己来说是常识对别人来说不一定是常识。

△ 4 年間日本に住んでいたが、必ずしも日本語が上手に話せるとは限らない。

→ 虽然在日本住了 4 年，但是日语不一定能说得很好。

△ 値段の高いものが必ずしもいいものだとは限らない。

→ 贵的东西未必就好。

- ◆ 特徴　前項 –「～からといって」などが多い
- ◆ 解説　表示"不见得……""未必……"，用于一般认为正确的事也有例外的情况。
- ◆ 注意　前面可以加否定形式构成「～ないとは限らない」表示"未必不……、有可能……"。

22.～には及ばない

- ◆ 接続　動詞る形
- ◆ 理解　動詞「及ぶ」から

- ◆意味　〜必要はない／不用说，没必要……
- ◆例文　△何をいわれてもさほど気にするには及ばない。
  - →无论别人说什么都不在乎。
  - △その技術が既に失われたのではないかなどと悲観するには及ばない。
  - →没必要悲观那种技术是否已经丢失。
  - △わざわざ来るには及びません。電話で知らせてください。
  - →你不必特意来，打个电话告诉我好了。
- ◆特徴　前項－文
- ◆解説　表示不用那样做，没有那个必要。
- ◆注意　意同「〜必要はない」。

23.〜はずがない

- ◆接続　動詞る
- ◆理解　名詞「はず」から
- ◆意味　〜ないだろう／应该不会……、根本不会……
- ◆例文　▲一年前から綿密に準備してきたからには失敗するはずがないと思うが、心配が残っている。（2017年、2011年真題）
  - →一年前开始认真准备应该不会失败，但还是担心。
  - ▲コンピューターでやっているのだから、計算間違いするはずがない。（2005年真題）
  - →电脑计算的，所以应该不会有差错。
  - △こんなに難しい問題を子供にできるはずがない。
  - →这么难的问题，小孩子不可能会做。
- ◆特徴　前項－動作動詞
- ◆解説　表示说话人根据自己拥有的知识、知道的事实或理论来推论某一事物完全不可能实现、不会有这种情况发生。
- ◆注意　用于说话人的主观判断。

24.〜ものではない

- ◆接続　動詞辞書形
- ◆理解　名詞「もの」の打ち消し形式

◆意味　〜ないのが当然だ／不应该……

◆例文　△ 小さい子供を一人で遠くに遊びに行かせるものではない。

→ 不应该让小孩独自去远处玩。

△ 今年の夏は暑いのに、クーラーがさっぱり売れない。暑い夏ほどクーラーは売れるものだと言われているが、違うんだろうか。

→ 今年夏天很热，但空调卖得却不好。都说夏天越热空调销量越好，难道不对吗？

△ 人の悪口を言うものじゃない。

→ 不应该说别人的坏话。

◆特徴　前項‐文

◆解説　表示并非是个人意见，而是从社会基本立场对事物本来的性质、倾向、道理、社会常识、道德约束等的判断。

◆注意　「〜ものだ」是「〜ものではない」的肯定形式，表示以社会常识为依据，通过讲道理来提示别人应该怎么做。

十八、表示逆接假定的表达

N2　1. 〜といっても

◆接続　動詞、イ形容詞

ナ形容詞語幹

名詞

◆理解　助詞「と」＋動詞「いう」のて形から

◆意味　〜というけれども、実は／虽然说……但是……

◆例文　△ 食事のお手伝いといっても、特別なことをする必要はありません。

→ 虽说是来帮忙做饭，但也没有特别要做的事情。

△ 春が近いといっても、朝にはまだ氷の張る寒さが残っていた。

→ 虽说春天临近，但早晨仍然结冰寒冷。

△ 新しい店を開くために借金をした。借金といっても、そんなに大した額ではないし、今後15年で返せばいいのだから大丈夫だ。

→ 为了开新店借了款。虽说是借款，又不是那么大金额，今后15

年内还完就行了。

- ◆特徴　後項 – 判断、意見を表す内容
- ◆解説　表示与通常应该联想到的内容相反或程度上并没有想象中的那么严重的意思。
- ◆注意　后项多是对前项的补充、修正。

N1　2. ～たところで

- ◆接続　動詞た形
- ◆理解　名詞「ところ」から
- ◆意味　～ても / 即使……也……
- ◆例文　
  ▲いまさらどんなに後悔したところで、失敗を元に戻すことはできない。（2017年、2011年真題）
  　→无论现在多么后悔，失败不能挽回。
  ▲いまさら隠してみたところで、もう皆知っているのだから、この場で白状したほうがいい。（2013年真題）
  　→即使现在躲起来，但大家已经知道了，所以就在这坦白比较好。
  △彼にやる気がないのなら、頼んだところで引き受けてくれないだろう。
  　→如果他没心思干，即使我们拜托他，他也不会接受吧。
- ◆特徴　後項 – 打消し形式が多い
- ◆解説　表示不管怎么满足前项条件，期待的结果仍然是无法实现的。后项多接否定表达，构成「～たところで～ない」的形式。
- ◆注意　多用于消极意义。

N1　3. ～たりとも［～ない］

- ◆接続　数量の名詞
- ◆理解　断定の助動詞「たり」+ 接続助詞「とも」から
- ◆意味　～も［～ない］/ 即使……也不……
- ◆例文　
  ▲給料日まで後千円しか残っていない。もう一円たりとも無駄遣いできない。（2016年真題）
  　→发工资前只剩一千日元，一块钱都不能浪费了。

▲ ポケットにはあと千円しか残っていないからもう一円たりとも無駄遣いできない。（2012年真題）

　　→ 口袋里只剩一千日元，一块钱都不能浪费了。

△ 一瞬たりともおろそかにはできないはずだ。

　　→ 一刻也不能疏忽马虎。

◆特徴　　前項－最小（一）の数量
◆解説　　后接否定表现，表示全面否定，"即便……也绝对不会……"之意。可以认为是「～も～ない」的强调形式。
◆注意　　强调即使是很少的数量也不能轻视。

N1　4.～であれ

◆接続　　名詞
◆理解　　断定の助動詞「である」から
◆意味　　～でも／无论……还是……
◆例文　　△ うそをつくことは、どんな理由であれ許されない。

　　　　　→ 不管什么理由都不允许说谎。

△ ビジネスで成功したいなら、どんな時であれ仕事が主で、遊びは従にしなきゃいけないね。

　　→ 想在商业上成功，无论什么时候工作都是主要的，玩乐是次要的。

△ たとえ子どもであれ、自分のしたこと自分で責任をとらなければならない。

　　→ 即使是孩子也应该对自己所做的事情负责。

◆特徴　　前項－「たとえ、どんな、何」など
◆解説　　假定条件的逆接，无论前项如何后项都不改变。表示说话者的主观判断或推测，强调形式是「ではあれ」。
◆注意　　「～であれ～であれ」用于列举多个例子来表示"任何一种情况都……"。

N1　5. ～といえども

- ◆接続　動詞、イ形容詞普通形

  ナ形容詞語幹

  名詞

- ◆理解　格助詞「と」+動詞「言う」から

- ◆意味　たとえ～でも、いくら～でも／即使……也……，就连……都……

- ◆例文　△ 仕事がたまっていて、連休といえども毎日出社しなければならない。

  　　　→ 工作积了一大堆，虽说是连休但是每天还得去公司上班。

  △ 今度の試験にパスしたといえども、最後の成功までまだ遠い。

  　　　→ 虽说通过了这次考试，但是离最后的成功还很远。

  △ 国際政治の専門家といえども、日々変化する世界情勢を分析するのは難しい。

  　　　→ 就算是国际政治方面的专家，对于瞬息万变的国际形势也很难做出分析。

- ◆解説　让步转折，承认前项的事实，但是后项的问题还是未能解决。表示前项无论是什么，后项事实不会改变，通过最具有代表性的例子来进行全面否定。

- ◆注意　可用「いかに～といえども」、「たとえ～といえども」等形式。

N1　6. ～ないまでも

- ◆接続　動詞ない形

- ◆理解　助動詞「ない」+副助詞「まで」+格助詞「も」

- ◆意味　～まではできなくても／即使不能说……至少也……、就算没有……也应该……

- ◆例文　△ 日本語のすべては理解できないまでも、相手が伝えようとしている内容を懸命に理解しようとしている。

  　　　→ 即便不能理解所有日语，但在拼命理解对方想传达的内容。

  △ お互いに友情は持たないまでも、敬意だけは払っていた。

  　　　→ 相互间虽然没有友情，但敬意是有的。

  △ 給料は十分とは言えないまでも、これで親子３人がなんとか暮

していけます。

→ 工资虽然不多，但也够我们一家三口凑合着过日子。

◆特徴　前項－文
◆解説　虽然没有达到前项令人满意或较高的程度，但是至少还是达到了后项的一般程度。表示"就算是不……至少也……吧"。
◆注意　「～までもない」表示没有必要做到前项那样的程度，意为"没必要""用不着"。

N1　7.～ながら（も）

◆接続　動詞ます形
　　　　イ形容詞普通形
　　　　ナ形容詞語幹
　　　　名詞＋であり

◆理解　接続助詞「ながら」
◆意味　～けれども、～のに／虽然……但是……
◆例文　△ 戸惑いながらも、ともかく頑張っている。
　　　　　→ 迷惑但姑且在奋斗着。
　　　　△ ぶつぶつ文句をいいながらも、とくに拒否するわけでもない。
　　　　　→ 虽然在发泄着不满，但也不是拒绝。
　　　　△ このカメラは小型ながら、よく写ります。
　　　　　→ 这部相机虽然是小型的，但拍照的效果很好。

◆解説　表示逆接、让步的意思，说明虽然有这种情况，但是也存在与之相对的另一面。表达说话人惊讶、不满、谴责或遗憾的心情。有时也用于谨慎、谦让的表达中。「～ながらも」语气更强，表示前后两事项相互矛盾，类似于「けれども」等。

◆注意　「～ながら」还有表示并列、附带的用法。惯用表现有「残念ながら、勝手ながら」等。

8.～（よ）うが

◆接続　動詞よう
　　　　イ形容詞語幹かろう

ナ形容詞語幹、名詞だろう
- ◆理解　意向形（よ）う＋助詞「が」
- ◆意味　〜ても、関係なく / 无论……不管……
- ◆例文　△ 誰がやろうが、結果は同じだ。
    → 无论谁做，结果都一样。
  △ それが本当だろうが嘘だろうが、関係ない。私は彼女を信じる。
    → 那是实话还是说谎都没关系，我信任她。
  △ 雨が降ろうが、台風が来ようが、あのお客さんは毎日やってくる。
    → 无论下雨还是台风，那位客人每天都来。
- ◆特徴　前項-「どんなに、いかに、なんと」などの副詞
- ◆解説　接在意志形后，表示不管前面的事情如何，后面的事情都是成立的，"即便……也没关系"。
- ◆注意　第二个例句可以用以下形式替换：
    △ それが本当だろうが本当でなかろうが、〜。
      → 无论是不是真的……。

9. 〜（よ）うと

- ◆接続　動詞意向形
- ◆理解　意向形（よ）う＋格助詞「と」
- ◆意味　〜ても、関係なく / 无论……不管……
- ◆例文　△ 彼が辞めようと辞めまいと、会社には何の影響もない。
    → 他辞职或不辞职，对公司没有任何影响。
  △ 信じようと信じまいと、これは本当にあった出来事なんです。
    → 无论信不信，这是真实发生的事情。
  △ こどもが泣こうとわめこうと、シートベルトは必ずつけさせます。
    → 无论孩子哭喊，安全带必须系好。
- ◆特徴　前項-「どんなに、いかに、なんと」などの副詞
- ◆解説　表示不管前面的事情如何，后面的事情都是成立的。如例句所示，在实际使用中常使用「（よ）うと〜まいと」、「（よ）うと〜（よ）うと」的形式。

◆注意　后项多使用表示随意的、自由的、没有关系等意思的表达方式。

十九、表示评价视点的表达

N2　1.～向き（だ/に/の）

- ◆接続　名詞
- ◆理解　動詞「向く」から
- ◆意味　～にちょうど合う、～に適している / 适用于……、面向……
- ◆例文　△ フルーツケーキを焼いた。甘さを控えて若い人向きに仕上げてある。
    →烤了水果蛋糕，适合低糖饮食的年轻人。
    △ このスキー所は初心者向きです。
    →这个滑雪场适合初学者。
    △ ハイビジョン撮影向きのカメラが開発された。
    →开发出了适合高清摄影的相机。
- ◆特徴　前項－特定の人、物
- ◆解説　表示话题所示事物适合于、适用于某些对象。「向き不向き（适合还是不适合）」是惯用形式。
- ◆注意　「向き」还有表示方向的意思，「方向名詞＋向き」表示面向某个方向。

N2　2.～にしては

- ◆接続　動詞、イ形容詞普通形
    ナ形容詞語幹＋である
    名詞＋（である）
- ◆理解　動詞「する」から
- ◆意味　～と違って / 就……而言、照……来说
- ◆例文　△ この子は小学生にしてはずいぶんしっかりしている。
    →按小学生标准来说，这个孩子很稳重。
    △ 彼はスポーツ選手にしてはきゃしゃな体つきだ。
    →他作为运动选手，身材显苗条。
    △ 初めてケーキを作ったにしては上手にできましたね。

十九、表示评价视点的表达

　　　　　→按初次做蛋糕的标准看，已经很不错了。
- ◆特徴　　後項 – 意外などの感情を表す
- ◆解説　　「～にしては」采用「AにしてはB」的形式出现，表示从A的条件得出B的结果是少见的、另类的、与众不同的现象。多用于批评或高度评价某人某事，不用于自我评价。前后项主语应一致。
- ◆注意　　作为接续词，也可以用「それにしては」的表达形式，"同……相比却……"。

N1　3.～まじき

- ◆接続　　動詞る形
- ◆理解　　推量助動詞「まじ」の連体形
- ◆意味　　～べきではない、～てはいけない / 作为……不该有的、与……不相称的
- ◆例文　　△彼の言動は社会人としてあるまじきもので、とうてい許すことはできない。
　　　　　→他的言论是作为社会人不该有的，无论如何也不能原谅。
　　　　　△彼のやったことは、人としてあるまじき残酷な行為だ。
　　　　　→他所做的事情极为残忍，不是一个正常人应该做的。
　　　　　△会社の秘密をやたらに他者に漏らすまじきだ。
　　　　　→不能向他人随意泄露公司秘密。
- ◆特徴　　前項 – 特定の身分、職業、地位など
- ◆解説　　表示出于某种身份，不应该做某事，"作为……不应该有的行为"。多以「～にあるまじき～」的形式使用，前接表示职业或地位的名词，表示某人的言行是与其身份、地位、立场不相称的。
- ◆注意　　通常使用「～としてあるまじきこと / 行為 / 発言 / 態度」的形式，是较生硬的书面语。

N1　4.～ともなると、～ともなれば

- ◆接続　　動詞る形
　　　　　名詞
- ◆理解　　動詞「なる」から

- ◆意味　〜という特定の状況になると／要是……、到了……就……、一旦……
- ◆例文　▲ やはり常務ともなると、さすがに貫禄がありますね。（2005年真題）
  →一旦当上了常务董事，到底还是有威严啊。
  △ いざ出発となると、不安になってきた。
  →一旦到了出发时间，就不安起来。
  △ 主婦ともなると、独身時代のような自由な時間はなくなる。
  →如果成为家庭主妇，就没有了像单身时那样自由的时间。
- ◆特徴　前項‐時間、年齢、身分などを表す内容
- ◆解説　表示在某特定范围内事物进展的程度，后半部分为"如果事情进行的话，会出现与此相符的或应当能成为那样的情况"等表示判断的内容。
- ◆注意　其中「ともなると」有"出现这种结果是理所当然的"的语感。

5. 〜も〜なら〜も〜だ

- ◆接続　名詞も名詞なら名詞も名詞
- ◆理解　格助詞「も」＋仮定の「なら」＋格助詞「も」＋断定の助動詞「だ」
- ◆意味　〜も〜し〜も／既……又……
- ◆例文　▲ あそこの家の父親は、毎日朝から酒を飲んで暴れている。息子は仕事もせず賭事に夢中になっている。まったく、父も父なら子も子だ。（2002年、2012年真題）
  →那家的父亲每天从早上就开始喝酒胡闹。儿子也不工作，沉迷于赌博。父亲儿子都不像话。
  △ その夫婦はよくけんかする。夫も夫なら妻も妻で相手にケチばかりつける。
  →他们夫妇俩经常吵架。夫妻俩针锋相对，互相挑对方的毛病。
  △ 社長も社長なら、社員も社員だ。偽物のブランド品を作って客を騙すとはひどすぎる。
  →社长是个奸商，他的职工是骗子。他们合伙假造名牌产品欺骗顾客，真是丧尽天良。
- ◆特徴　後項‐マイナス的な意味が多い

- ◆解説　A不像话，B也不像话（没有一个好东西）。接在人名和组织名称后含有表示「〜もよくないし、〜もよくない」意思的责备语气。
- ◆注意　不能用于对人或物的积极评价。

二十、表示起始、范围的表达

N2　1. 〜から〜にかけて

- ◆接続　名詞
- ◆理解　動詞「かける」から
- ◆意味　〜から〜までの間 / 从……到……
- ◆例文　
  △ 未明から明け方にかけて、何度か除雪車が通ったらしく、道路はきちんと除雪されていた。
  　→ 从凌晨到天蒙蒙亮，除雪车往返好几趟，道路的雪被铲除干净。
  △ 昭子の顔が、おでこから頬にかけて、ほの明るくなっていた。
  　→ 从额头到脸颊，昭子露出释怀的表情。
  △ 日本では、大学の入学試験は普通2月から3月にかけて行われる。
  　→ 在日本，大学的入学考试一般是从2月到3月之间进行。
- ◆特徴　前項－時間、場所を表す内容
- ◆解説　接在时间或地点名词之后，表示从A到B（之间）的大致范围内。这种范围比较模糊，是不连贯的、断断续续的，"从……到……"。
- ◆注意　与「〜から〜まで」不同，「〜から〜にかけて」的起点和终点不太明显，是比较模糊的界限。

N2　2. 〜からして

- ◆接続　名詞
- ◆理解　格助詞「から」から
- ◆意味　〜だけから見ても、〜でさえ / 单从……来看就、单是……
- ◆例文　
  ▲ リーダーからしてやる気がないのだから、ほかの人たちがやるはずがない。（2012年真題）

→ 就连领导都没有干劲，其他人当然不会干了。

△ 田中さんのプランは、その発想からして独特だ。

→ 田中的计划单是创意就很独特了。

△ 私は彼のことが大嫌いだ。彼の話し方や服装からして我慢ならない。

→ 我十分讨厌他。（别的不说，）单是他说话的腔调和服装打扮就让我受不了。

◆特徴　前項－極端な例を表す内容

◆解説　举出极端典型的例子，表示"连……都这样呢，更何况别的"的意思，含有主观上的负面评价色彩。或者表示别的暂且不谈，单单从这点就无法原谅、无法容忍。

◆注意　「～からして」还有单纯表示判断依据的意思。如：

△ 彼女の性格からして、パーティーに喜んで参加するだろう。

→ 从她的性格来看，她应该会很乐意参加聚会吧。

N2　3.～にわたって／～にわたり／～にわたる／～にわたった

◆接続　名詞

◆理解　動詞「わたる（亘る）」から

◆意味　～の全体に／涉及……、一直……、延续……

◆例文　△ 作業所のみの活動（昼間時間帯）だけでは不十分であり、生活全般にわたる支援体制が求められる。

→ 仅仅车间的活动（白天时间）不够，寻求生活全方位的支持体系。

△ 長期間にわたって仕組まれた計画を、今実行に移している。

→ 花了很长时间制定的规划，现在正在投入实践。

△ 広範囲にわたった海の汚染が、問題になっている。

→ 大范围的海洋污染已经成为问题。

◆特徴　前項－時間、場所、回数、領域を表す内容

◆解説　在前项所表示的整个范围里，后项的动作或状态一直持续不变，多用于重大事件。可译为"长达……""多达……""整个……"。

◆注意　含有不限制于某个小的范围，而是扩展开来的语气。

N2　4. ～を通して、～を通じて

- ◆接続　名詞
- ◆理解　動詞「通す / 通じる」から
- ◆意味　～の間ずっと / 贯穿……、整个……
- ◆例文　△ 昆明は四季を通じて春のような天気が続くところから「春城」と呼ばれる。
    → 昆明四季如春，故称"春城"。
    △ 年間を通して雪が降ることは稀である。
    → 一年到头都下雪的地方很稀少。
    △ 彼は生涯を通して自分の国のために務めた。
    → 他一生都为自己的国家而工作。
- ◆特徴　前項 – 長い時間を表す内容
- ◆解説　时间的整个过程。表示贯穿整个期间、范围全部都是同一状况，通常接在时间、地点名词后面。
- ◆注意　还可以表示某行为或信息传达的手段、媒介。即根据前项的手段、媒介等去完成后项的事情。
    △ 二人は離れているから、手紙を通じてコミュニケーションをする。
    → 因为两个人不在一起，所以通过信件交流。

N2　5. ～をはじめ(として)

- ◆接続　名詞
- ◆理解　動詞「はじめる（始める）」から
- ◆意味　～を第一に / 以……为首
- ◆例文　△ 海外での事業経営においては、言語、習慣の違いをはじめとして国内と異なる種々の問題がある。
    → 海外的事业经营，以语言和习惯的不同为主，很多方面和国内有差异。
    △ 医療をはじめとして様々な場に科学技術の成果が着実に導入された。
    → 以医疗为首，科学技术的成果稳步渗透到方方面面。

△ 人間をはじめ、地球上すべての生物は快感を感じているから生きているのです。

→ 以人为首，地球上所有的生物都是因为感受到快乐而生存着。

◆特徴　前項‐代表的な例
◆解説　对某事物的整体进行描述之前先列出有代表性或和核心性的事物，由此扩展到更广的范围。代表性的事物可以包括两个或两个以上。
◆注意　较生硬的表现，通常用于报道或演讲等场合。

N1　6. ～に至るまで

◆接続　名詞
◆理解　動詞「至る」から
◆意味　～までも／直到……、甚至连……
◆例文　△ 原稿の細部に至るまで根気よく検討して下さった早山さんともども、ここで、お礼を申し上げたい。

→ 在这里想感谢为我耐心细致修改稿件的早山先生。

△ 幼児から成人に至るまで、段階的かつ体系的に交通安全教育を行う。

→ 从幼儿到成人，阶段性且体系性地开展交通安全教育。

△ 家事から育児に至るまで、一人でさせられている。

→ 从家务活到养孩子都得一个人干。

◆解説　用于表示事情已到了某种阶段，对最终范围的界定，表示涉及很广泛或很细微的范围。意思相当于「～まで」，多用「～から～に至るまで」的形式。
◆注意　相关的表达方式有「～に至る」（到……）、「～に至った」（到了……）、「～に至っても」（到了……也）、「～に至らず」（未到……）。

N1　7. ～を皮切りに

◆接続　名詞
◆理解　名詞「皮切り」から
◆意味　～を始まりとして／以……为开端、以……为契机
◆例文　▲ あの新人歌手は、今度のテレビ出演を皮切りに、全国キャンペーンを展開することになっている。（2008年真題）

→那个新人歌手，以这次的电视出演为契机，将在全国开展宣传活动。

▲ 来月市民ホールが完成する。三日の記念講演をかわきりに、コンサートや発表会などが連日予定されている。（2004年真题）

→下个月市民馆竣工。以三日的纪念演讲为契机，还安排了几天的演唱会和发布会。

△ その会社は、先週発表した新車をかわきりに、次々と新しい車を発表するそうだ。

→那家公司以上周发布的新车为契机，将继续发布多款车型。

◆特征　前项 - きっかけとなる物事
◆解说　表示以某项活动、某事为开端相继发生了类似的事情，"以……为开端"。
◆注意　强调以某事物为出发点开始新的、飞跃性的发展变化。

二十一、表示前后、前提的表达

N2　1.～た上で

◆接续　動詞た形
◆理解　名詞「上」から
◆意味　ちゃんと～をして、その後 / 在……之后
◆例文　△ 僕の話を聞いた上での感想と云うより、己の身を振り返っての述懐のように聞こえた。

→与其说是听了我的话之后的感想，不如说更像是回顾自己的感怀。

△ ご確認の上で、ご提出ください。

→请您确认之后再提交。

△ もう一度診断をした上で、手術の日時を決めることにしましょう。

→再做一次检查之后再决定手术日期吧。

◆特征　後項 - 前項を基礎として行われること
◆解说　表示在完成前项行为的基础上开展后项事件，前项是后项实施的必要前提。

◆注意　「～の上で」可以表示"从……方面来看""在……方面"的意思。
　　　　△ 辞書は語学の勉強の上で欠けないものだ。
　　　　　→ 词典在学习语言方面是不可缺少的。

N2　2.～て以来

◆接続　動詞て形
◆理解　名詞「以来」から
◆意味　～してから、ずっと／自从……以后
◆例文　△ 彼とは10年のクラス会で会って以来、一度も連絡を取っていない。
　　　　　→ 10年前的同学聚会上见过他之后，再也没有联系过。
　　　　△ 生徒の学力低下が指摘されて以来、学力向上に向けてさまざまな教育政策がとられてきている。
　　　　　→ 学生的学习能力低下问题被指出以后，采取了提高学习能力的各项教育政策。
　　　　△ 今度の寒波は各地の気象台が開設して以来の記録的なものである。
　　　　　→ 这次的寒流打破各地气象台开设以来的纪录。
◆特徴　前項－動作動詞
◆解説　某事发生以来一直持续的状态。后项是一直没有改变的持续性状态或某决定一直在生效的状态，不能是一次性的动作。
◆注意　也可用「名詞＋以来」表示相同的意思，如「卒業以来（毕业以来）」。

N2　3.～てからでないと［～ない］、～てからでなければ［～ない］

◆接続　動詞て形
◆理解　連語「てから」から＋助動詞「ない」から
◆意味　～をした後でなければ／不先……就（不）……
◆例文　△ 先ずは商品を見てからでないと、判断できないですね。
　　　　　→ 不先看商品的话无法判断。
　　　　△ もう少し彼が実務経験を積んでからでないと、この仕事はまだ任せられません。

→ 如果不先积累点实践经验的话，这项工作没办法交给他。

△ 今日の宿題が終わってからでないと、遊びにいけない。

→ 不先做完今天的作业我就没法去玩。

- ◆特徴　後項-マイナス的な意味が多い
- ◆解説　表示不完成某动作就不能进行下一个动作的意思，即前项的实现是后项的条件。
- ◆注意　后项多为有困难或不好实现的事情。

N2　4. ～てはじめて

- ◆接続　動詞て形
- ◆理解　動詞「始める」から
- ◆意味　～した後、その時初めて／在……之后才（发现、意识到）……
- ◆例文　▲ 会社の一人一人の努力あってはじめて、苦境脱出が可能になるだろう。（2013年真题）

→ 有公司的每一个人的努力，才有可能脱离困境。

△ つきあいが深くなってはじめて、かつての自分がいかに浅かったかがわかるのです。

→ 随着交往的深入，才发现曾经的自己多么肤浅。

△ 外国で生活してはじめて自分の国の良さがわかった。

→ 在国外生活后才发现祖国的好处。

- ◆特徴　後項-新しい認識を表す内容
- ◆解説　表示"……之后，才……"，后项一般是新的认识或领悟，谓语不能是意志动词。
- ◆注意　「～てはじめて」还有表示"……之后第一次……"的用法。如：

△ 生まれてはじめての海外旅行。

→ 出生以来的第一次国外旅行。

N2　5. ～ (ない) うちに

- ◆接続　動詞る形

　　　　ナ形容詞語幹＋な

　　　　名詞＋の

- ◆理解　名詞「うち」から
- ◆意味　～している間（していない間）／趁着（或还没）……做什么
- ◆例文　△ 若いうちにいろいろな国へ行きたいと思っています。年を取ったら歩けなくなりますから。
  - → 我想趁着年轻到不同国家走走，年纪大了以后可能就走不动了。
  - △ どうぞ、温かいうちにお召し上がりください。
    - → 请趁热吃吧。
  - △ ひらめいたことは、忘れないうちにメモしておきます。
    - → 闪现的灵感，在忘记前做好笔记。
- ◆特徴　後項-動作動詞
- ◆解説　肯定形式表示"趁着……"，否定形式表示在前项状态未发生变化之前做某事。
- ◆注意　还可以表示正在做前项事情的时候，自然而然地发生了后项。后项的发生与讲话人的意志无关，常用非意志动词。
  - △ 新しいゲームをやり続けるうちに、昼ご飯の時間が過ぎてしまった。
    - → 连续打新买的游戏，打着打着，不知不觉就过了吃午饭的时间。

N1　6.～てからというもの

- ◆接続　動詞て形
- ◆理解　接続助詞「てから」から
- ◆意味　～してからずっと／自从……之后
- ◆例文　▲ 私は、昨年の三月故郷の村へ転住してからというもの、一回も魚類や油類の配給を受けなかった。（2010年真題）
  - → 我自从去年的三月份搬到老家的村庄去住之后，就一次也没有领到过鱼类和油类。
  - △ 仕事を始めてからというもの、職場の空気が乾燥しているのか午後になるとのどが痛くてしかたありません。
    - → 开始工作后，可能是办公室的空气比较干燥到下午嗓子很痛。
  - △ メールを使うようになってからというもの、ほとんど手紙を書かなくなった。

→ 使用电子邮件后，几乎不写信了。
- ◆特徴　後項 - 打消し形式が多い
- ◆解説　前接的内容多为后项状态的契机，后项在行动方式、态度、想法等方面发生了重大变化，且变化后的结果一直持续。
- ◆注意　类似的表达方式有「～て以来」。「～てからというもの」表示说话人的感叹，带有感情色彩，而「～て以来」则表示客观状况。

二十二、表示强调、程度的表达

N2　1.～くらい/～ぐらい

- ◆接続　動詞る形
　　　　名詞
- ◆理解　名詞「くらい（位）」から
- ◆意味　～ほど/……之类的、起码……、至少……
- ◆例文　△ 辞めるならお詫びぐらい言ってきましょう。
　　　　　→辞职的话至少要道个歉吧。
　　　　△ 夜型から朝型に変えただけで、自分でも驚くぐらい成績が伸びましたよ。
　　　　　→从夜猫子换成早起工作，取得的成绩让自己都惊讶。
　　　　△ 弟ぐらいに熱心に練習をしていたら、私もピアノが上手になっていたのに。
　　　　　→如果像弟弟那样用功地练习钢琴的话，我也会弹得很好。
- ◆特徴　前項 - 極端な例を表す内容
- ◆解説　举出一个例子，表示程度上和这个差不多。用「～くらい（ぐらい）＋は」的形式表示一种最低或最起码的程度，「は」在会话中可以省略。
- ◆注意　另外，「くらい」还可以表示前面所提示的事情程度最高，"没有比……更……"。
　　　　△ 今日ぐらい寒い日は少ない。（＝今まで今日は一番寒い日です）
　　　　　→像今天这么冷的日子不多见。

N2　2.〜こそ

- ◆接続　名詞（＋助詞）
- ◆理解　文語の助動詞「こす」の命令形から
- ◆意味　ほかではなく〜だけが／正是……、只有……才是……
- ◆例文　▲ 真の自己を知ることは、ある意味で恐ろしい。にもかかわらず、それをこそ私たちは知りたいのではないでしょうか。（2005年真題）
  →认识到真实的自己，某种意义上说是可怕的，但这正是我们想知道的。

  △ 病気の時こそ優しくしてほしいのです。
  →越是生病的时候越希望对我好点。

  △ まさにそのような強烈な愛情こそ、抑圧された憎しみの条件なのです。
  →正是那种热烈的爱情，才是被压抑着的憎恨的条件。

- ◆特徴　前項－極端な例を表す内容
- ◆解説　強調"只有……"。也可以用于下定决心做某事的情况。前面提示的对象一般是处于该范畴内地位、程度较高的名词。
- ◆注意　类似表达有「からこそ」，强调原因。"正因为……才……"。

N2　3.〜だけ(の)

- ◆接続　動詞る形
- ◆理解　名詞「たけ（丈）」から
- ◆意味　〜の範囲で全部／尽量……、足够……、能多……就多……
- ◆例文　△ その間、庶民にとって畳は指をくわえて眺めるだけの高嶺の花でした。
  →那时候对老百姓来说，榻榻米是遥不可及高不可攀的。

  △ 考えるだけ考えたが結論は出なかった。
  →能想到的都考虑了，但也没得出结论。

  △ 目標を達成するためには、できるだけの努力をするつもりです。
  →尽最大努力达成目标。

- ◆特徴　前項－動作動詞

- ◆解説　表示该限定范围内的全部的意思。多用于建议对方尽情地做某事。
- ◆注意　多以同一动词的反复表达此义，如「言いたいだけ言う」、「泣きたいだけ泣く」、「休めるだけ休む」等。

N2　4. ～(で)さえ

- ◆接続　名詞
- ◆理解　名詞「そえ（添え）」から
- ◆意味　～も / 连……也……
- ◆例文　▲冷蔵庫のような家電製品さえ完備していないのに、パソコンが普及しているわけがない。（2009年真題）

  →连冰箱这样的家电都没有普及，更别提电脑了。

  ▲母はカメラさえ使えないのだから。コンピュータなど使えるわけがない。（2003年真題）

  →母亲连相机都不会使用，更别提电脑了。

  △最初は怖くてプールに入ることさえできなかったが、今では50メートルも泳げるようになった。

  →刚开始很害怕，连下游泳池都不敢。不过现在可以游到50米了。
- ◆特徴　後項－打消し形式が多い
- ◆解説　举出极端的例子，暗示别的就更不用说了。多含有对连这么低端的例子都满足不了的惊讶语气。
- ◆注意　「さえ」和「すら」意义相同，但「さえ」既可以用于积极事项也可以用于消极事项，而「すら」则含有轻视、蔑视的感情，所以多用于消极的事项。

N2　5. ～てしようがない

- ◆接続　動詞、イ形容詞て形

  ナ形容詞語幹＋で
- ◆理解　動詞「する」から
- ◆意味　非常に～ / ……得受不了、非常……
- ◆例文　△私は腹が立ってしようがない。

→ 我非常生气。

△ 彼は嬉しくてしようがないらしい。

→ 他非常高兴。

△ すべて十分な長い時間をかけて検討するものだという前提があるような気がしてしようがない。

→ 前提是所有的都花了很长时间研讨，这样的感觉非常强烈。

◆特徴　前項 -「残念、悲しい、腹が立つ」など感情を表す言葉

「痛い、お腹が空く、喉が渇く」など身体感覚を表す言葉

「思える、気がする」など感覚を表す言葉

「～たい、～ほしい」など願望を表す言葉

◆解説　表示达到了自己（第一人称）的感情或感觉上无法控制的程度。「～てしようがない」比「～てしかたがない」更口语化。

◆注意　只能用于表达说话人的某种感情，主语是第三人称时，要在句末加上「らしい/そうだ/ようだ」等。

N2　6.～て堪らない

◆接続　動詞、イ形容詞て形

ナ形容詞語幹＋で

◆理解　動詞「たまる（堪る）」から

◆意味　非常に～だ /……得受不了、非常……

◆例文　△ 風邪薬を飲んだから、眠くてたまらない。

→ 喝了感冒药，非常困。

△ 試験のことが心配でたまらず、夜もよく眠れない。

→ 非常担心考试，晚上睡不着。

△ 私は3年もくにへ帰っていないので、早く家族に会いたくてたまらない。

→ 我三年没回国了，非常想早点见到家人。

◆特徴　前項 - 感情を表す内容が多い

◆解説　表示某种心情、感情或感觉很强烈，达到了自己无法抑制的状态。主语必须是第一人称。和「～てしょうがない」意思大致相同。

◆注意　用于第一人称以外时，要加上表示推量的助动词等。

N2　7. 〜てならない

◆接続　動詞、イ形容詞て形
　　　　ナ形容詞語幹＋で
◆理解　動詞「なる」＋助動詞「ない」から
◆意味　我慢できないほど〜だ／……得不得了、非常……
◆例文　△ もっと小さい頃の影響、自分が育ってきた家庭からの影響があるように感じられてならないのです。
　　　　　　→深切感受到小时候以及原生家庭的影响很大。
　　　　△ なんだか懐かしいような気持ちがしてならない。
　　　　　　→感到无比怀念。
　　　　△ いっそう腹だたしく思えてならない。
　　　　　　→感到非常生气。
◆特徴　前項－感情、感覚を表す内容
◆解説　用于情不自禁地产生某种感觉或感情而又无法控制其持续高涨的场合。可译为"非常……""总觉得……""……得不得了""……得受不了"等。
◆注意　前面多接表示人的感觉、情感的词语，不使用表示事物属性或有关评价的词语。主要用于书面语。
　　　　△ この映画は（つまらなくてならない×）とてもつまらない。
　　　　　　→这个电影很没意思。

N2　8. 〜に過ぎない

◆接続　動詞、イ形容詞普通形
　　　　ナ形容詞語幹＋である
　　　　名詞＋（である）
◆理解　動詞「すぎる（過ぎる）」から
◆意味　ただ〜だけだ／只不过……而已
◆例文　△ 博士号をとった、その喜びは一瞬に過ぎない。
　　　　　　→获得博士学位，这种喜悦只不过是一瞬间。

△ 人間の脳に関する研究で明らかになったことはまだほんの一部にすぎないとはいえ、その研究は着実に進んできた。
→ 虽然说对人脑的研究只弄清楚了一小部分，但是这类研究正在稳步进行。

△ それはあくまで私個人の意見にすぎないだから、参考までにしてください。
→ 那只不过是我的个人意见而已，仅供参考。

◆特徴　前項-「あくまで、単に、ただ（の）」などの副詞
◆解説　含有程度轻、没什么大不了的语气。多用于说话人对事物、现象的轻视，认为那是不值得一提的事情。
◆注意　「名詞＋にすぎない」可以和「名詞＋でしかない」互换使用，都表示"只不过……而已"。

N2　9.～(の)限り

◆接続　動詞る形
　　　　名詞
◆理解　動詞「限る」から
◆意味　～に限定した範囲から判断すれば／在……的范围内、据……
◆例文　△ 今回の調査の限りでは、それは詐欺だった。
　　　　→ 据这次调查得知，那是一起诈骗案。

△ 私の覚えている限りでは、このあたりは昔田んぼだった。
→ 在我的记忆里，这一带以前是农田。

△ 地図で見る限りでは、駅まで非常に近いが、実際はかなり遠い。
→ 从地图上看去车站很近，实际上离得很远。

◆特徴　前項-「見る、知る、聞く、調べる」などの動詞
◆解説　表示限定某种判断的范围。接在表示视听、调查等的动词后面。与「～ところ（では）／～ところによると」的用法类似。
◆注意　主体通常是第一人称。表示"据我（们）所知""据我（们）所了解"。

二十二、表示強調、程度的表達

N1　10. 〜あっての

- ◆接続　名詞＋（が）あっての
- ◆理解　動詞「ある」のて形から
- ◆意味　〜があるから成立する／有……才……、没有……就不能（就没有）
- ◆例文　△ 私達の仕事はお客様あっての商売だな、と痛感することが多い。
  → 深深感受到有顾客才有我们的生意。
  △ 金持ちとか関係ないと思いますが、それは愛があっての話です。
  → 与金钱没有关系，有爱才会这样说。
  △ つらい治療に耐え、病気を克服することができたのは、家族の励ましがあってのことだ。
  → 之所以能够忍受治疗之痛并且战胜病魔，是因为有亲人的鼓励。
- ◆解説　表示有了前项这一条件，后项才得以成立。前项是事件成立的重要因素，暗含少了前项，后项便不成立的意思。
- ◆注意　类似表达有「〜があるからこそ」，"正因为……才……"。

N1　11. 〜以外の何ものでもない

- ◆接続　名詞
- ◆理解　名詞「以外」から
- ◆意味　ほかではなく〜だ／（不是别的）正是……
- ◆例文　△ 彼女を悩ませているのは勉強のストレス以外の何ものでもない。
  → 让她烦恼的正是学习压力。
  △ この世で生き延びる力というのは創造力以外の何ものでもない。
  → 使我们生活下去的能力，不是其他的正是创造力。
  △ 今回の交通事故の原因は運転手の不注意以外の何ものでもない。
  → 这次交通事故的原因不是别的而是司机的疏忽。
- ◆特徴　前項–極端な例を表す内容
- ◆解説　表示强调，"不是别的，正是……"。
- ◆注意　主要用于书面语。

N1　12. 〜限りだ

- ◆接続　イ形容詞普通形

  ナ形容詞語幹＋な

- ◆理解　動詞「限る」から

- ◆意味　最高に〜と感じる／非常……、极其……

- ◆例文　△ 一石三鳥、誠におめでたい限りだ。

    → 一石三鸟，可喜可贺。

  △ 自分の作品がこんなに大勢の人に評価されるとは、本当にうれしい限りだ。

    → 自己的作品受到很多人的肯定，非常开心。

  △ 小学校からずっと仲のよかった彼女が遠くに引っ越すのは、寂しい限りだ。

    → 从小学开始关系一直很好的朋友要搬家到很远的地方，无比寂寞。

- ◆特徴　前項－「うれしい、寂しい、羨ましい、残念な、心細い、悲しい」などの形容詞

- ◆解説　前接表示情感的形容词，表示该心情达到了很高的程度。表示一种强烈的感情，"无比……""非常……""……极了"。

- ◆注意　主要用于书面语。

N1　13. 〜からある、〜からする、〜からの

- ◆接続　名詞

- ◆理解　格助詞「から」から

- ◆意味　〜か、それ以上の／有……、值……、多达……

- ◆例文　▲ 園児たちの作成したものだから、小さなものが多いが、大きなものは２メートルからある。（2007年真題）

    → 因为是幼儿园的孩子们做的，所以小东西比较多，但是大的也长达２米。

  △ 身長２メートルからある男が、突然、目の前に現れた。

    → 一个身高２米的男的忽然出现在面前。

  △ 彼女は100億円からする遺産を相続したそうだ。

→ 听说她继承了多达 100 亿日元的遗产。

- ◆特徵　前項 – 数量
- ◆解説　接在数量词后面，强调大、重、长等，暗含有惊讶的语气。不用于表示时间。"足有……""多达……""高达……""重达……"。
- ◆注意　「～からある」前面多接表示数量、长度、大小、高矮等数量词，「～からする」前面多接表示金额的数量词，「～からの」前面多接表示人数的数量词。

N1　14. ～極まる、～極まりない

- ◆接続　ナ形容詞語幹＋極まる
   イ形容詞普通形こと＋極まりない
   ナ形容詞語幹なこと＋極まりない
- ◆理解　動詞「極まる」から
- ◆意味　この上なく～ / 极其……、……之极
- ◆例文　▲ 大恋愛の末、結婚して一ヶ月、昨日まで幸福極まりないにあった石原さんは、ご主人を交通事故で亡くし、一瞬にして絶望の底に落とされてしまった。（2004 年真題）
   → 轰轰烈烈恋爱后结婚一个月，幸福至极的石原，昨天丈夫在交通事故中去世，瞬间跌落到绝望的谷底。
   △ 間違い電話をかけてきて謝りもしないとは、失礼極まりない。
   → 打错电话还不道歉，真是无礼之极。
   △ その話は他の人にはおもしろくても、私には退屈極まるものだった
   → 这种话对别人很有趣，但对我来说非常无聊。
- ◆特徴　前項 –「勝手、大胆、贅沢、複雑、失礼、無作法、不愉快」などの形容詞
- ◆解説　表示达到极限或顶点的状态，肯定否定形式意思相同，强调"没有比这更……"的极限之意，多用于主观感情的表达。
- ◆注意　「～極まりない」的形式更常用。

N1　15. 〜てまで

- ◆接続　　動詞て形
- ◆理解　　接続助詞「て」＋副助詞「まで」
- ◆意味　　〜ほどのことをして / 竟然做到……、甚至不惜……
- ◆例文　　▲両親や妻に嘘をつき、周りの同僚や上司を騙し込み、自分の良心を欺いてまで出世しようなんて、畜生にも劣る振る舞いではないか。（2015年真題）

  → 想要出人头地，对双亲和妻子说谎，欺骗周围的同事和上司，欺骗自己的良心，畜生不如。

  ▲同僚と上司に嘘をつき、自分の両親を欺いてまで出世しようなんてとんでもないことだ。（2014年真題）

  → 想要出人头地，欺骗同事和上司，甚至欺骗自己父母，真是荒唐。

  ▲上司を欺いてまで出世しようなんて畜生にも劣る振る舞いだ。（2012年真題）

  → 为了升职甚至不惜欺骗上司，这样的行为畜生不如。

- ◆特徴　　後項 - マイナス的な意味が多い
- ◆解説　　为达到某种目的，甚至不惜做出超乎寻常的事情。后项多是表示人的意志、主张、判断、评价的句子。
- ◆注意　　多用于消极。

N1　16. 〜てやまない

- ◆接続　　動詞て形
- ◆理解　　動詞「止む」から
- ◆意味　　ずっと〜ている、心から〜 /……不已、非常……
- ◆例文　　△多くの困難にも負けず、努力を続けている彼女はすばらしい。私は彼女の成功を願ってやまない。

  → 尽管挫折不断但还是坚持努力的她让人佩服。我衷心希望她能够获得成功。

  △結婚する二人の今後の幸せを祈ってやみません。

  → 衷心祝福两人婚后幸福。

  △「中・東欧」の地誌が出現することを期待してやまない。

→非常期待"中东欧"地志的出版。
- ◆特徴　前項-「祈る、期待する、願う、愛する、尊敬する」などの動詞
- ◆解説　"从心里面一直希望……"，表示某个强烈的想法一直持续着，前项多接心理活动动词。
- ◆注意　多用于积极意义。

N1　17.～というところだ、～といったところだ

- ◆接続　動詞る形
　　　　名詞
　　　　引用文
- ◆理解　名詞「ところ」から
- ◆意味　だいたい～ぐらいだ / 大概、差不多
- ◆例文　△ 自分で料理を作るといっても、せいぜいサラダとかゆで卵といったところだ。
　　　　　→说是自己做饭，最多也就是做个色拉和煮鸡蛋什么的。
　　　　△ 走ったのは、まだ三十キロといったところだ。
　　　　　→跑了最多30公里。
　　　　△ 日本滞在経験のある彼だが日本語でできるのはあいさつや自己紹介といったところだ。
　　　　　→尽管他曾经在日本待过，但是所会的日语不过是一些寒暄和自我介绍罢了。
- ◆特徴　前項-程度、数量
- ◆解説　表示界限和范围，"大概是……""大致上……""最多不过是……"，通常指较低程度，强调"再好也不过如此"的语气。
- ◆注意　「～といったところだ」比「～というところだ」更常用。

N1　18.～というもの

- ◆接続　名詞
- ◆理解　名詞「もの」から
- ◆意味　～の間ずっと /……（这段时间）以来
- ◆例文　△ 彼女はここ一ヶ月間というもの、授業を休んでいる。
　　　　　→她这一个月以来，一直没上课。

△ 田中さんはこの一週間というもの、仕事どころではないようだ。

→ 田中这个星期以来，心思都不在工作上。

△ この一ヶ月間というもの、仕事が忙しくて朝ごはんをろくに食べていない。

→ 这一个月以来都没怎么好好吃早饭。

◆特徴　後項‐マイナス的な意味が多い

◆解説　接在表示期间的时间名词后面，表示该期间一直持续的状态。"这段时间以来……"。后面的状态多是非正常的、与以往不同的、偏向消极方面的。

◆注意　常与表示最近一段时间的名词一起使用，如「ここ一ヶ月間」、「この一週間」等。

N1　19. ～といったらない、～といったらありはしない / ～といったらありゃしない

◆接続　イ形容詞辞書形

　　　　ナ形容詞語幹

　　　　名詞

◆理解　格助詞「と」+動詞「いう」から

◆意味　言葉で表せないほど～ /……之极、非常……

◆例文　▲この間見た映画はつまらないといったらなかった。（2017年真題）

→ 上次看的电影实在太无聊了。

▲ 先日読んだ小説はつまらないといったらなかった。（2011年真題）

→ 前几天看的小说别提多无聊了。

△ 不潔だといったらありゃしない、お風呂は一ヶ月に一回だそうだ。

→ 有多么的不讲卫生，听说一个月只洗一次澡。

◆特徴　前項‐極端な例を表す内容

◆解説　用于强调其程度是极端的，可以用于积极、消极两方面。表示该事物的程度达到了极限，通常译为"难以形容，无法形容"等。

◆注意　「～といったらない」既可用于积极意义也可用于消极意义，而「～といったらありはしない（ありゃしない）」则只用于消极意义。

N1　20. ～とばかりに

- ◆接続　動詞、イ形容詞、ナ形容詞、名詞普通形
  動詞命令形
- ◆理解　格助詞「と」＋副助詞「ばかり」から
- ◆意味　今にも～しそうな様子／几乎要……、好像要……
- ◆例文　▲相手も相手で、さあどこからでもかかって来いとばかりに身構えていた。（2014年真題）
  → 对方也不甘示弱，摆出一副架势，好像在说"随便你怎么来，动手吧！"
  ▲男は、さあかかって来いとばかりに身構えていた。（2012年真題）
  → 男子摆好了架势，好像在说"来吧！动手吧！"
  △天まで届けとばかりに、声をかぎりに歌った。
  → 他扯开嗓子，仿佛要让歌声冲破云霄。
- ◆特徴　前項－文
- ◆解説　表示"好像要说出……来、以为是……的好时机"的状态，是对瞬间表情、心态的捕捉和描写。
- ◆注意　类似的表达有「～といわんばかりに、～んばかりに」。

N1　21. ～にこしたことはない

- ◆接続　動詞、イ形容詞普通形
  ナ形容詞語幹＋である
  名詞＋である
- ◆理解　動詞「こす（越）」から
- ◆意味　～するのがいい／莫过于……、最好是……
- ◆例文　▲時期としての選択肢はいくつもあるが、いますぐ始めるにこしたことはない。（2016年真題）
  → 有几个时间可以选择，但最好是现在马上开始。
  △もめ事は避けるにこしたことはない。
  → 最好避免纠纷。
  △ストレスをためずに、翌日も気持ちよく働けるようにするためにも、残業はなくしてしまうにこしたことはない。

→ 为了不积攒压力次日也能有好心情工作，最好是不加班。
- ◆特徴　前項－極端な例
- ◆解説　表示通常来说那样做是最好的，多用于建议别人做某事的场合。
- ◆注意　主要用于书面语。

N1　22. 〜の至り

- ◆接続　名詞
- ◆理解　動詞「至る」から
- ◆意味　非常に〜／无比……、非常……
- ◆例文　△ こんな立派な賞をいただいて、光栄の至りです。
  → 能够得到如此大奖，无比光荣。
  △ 髪をかき上げる仕草はまさに若気の至りですよね。
  → 撩头发的动作正是朝气蓬勃的表现啊。
  △ 皆の前で仕事上のミスを指摘されて、赤面の至りだ。
  → 在大家面前被指出工作上的失误，让我羞愧得满面通红。
- ◆特徴　前項－「感激、光栄、汗顔、赤面、若気」などの名詞
- ◆解説　表示处于程度很高的状态，达到了极致。
- ◆注意　多用于致辞、书信等正式场合。

N1　23. 〜の極み

- ◆接続　名詞
- ◆理解　名詞「極み」から
- ◆意味　この上なく〜／非常……、……之极
- ◆例文　△ むやみに山を削ったり森林を切ったり海を埋めたりするような行動は、愚鈍で無知の極みだ。（2017年真題）
  → 过度砍伐山林、过度填海，这些愚蠢的行为无知之至。
  △ 彼は負債のために、家賃七円の陋屋に居住して、貧乏の極みを味わっていた。
  → 他因为负债，居住在房租7日元的陋室，尝尽贫穷滋味。
  △ 富美子は悦楽の極みの中を漂っていた。
  → 富美子沉浸在无比的喜悦之中。

- ◆特徴　前項-「感激、感動、残念、喜び、悲しみ、贅沢、痛恨、非常識」などの名詞
- ◆解説　表示程度达到了极致，与动词形式的「～極まる、～極まりない」表达的意思相同。「～の極みだ」可接非感情词语，如「疲労の極み、親不孝の極みだ」。
- ◆注意　与「～の極みだ」不同，「～の至りだ」只能用于积极的事物。

24. ～てもしかたがない、～てもしようがない

- ◆接続　動詞て形
- ◆理解　名詞「仕方・仕様」から
- ◆意味　～ても無駄だ／即使……也没用，即使……也只能如此
- ◆例文　△ あんなに雪が降っては、時間通りに着けなくてもしかたがない。
  　　　　→下这么大雪，不能按时到达也没办法了。
  　　　△ 買い物に行く暇がないから、今夜のパーティーは古い服でもしかたがない。
  　　　　→没时间购物，今晚的宴会只好穿旧衣服去。
  　　　△ 先のことを今からとかく心配してもしようがない。
  　　　　→现在担心将来的事也无济于事。
- ◆解説　表示"即使……也没有意义""即使……也是徒劳"等意思，虽然是遗憾不满的状况，但不得不接受。
- ◆注意　后项多为遗憾、不满的语气。

25. ～にしても

- ◆接続　動詞る
  　　　　形容詞
  　　　　名詞＋（である）
- ◆理解　格助詞「に」＋動詞「する」から
- ◆意味　仮に～の場合も～ことは認めるが／即使……也，就算……也
- ◆例文　△ 負けるにしても、0対8はひどすぎる。
  　　　　→即使输了，0比8太惨了。
  　　　△ これから医者になるのは、不可能ではないにしても、非常に難

しいと思う。
→ 今后成为医生也不是没有可能，但很难。
△ そのシャツは、僕が着るにしても、大きすぎる。
→ 那件衬衫即使是我穿，也太大了。

- ◆特徴　後項－「前件の内容をふまえても変わらない」という気持ちや考え
- ◆解説　表示假定或确定条件，假设如此或确定如此，后项内容也不能被理解和允许。
- ◆注意　常与疑问词呼应使用，表示"无论、不管……都……"。如：
△ いつ結婚するにしても、ちゃんと報告します。
→ 无论什么时候结婚都会告诉你。

26. ～に足りない

- ◆接続　動詞る
- ◆理解　動詞「足りる」から
- ◆意味　～必要がない / 不值得……、不足以……
- ◆例文　△ 私の悩みに比べたら、こんなのは、取るに足りないことです。
→ 与我的烦恼相比，这点不足挂齿。
△ 面接試験も恐れるにたりません。自信を持って、明るく話してください。
→ 面试不用恐慌，拿出自信清晰回答。
△ そんなに小さなことは、論ずるに足らない。
→ 那种小事情，不足挂齿。
- ◆特徴　前項－動作動詞
- ◆解説　表示价值很低，不值得这样做，没有这样做的价值。
- ◆注意　书面语中常用「～に足らない」的形式。

27. ～のこと（で）

- ◆接続　副詞
- ◆理解　格助詞「の」＋形式名詞こと
- ◆意味　さらに～（副詞の意味を強調する意味）/ 更……（用于加强语气）
- ◆例文　△ いっそのこと思い切って打ち明けようか。

二十二、表示强调、程度的表达

→ 索性狠心实话实说吧。

△ 半日かかってやっとのことでおびただしい古雑誌からそれを探し当てた。

→ 花了半天时间好容易从许多旧杂志中找到了。

△ 私たちの結婚に、父はもちろんのこと、母まで反対する。

→ 我们结婚，父亲不必说，连母亲也反对。

- ◆特徴　前項-「いっそ、やっと、もちろん」などの副詞
- ◆解説　接在副词「もちろん」、「やっと」等后面，以「～はもちろんのこと」、「やっとのことで」等形式使用，加强语气。
- ◆注意　使用范围较窄，多用于固定搭配中。

28. ～んばかりだ / ～んばかりに / ～んばかりの

- ◆接続　動詞ない形
- ◆理解　副助詞「ばかり」から
- ◆意味　今にも～しそうに / 几乎……、简直……、眼看就要……
- ◆例文　▲ レストランで料理を食べ終わってからもしばらく話していたら、帰れと言わんばかりにウェートレスが食器を片づけ始めた。（2005年真題）

→ 在饭店吃饭后聊天，女服务员开始收拾餐具，好像在赶我们走似的。

△ 自分は関係ないといわんばかりの夫の言動に腹が立った。

→ 丈夫说得好像和自己无关似的，对他这种态度我很生气。

△ 子供は親に叱られて、今にも泣きださんばかりの顔をしている。

→ 孩子被家长训斥，眼看就要哭出来了。

- ◆特徴　前項-極端な例を表す内容
- ◆解説　表示"好像就要……、是……的好时机"的样态。说明程度或状态处于很高、很极端的位置，是对瞬间表情、心理的捕捉和描写。
- ◆注意　类似的表达有「～とばかりに」。

→ 山的入口处，有棵像路标一样的老榉树。

△ 実際は何も知らないのに、知っているかのような顔をしている。

→ 实际上他什么都不知道，却装出一副知道的样子。

◆特徴　前項-「まるで、いかにむ、あたかも」などの副詞
◆解説　表示虽然实际上不是那么回事，但是给人的感觉好像是那么回事。有时也用于说话人的一种遐想。
◆注意　比起「～ようだ」的表达形式，增添了不确切的推断语气。

N2　3. ～気味

◆接続　動詞ます形
　　　　名詞
◆理解　名詞「気味」から
◆意味　少し～のようだ、少し～のように感じる／有点儿……、稍微……
◆例文　△ 風邪気味らしく、鼻をぐすぐすさせながら、北川は声を潜めた。

→ 好像感冒了，北川呼哧呼哧抽搭着鼻子，压低了声音。

△ 自嘲気味の薄い笑いを浮かべた。

→ 露出稍显自嘲的浅笑。

△ このところ忙しくて少し疲れ気味だから、今日は早く帰ることにした。

→ 最近有一点忙，感觉有点累，所以今天早点回去。

◆特徴　前項-「ちょっと、少し、どうも」などの副詞
◆解説　表示虽然程度不高，但总觉得最近或短时间里有点不好的迹象，带有不好的倾向。多数情况下用在讲话人自己身上或身边的现象，很少用在别人身上呈现出的样子。
◆注意　多用于负面表达。

N2　4. ～げ

◆接続　イ形容詞、ナ形容詞語幹
◆理解　名詞「気（き）」から
◆意味　～のような様子／……的样子
◆例文　△ 彼はしばらく黙り込み、苦しげな笑みを浮かべた。

→ 他沉默了，露出苦笑。

△ 目があやしげに光っていました。

→ 露出奇怪的眼神。

△ 彼の生意気げな態度を見て、殴れるものなら殴りたいと思っていた。

→ 看到他那不可一世的样子，真想揍他一顿。

- ◆特徴　前項－「いかにも」などの副詞
- ◆解説　表示带有这种样子的意思，接续后形成新的ナ形容词，用于说话人根据事物所呈现的外观而做出的推断。多用于书面语。"好像……""……的样子""……的神态""……似的"。
- ◆注意　接动词时，除了「ありげな/ありげに」的惯用形式外，几乎没有其他动词可用。「～ありげ（似乎有……）」是惯用形式，如「用ありげな顔（似乎有什么事的神色）、意味ありげに笑う（意味深长地笑）」等。

N2　5. ～だらけ

- ◆接続　名詞
- ◆理解　接尾語「だらけ」
- ◆意味　～でいっぱい/満是……、浄是……
- ◆例文　△ 昨日からの雨がようやくやんだが、運動場はまだぬれていた。試合を終えたサッカー選手の顔はみんな泥だらけだ。

→ 昨天下起的雨终于停了，但是运动场上还是很湿。刚结束比赛的足球运动员满身都是泥。

△ 間違いだらけの答えが返ってきた。

→ 收回了全是错误的答案。

△ 雨の中を走ったため、車が泥だらけになった。

→ 雨中行驶，满车身都是泥。

- ◆特徴　前項－「ごみ、ほこり、しわ、泥、血、傷、借金、間違い」などの名詞
- ◆解説　表示沾满了不好的东西的状态，一般为说话人的负面评价。

◆注意　类似表达「～ずくめ」是"满是某种颜色、（好的）事情等"的意思，一般表示好的事物。如「いいこと/めでたいことずくめ」等。

N2　6.～っぽい

◆接続　動詞ます形
　　　　名詞
◆理解　接尾語「ぽい」
◆意味　～のような感じがする；よく～になる / 很……的；容易……
◆例文　△ あんなに忘れっぽい子どもたちなのに、私の帰国の日を覚えてくれていたことが嬉しく、何ともいえない心境になった。
　　　　→那么健忘的孩子还记得我的回国时间，高兴地不知道该说什么。
　　　　△ 大人のくせに、そんなつまらないことでけんかするのはこどもっぽい。
　　　　→都大人了，还为鸡毛蒜皮的事吵架，真是孩子气。
　　　　△ 黒っぽいスーツに白いシャツという格好をしていて、がっしりしている。
　　　　→黑西装加白衬衫，身材笔挺健硕。
◆特徴　前項-「忘れっぽい、怒りっぽい、安っぽい、白っぽい、子供っぽい、水っぽい」などが多い
◆解説　表示前项的人或事给人有某种迹象的感觉。主要用于说话人（我）对别人的言行举止或事物现象加以讽刺、批判、厌恶等场合（偶尔也用于说话人自己身上所发生的现象）。
◆注意　「～っぽい」常和副词「どうも / なんだか / なんとなく / どうやら」等搭配使用，多数贬义。

N1　7.～きらいがある

◆接続　動詞る形
　　　　名詞＋の
◆理解　動詞「嫌う」から
◆意味　～という（よくない）性質・傾向がある / 有点……、有……的倾向
◆例文　△ 現代日本人の食生活を見ると、体を冷やす食べ物をとり過ぎて

いるきらいがある。
→ 现代日本人的饮食生活来看，有过度摄取让身体发冷的食物的倾向。
△ 彼はいつも物事を悲観的に考えるきらいがある。
→ 他总是把事情向悲观的方向想。
△ 人は年をとると、周りの人の忠告に耳を貸さなくなるきらいがある。
→ 人上了年纪，不太容易听得进旁人的忠告。

◆特徴　前項-「やや、少し、若干、どうも、いささか、ともすれば」などの副詞
◆解説　表示容易有不好的倾向，用于不好的场合，含有批判语气。不用于自己。
◆注意　主要用于书面语。

N1　8.〜ごとき / 〜ごとく / 〜ごとし

◆接続　動詞、形容詞普通形
　　　　ナ形容詞語幹＋な / である
　　　　名詞＋の / である
◆理解　助動詞「ごとし（如・若）」から
◆意味　〜ような、〜ように、〜ようだ / 如……、好像……一样
◆例文　△ 温室のごとき部屋なので、花瓶の水はすぐに生ぬるくなってしまう。
→ 像温室一样的房间，所以花瓶的水马上变得微温了。
△ わたしのごとき未熟者にこんな重要な役力が果たせるでしょうか。
→ 我这样的新手能发挥这么重要的作用吗？
△ 暑い日に草むしりをしていたら、汗が滝のごとく流れてきた。
→ 大热天里拔草，简直是挥汗如雨啊。

◆特徴　前項-代表的な例を挙げる内容
◆解説　表示举例或比喻。「〜ごとき、〜ごとく、〜ごとし」分别是连体形、连用形、终止形。「〜ごとき」接在人称名词后面有轻视的语气，接在第一人称「私」后表示谦逊。表示比喻的惯用形式「光陰矢の如

し（光阴似箭）」等。
- ◆注意　只用于书面语中。

N1　9. ～ずくめ

- ◆接続　名詞
- ◆理解　接尾語「ずくめ（尽くめ）」
- ◆意味　全部 / 全是……、清一色的……
- ◆例文　▲ 驚いたことに彼の証言は、何から何までうそずくめであった。（2002年真題）
  → 让人惊讶的是他的证词从头到尾全是谎言。
  △ 毎日会社に行くこと、朝早く起きねばならないこと、規律ずくめのサラリーマン生活についても抵抗感はなかった。
  → 每天去公司必须早起，尽是清规戒律的职员生活，也没有反感。
  △ 今日は朝からいいことずくめで幸せな気分だ。
  → 今天从早上开始净是好事，感觉很幸福。
- ◆特徴　前項-「いいことずくめ、結構なことずくめ、黒ずくめ」などが多い
- ◆解説　用于表示事物、颜色、事件等，主要用于好的方面。
- ◆注意　「～ずくめ」通常是"满是（好的或中性的）事情、某种颜色等"的意思，表示好的事物。

N1　10. ～っぱなし

- ◆接続　動詞ます形
- ◆理解　動詞「はなす（放）」から
- ◆意味　～したまま / 放置不管、一直、总是
- ◆例文　△ ちょうどラッシュにぶつかって、電車がすし詰め、ずっと立ちっぱなしだ。
  → 正好赶上高峰，电车拥挤不堪，站了一路。
  △ 朝から緊張のしっぱなしだったせいか、帰路のタクシーの中で、どっと疲れが出た。
  → 从早上一直紧张的原因吧，在回来的出租车上，疲劳一下子涌

来。
　　△ 部屋のドアの鍵を開けっぱなしにしたまま、完全に熟睡していた。
　　　→ 房间门没锁就睡着了。
◆特徴　後項‐マイナス的な意味が多い
◆解説　多接在意志动词后面，表示该动作后续的终结性动作未完成，还可以表示某动作一直持续的状态。
◆注意　多用于负面的评价。

N1　11. ～まみれ

◆接続　名詞
◆理解　動詞「まみれる（塗れる）」から
◆意味　たくさんついている / 全是……、满是……
◆例文　△ 油まみれになった洋服は、お湯で手洗いをしてから、ほかの物と一緒に洗濯する。
　　　→ 沾满油污的衣服，用热水手洗后再和别的衣服一起洗。
　　△ 砂あらしの中を一日作業し、全身砂まみれになった。
　　　→ 在沙尘暴中劳作了一天，弄得全身都是沙土。
　　△ どろまみれになって働いても、もらえる金はわずかだ。
　　　→ 即便沾满泥土工作，能挣到的钱也就一点点。
◆特徴　後項‐マイナス的な意味が多い
◆解説　表示沾满某物的意思，多伴随负面评价。一般是给人不快感的液体和细小物覆盖满某个地方，如「汗まみれ」等。不能用于散乱多处的物体或固状物，「傷まみれ（×）、間違いまみれ（×）、しわまみれ（×）」。
◆注意　表达更客观，描述实际情况，表示沾满的状态。

N1　12. ～めく

◆接続　名詞
◆理解　接尾語「めく」
◆意味　～らしく感じる / 有……的气息、有……的感觉

- ◆例文　△ あの人は敏感だから、皮肉めいた言い方をやめたほうがいいよ。
  - → 那个人敏感得很，讽刺性的话还是不说为好。
  - △ 彼女は謎めいたことばを残して、その場を去った。
    - → 她留下了谜一般的话语离开了那个地方。
  - △ 雪がとけて、野の花がさきはじめ、日ざしも春めいてきた。
    - → 冰雪消融，花儿绽放，阳光明媚，春天的脚步近了。
- ◆特徴　前項-「春めいてきた」、「夏めいた服装」、「謎めいた言葉」、「皮肉めいた言い方」などの表現が多い
- ◆解説　接在名词后表示某种状态和特征，呈现出该事物所具有的性质倾向。
- ◆注意　可用于积极和消极的意义。

二十四、表示劝诱、愿望的表达

N2　1.〜に限る

- ◆接続　動詞る形
  - イ形容詞普通形
  - ナ形容詞語幹
  - 名詞
- ◆理解　動詞「限る」から
- ◆意味　〜が一番いい／……最好不过、最好是……
- ◆例文　△ 野球はこうした青空の下でやるに限る。
  - → 这样的蓝天下打棒球是最好的。
  - △ 疲れたときは、寝るに限ります。
    - → 累的时候，最好的莫过于休息。
  - △ 危険な場所には近寄らないに限る。
    - → 最好不要靠近危险的场所。
- ◆特徴　後項-話し手の主観的な判断が多い
- ◆解説　限定对于某种状况或某个目的最合适的事物。用于说话人基于经验或思考得出的主观判断。
- ◆注意　既可以用于说话人的主张，也可以用于被人们广泛认同的事情上。

N2　2. ～（よ）うではないか／～（よ）うじゃないか

- ◆接続　　動詞意向形
- ◆理解　　意志を表す「よう」から
- ◆意味　　一緒に～しましょう／让我们……吧
- ◆例文　　△ この幸運をぜひ子々孫々まで伝えようではないか。
  　　　　　　→ 让我们把这好运传给世代子孙吧。
  　　　　△ 食糧不足で困っている人たちに、できる限りの援助をしようではないか。
  　　　　　　→ 对因粮食不足挨饿的人，我们应该尽最大的能力援助。
  　　　　△ 問題があれば、他の人の意見を聞いてみようではないか。
  　　　　　　→ 有问题的话，问问别人的意见吧。
- ◆特徴　　後項 - 意志と勧誘
- ◆解説　　劝诱对方一起做某事，多用于演讲、动员的场合。表示强烈的号召或呼吁。
- ◆注意　　多为男性使用，礼貌表达方式「～（よ）うではありませんか」男女均可使用。

3. ～がいい

- ◆接続　　動詞普通形
- ◆理解　　格助詞「が」＋形容詞「いい」
- ◆意味　　～ほうがいい／最好……、应该……
- ◆例文　　△ 自分の意見や感想は遠慮せずに言うがいい。
  　　　　　　→ 应该不加顾虑地说出自己的意见和感想。
  　　　　△ 結局それもいい。そんな愚かな夢は早く覚めたがいい。
  　　　　　　→ 那样的结局也挺好，那种蠢梦还是早点醒悟为好。
  　　　　△ 私の言うことが信じられないのなら、自分の目で見てくるがいい。
  　　　　　　→ 如果不相信我说的话，那就亲自去看看好了。
- ◆特徴　　前項 - 動作動詞
- ◆解説　　表示说话人对别人的希望、建议和劝告，希望某种合适的、期待的情况出现，稍带放任、责备等语气。

◆注意　还可以表示希望坏事情发生的心情，用于指责、咒骂或诅咒等。
　　　　△ 悪いことばかり覚えて、お前なんか、そのうち警察に捕まるがいいよ。
　　　　　→净学坏，你这号人早晚叫警察抓了去。

4. ～たいものだ

- ◆接続　動詞ます形
- ◆理解　希望の助動詞「たい」＋形式名詞「もの」
- ◆意味　本当に～たいなあ/真想……、特别想……
- ◆例文　△ 年をとっても、気持ちだけは若くありたいものだ。
　　　　　→即使上了年纪，心态也要保持年轻。
　　　　△ たまには一ヶ月ぐらい、どこかでのんびりしたいものだ。
　　　　　→真想出去好好放松个把月。
　　　　△ 治療を始めてもう一年ですからね。早くよくなりたいものです。
　　　　　→已经治疗一年了，真想早点康复啊。
- ◆特徴　前項 – 動作動詞
- ◆解説　「～たい」是单纯地表达愿望和欲求，「～たいものだ」表示非常想达成某种愿望，反复深刻地表达自己的心情。
- ◆注意　「～てほしいものだ」是非常希望对方做某事。

5. ～たらいい

- ◆接続　動詞て形
- ◆理解　仮定「たら」＋形容詞「いい」
- ◆意味　～ほうがいい/最好……
- ◆例文　△ 疲れているようですね。今、仕事も忙しくないから、2、3日休んだらいいですよ。
　　　　　→你好像很累啊，现在工作不忙最好休息两三天。
　　　　△ わからないことがあるときは、何でも先生に質問してみたらいいじゃないか。
　　　　　→有不懂的问题都可以问老师。
　　　　△ 眠れないときはどうしたらいいんですか。

→ 睡不着的时候该怎么办呢?
- ◆特徴　前項－動作動詞
- ◆解説　用于表示对别人的劝导、提议或建议等。询问对方自己应该采用哪种方法时也可以使用此句型。
- ◆注意　同义的表达方式还有「～といい/～ばいい」。

6. ～てほしい

- ◆接続　動詞て形
- ◆理解　形容詞「ほしい」から
- ◆意味　～てください/想……、希望……
- ◆例文　△（手紙）毎日、寒い日が続いています。早く暖かくなってほしいですね。
  →（书信）近日天气寒冷，希望早点暖和起来。
  △ このことはほかの人には言わないでほしいのです。
  → 这件事情请不要告诉别人。
  △ 子供には漫画ばかり読むような大人になってほしくない。
  → 不想成为只给孩子读漫画的大人。
- ◆解説　此句型用于说话人对听话人或其他人有要求或希望时。否定形式「～てほしくない」的语义多与对方无关，是说话人陈述自己的要求或希望。
- ◆注意　否定形式有「～ないでほしい」、「～てほしくない」。

7. ～といい

- ◆接続　動詞る形
- ◆理解　格助詞「と」＋形容詞「いい」
- ◆意味　～ほうがいい/你最好做……
- ◆例文　△ 眠れないときは、ちょっとお酒を飲むといい。
  → 睡不着的时候可以喝点酒。
  △ 海外旅行には、軽い電子辞書を持っていくといい。
  → 海外旅行最好带轻薄的电子辞典。
  △ この結婚式場は夏ならすいているから、夏に式を挙げるといい

ですよ。

→这个结婚场地夏天人少,所以最好夏天举办仪式。

- ◆特徴　前項－動作動詞
- ◆解説　表示"那样做是个好办法",规劝别人,给别人提议或劝导时使用本句型。
- ◆注意　劝别人不要做某事时,使用「～ないほうがいい」。

8. ～ばいい

- ◆接続　動詞ば形
- ◆理解　仮定「ば」＋形容詞「いい」
- ◆意味　～たらいい/……就可以、……就行
- ◆例文　△ そんなに欲しいのなら、自分で買えばいいじゃないか。

　　　　→那么想要的话,自己买就行了。

　　　　△ おまけにもらったものなど取っておく必要はない。どんどん捨てればいい。

　　　　→赠品这些的东西没必要拿,扔了就可以。

　　　　△ 若いときは何でも自分のやりたいことをやってみればいい。

　　　　→年轻的时候做自己想做的事情就可以了。

- ◆特徴　前項－動作動詞
- ◆解説　用于对别人的规劝、提议、忠告等,为了取得好的结果而给对方出主意或提出应采取什么样的方法。
- ◆注意　形式上是向对方建议,实际上含有很强的放任、谴责、蔑视、不予理睬的语气。

二十五、表示确定条件的表达

N2　1. ～からといって［～ない］

- ◆接続　動詞、イ形容詞、ナ形容詞、名詞普通形
- ◆理解　格助詞「から」＋動詞「言う」のて形
- ◆意味　いくら～という事情があっても / 并不是说……就……

◆例文　△　一度失敗したからといって、諦めるわけにはいかない。
　　　　　　→　不能因为一次失败就放弃。
　　　　△　美味しいだからといって食べすぎにはいけない。
　　　　　　→　不能因为好吃就吃多了。
　　　　△　金持ちだからといって、悩みがないとは限らない。
　　　　　　→　有钱人也不一定没有烦恼。
◆特徴　後項－「～とはいえない、～とは限らない、～わけではない」など
　　　　　　のような部分否定が来ることが多い
◆解説　表示即使有这样的事实或理由也不能完全得出某结论的意思，多表达
　　　　说话人的订正、判断、批评、提醒、提议等。
◆注意　在较随意的口语中还使用「からって」的形式。

N2　2.～くせに、～くせして

◆接続　動詞、イ形容詞普通形
　　　　ナ形容詞語幹＋な／ではない／だった
　　　　名詞＋の／ではない／だった
◆理解　接続助詞「癖に」、名詞「癖」＋動詞「する」のて形
◆意味　～という立場・身分・状況なのに／明明……却……、……可是……
◆例文　△　彼は知っているくせにわざと知らないぶりをしている。
　　　　　　→　他明明知道但是却故意装作不知道。
　　　　△　まだ子供のくせに大人の口ぶりをしている。
　　　　　　→　还是孩子呢，但是老用大人的口吻讲话。
　　　　△　男のくせして、すぐ泣くなよ。
　　　　　　→　大老爷们的，别说哭就哭。
◆特徴　後項－意外、軽蔑、非難、不快、不満などマイナスの表現
◆解説　表示跟身份、立场、状况不符的动作或状态，含有对别人的缺点指责、
　　　　蔑视、不满等语气。
◆注意　「～くせして」一般用在较随意的口语中。

N2　3.～つつ（も）

◆接続　動詞ます形
◆理解　接続助詞「つつ」（＋取り立て助詞「も」）

◆意味　～ているが、それでも／虽然……但是……

◆例文　▲ 私は、「現象学」のよさを認めつつも、客観主義の必要性も強調したいのである。（2008年真題）

→ 我虽然承认"现象学"的优点，但是同时也想强调一下客观主义的必要性。

△ 悪いと知りつつ、カンニングをしてしまった。

→ 虽然知道是不对，但是考试还是作弊了。

△ 彼の話を信じつつも、心の中では疑っているのかもしれない。

→ 虽然是相信他的话，但是心里面还是有点怀疑。

◆解説　和表示逆接的「～のに、～ながら（も）」意思相近。表示转折之意，多用于说话人的自白、后悔等。

◆注意　惯用表达形式有「言いつつ、感じつつ」等。另外，「～つつ」还有同时进行的用法，表示"一边……一边……"的意思，此时和顺接的「～ながら」意思相同，但属于书面语。

△ 山に登りつつ、自分の人生を考えた。

→ 一边登山，一边思考了人生。

N2　4. ～ところを

◆接続　動詞、イ形容詞普通形

ナ形容詞語幹＋な

名詞＋の

◆理解　形式名詞「ところ」＋格助詞「を」

◆意味　～という状況なのに／在……的时候……

◆例文　▲ 間抜けな泥棒は、窓から家に入ろうとしたところを通りがかりの警官につかまってしまった。（2009年真題）

→ 笨贼从窗户往屋子里钻的时候被正好路过的警察抓了个现行。

△ お忙しいところをわざわざおいでいただき、恐縮でございます。

→ 您百忙之中还特意屈驾前来，实在过意不去。

△ お忙しいところを申し訳ございませんが、ちょっとお伺いしてもよろしいでしょうか。

→ 在您百忙之中打扰您实在是抱歉，有点事想向您询问一下。

- ◆解説　表示在某动作或状态持续的状况下有事件介入，使之中断。多用于考虑对方的处境后打扰对方时的客气语，包含感谢、后悔、不安等心情。
- ◆注意　惯用形式有「～ところをすみません／ありがとう／申し訳ありません」等。口语中还经常使用省略「を」的「～ところ」的形式。

N2　5.～ものの

- ◆接続　動詞、イ形容詞普通形
  　　　　ナ形容詞語幹＋な／である／だった
  　　　　名詞＋な／の／である／だった
- ◆理解　接続助詞「ものの」
- ◆意味　～だが、しかし／虽然……但是……
- ◆例文　▲ 同僚に相談したものの、よい解決方法はみつからなかった。（2003年真題）
  　　　　　→跟同事商量了，但是还是没有找出好的解决办法。
  　　　　△ 車を買ったものの、忙しくて旅行に行くことができない。
  　　　　　→虽然是买了车，但是太忙了，根本没办法出游。
  　　　　△ 薬を飲んだものの、全然治らない。
  　　　　　→药是吃了，但是一点也不见好。
- ◆解説　表示现实与既成事实之间的不符，即使满足了前项条件仍然无法实现后项。
- ◆注意　「～ものの」和「～ものを」不同，只是单纯地表示转折的意思，而「～ものを」暗含因为做了或者没有做某事而后悔、不满、非难等语气。

N2　6.～わりに(は)

- ◆接続　動詞、イ形容詞普通形
  　　　　ナ形容詞語幹＋な／である
  　　　　名詞＋の／である
- ◆理解　副詞「割りに」（＋取り立て助詞「は」）
- ◆意味　～ということと合わなく／虽然……但是……、与……相比
- ◆例文　△ 南の地方では湿度が高く、気温がそんなに高くないわりに熱く感じられる。

→ 南方湿度高，气温虽然不是特别高但是感觉会很热。

△ その子は子供のわりに大人の口ぶりをしている。

→ 那个孩子虽然是孩子，但是说话总是大人的口吻。

△ あのレストランは高いわりには味があまりよくない。

→ 那家饭店价格很高，但是与之相比味道却不怎么样。

◆特徴　前項‐程度を表す表現が来ることが多い

　　　　後項‐程度を表す表現が来ることが多い

◆解説　以前项为基准做出后项这样的评价、判断。表示以一般常识为基准推测应该成正比例的既定事物出现了和预料相反的情况。

◆注意　「〜わりには」和「〜にしては」的意思、用法相近，但是前者更强调前后项之间不成比例，后者前面一般接续具体的名词，很少接续表示程度的抽象名词。

× 年にしてはずいぶん若く見える。

○ 年のわりにはずいぶん若く見える。

→ 与实际年龄相比看起来年轻很多。

N1　7. 〜が最後、〜たら最後

◆接続　動詞た形

◆理解　格助詞「が」／接続助詞「たら」＋名詞「最後」

◆意味　もし〜のようなことになったら／一旦……就……

◆例文　△ 彼は一度決めたが最後誰が何と言っても聞き入れないタイプだ。

→ 他这种人，一旦下定决心，不管是谁说什么都不行。

△ その話は彼女に話したら最後、クラス中に知れ渡ることになる。

→ 那件事只要跟她一说，整个班都会知道。

△ あいつにお金を貸してあげたら最後、返してもらえないから、気をつけたほうがいいよ。

→ 一旦把钱借给他就不还了，所以还是小心的好。

◆解説　表示一旦实现了前项动作就会导致后项这一不好的、无法挽回的结果的意思。

◆注意　「〜たら最後」比「〜が最後」的口语性强。

N1 8. 〜と思いきや

- ◆接続　動詞、イ形容詞、ナ形容詞、名詞普通形
- ◆理解　格助詞「と」＋動詞「思う」の連用形＋過去の助動詞「き」＋反語の助詞「や」
- ◆意味　〜と思っていたところが、意外にも / 原以为……
- ◆例文　▲ もうとても追いつけないだろうとおもいきや、驚くほどの速さで彼は一気に先頭に走り出た。（2004年真題）
  → 想着他肯定是追不上去了，结果他却以惊人的速度一下跑到了队伍前面。

  △ 無理な要求をして絶対に反対するかと思いきや、快諾してくれた。
  → 提了一个很无理的要求，想着他肯定会反对，结果他竟然很爽快地答应了。

  △ やっとできあがったと思いきや、また新しい仕事を頼まれた。
  → 刚想着终于做完了，结果新的工作又来了。
- ◆解説　表示预想会出现的情况出乎意料地没有出现，而是出现了相反的情况。一般伴随吃惊、意外的语气。
- ◆注意　有时也使用「〜かと思いきや」的形式。是稍显陈旧的表达，多用于书面语。但是不能用于论文、公文等正式场合。

N1 9. 〜とはいえ

- ◆接続　動詞、イ形容詞、ナ形容詞普通形
  　　　　名詞
- ◆理解　格助詞「と」＋取り立て助詞「は」＋動詞「言う」の可能形
- ◆意味　〜といっても / 虽说……、尽管……
- ◆例文　▲ それは自分から望んだこととはいえ、たまらなく不安だった。（2007年真題）
  → 虽说那是自己所希望的，但是还是感到了强烈的不安。

  △ あの店は味がいいとはいえ、いつも混んでいるからあまり行かない。
  → 那家饭馆味道不错，但是总是人很多，所以不常去。

  △ いかに成績がいい学生とはいえ、こんな難しい問題を解けるは

ずがない。

→ 虽然成绩很好，但是这么难的问题估计也答不上来。

◆特徴　前項－副詞「いかに」と呼応する場合がある

　　　　後項－話し手の意見、判断が来ることが多い

◆解説　表示虽然承认前项这一事实前提，但是需要强调的仍然是后项这一与前项理由不符的结果。

◆注意　「とはいえ」还可以用作接续词，是书面语。

　　　　△ 病気はずいぶん治った。とはいえ、出場できるまではまだ時間が必要だ。

　　　　　　→ 病好了很多，但是离上场还需要一段时间。

N1　10.〜ものを

◆接続　動詞、イ形容詞普通形

　　　　ナ形容詞語幹＋な／だった

◆理解　接続助詞「ものを」

◆意味　〜のに／要是……就好了、可是……

◆例文　▲ 病気だったら休めばいいものを、無理をして、会社で倒れてしまった。（2017年真題）

　　　　　　→ 生病不休息，非勉强上班，最终病倒在公司。

　　　　△ なぜ、彼女はわたしに相談してくれなかったのだろう。わたしに相談してくれさえすれば、いくらでも力になったものを。彼女の立場を思うと分からないでもないが、いまさらながら、悔やまれる。（2002年真題）

　　　　　　→ 她为什么不跟我说呢，跟我说的话怎么着我都会帮她。虽然站在她的角度也不是不能理解为什么她没来，但是这事儿至今我仍然深感遗憾。

　　　　△ 先生と相談したらいいものを、どうして黙っていたのだろう。

　　　　　　→ 跟老师说一声多好，可是她为什么没有说呢。

◆特徴　後項－後悔、不満、非難、恨みの気持ちを表す表現

◆解説　要是当时做了某事就好了的意思，表示对当时没有做某事而造成的不好结果的后悔、不满、非难、怨恨等心情。有时候可以直接以「〜も

のを」结尾，省略后面的内容。
- ◆注意　「～ものを」和「～ものの」的区别在于前者暗含因为做了或者没有做某事而后悔、不满、非难等语气，后者只是单纯地表示转折的意思。

11. ～とはいいながら

- ◆接続　動詞、イ形容詞、ナ形容詞、名詞普通形
- ◆理解　格助詞「と」＋取り立て助詞「は」＋動詞「言う」のます形＋接続助詞「ながら」
- ◆意味　～（だ）が、それでもやはり / 虽说……、虽然……
- ◆例文　△ おめでとうとは言いながら、実は彼の成功を少しねたんでいる。
  → 虽然嘴上说"恭喜"，但是实际上还是有点嫉妒他。
  △ お金がほしいとは言いながら、彼は全然働かない。
  → 嘴上说需要钱，但是自己却又不去干活。
  △ あなたなら大丈夫だ。とは言いながら、やはり心の中では彼女のことを心配している。
  → 你没问题的。虽然这么说，但是心里还是为她担心。
- ◆解説　表示暂且承认前项条件，但是实际上后项与前项的预想有出入，具有转折、让步的意思。
- ◆注意　「～とは言いながら」的转折的意思来自「ながら」。

12. ～とはいうものの

- ◆接続　動詞、イ形容詞、ナ形容詞、名詞普通形
- ◆理解　格助詞「と」＋取り立て助詞「は」＋動詞「言う」＋接続助詞「ものの」
- ◆意味　～だが、しかし / 虽说……、虽然……
- ◆例文　△ 立秋とは言うものの、暑い日がまだ続いている。
  → 虽然是已经立秋了，但是天还是很热。
  △ ドイツ語は大学時代に習ったとは言うものの、ほとんど忘れました。
  → 虽说在大学的时候学过德语，但是现在已经忘得差不多了。
  △ 日本に行ったことがある。とは言うものの、一週間しか滞在していなかった。

→ 去过日本。但是也只是呆了一周而已。
- ◆解説　表示暂且承认前项条件，但是实际上后项并不是与此条件相对应而成立的。或者与前项的期待有出入、有差异，具有转折、让步的意思。
- ◆注意　「～とは言うものの」的转折的意思来自「ものの」。

二十六、表示手段、方式的表达

N2　1. ～を通して

- ◆接続　名詞
- ◆理解　格助詞「を」＋動詞「通す」のて形
- ◆意味　～を手段、媒介として／通过……
- ◆例文　▲海外勤務中、周りの外国人との接触や交流をとおして、段々とその国の文化などに興味を持つようになった。（2016年真題）
  → 在国外工作期间，通过和身边的外国人的接触、交流，逐渐对该国家的文化产生了兴趣。
  △秘書を通して社長との面会を予約した。
  → 通过秘书预约了和社长的会见。
  △今度の試合を通して、自分の不足なところを見つけた。
  → 通过这次比赛发现了自己的不足。
- ◆特徴　前項 - 媒介や手段になるもの、人を表す名詞
- ◆解説　表示通过某人或某个事件的媒介作用进行某个动作或达到某个目的。
- ◆注意　「～を通じて」表示事件成立的手段、媒介，「～を通して」更强调通过前项来做某个动作，积极主动的意思更强烈。另外，二者还有接续时间、地点名词表示持续期间、范围的用法。

N1　2. ～にして

- ◆接続　名詞
- ◆理解　格助詞「に」＋動詞「する」のて形
- ◆意味　～で／以……
- ◆例文　△株が上がり、彼は一晩にして大金を手に入れた。
  → 股价上涨，他一夜之间积累了大量财富。

△ 三十にしてやっと自立した。

　　　　→ 三十岁终于自立了。

　　　△ その話を一言にして言えば、「今はできない」ということですね。

　　　　→ 一句话总结的话就是"现在做不到"是吧。

◆特徴　　前項－数量詞、段階を表す名詞
◆解説　　接在最低数量的名词后面，表示以该数量为标准的意思。也可以表示以该数量、阶段来衡量、判断的意思。
◆注意　　「～にして」还有表示场面、状况的用法。

N1　3.～をもって

◆接続　　名詞
◆理解　　格助詞「を」＋動詞「持つ」のて形
◆意味　　～で／用……、以……
◆例文　　△ 採用の可否は一週間後に書面をもってお知らせします。

　　　　→ 录取与否会在一周之后以书面的形式通知。

　　　△ 彼は優秀な成績をもって卒業した。

　　　　→ 他以优异的成绩毕业了。

　　　△ 最新の技術をもってしても、このようなすばらしい物が作られない。

　　　　→ 即使凭借最新的技术也无法造出这么出色的东西。

◆解説　　与「～で」的意思相同，表示动作进行的手段或方式的意思。
◆注意　　是「～で」的书面语形式，一般用在正式场合。注意一般不用来表示身边的具体工具，此时多用「～で」。

　　　× はさみをもって切る。
　　　○ はさみで切る。

　　　　→ 用剪刀剪。

惯用形式有「身をもって」、「～をもってすれば、～をもってしても」等。「～をもって」还有表示伴随、附带以及表示基准、参照的用法。

二十七、表示瞬时、同时的表达

N2　1. ～か～ないかのうちに

- ◆接続　動詞る形/た形～動詞ない形
- ◆理解　副助詞「か」＋打ち消しの助動詞「ない」＋副助詞「か」＋格助詞「の」＋名詞「内」＋格助詞「に」
- ◆意味　～が起こった瞬間のすぐ後/刚一……就……、还没……呢就……
- ◆例文　△ 子供は「行ってきます」と言い終わるか終わらないかのうちに、家を飛び出した。
    → 孩子刚说一句"我走了啊"就飞奔出了家门。
  △ 私は言うか言わないかのうちに彼が行ってしまった。
    → 我还没说呢他就走了。
  △ 夜が明けるか明けないかのうちに空襲が始まった。
    → 天似亮似不亮的时候空袭开始了。
- ◆特徴　後項－現実のできごと
- ◆解説　连用同一动词的肯定和否定形式，表示动作开始的同时发生了某事。用于实际发生的事情。
- ◆注意　由于是对实际发生的事情的客观描写，所以后项不能是命令、否定以及「～つもり、～よう」等意志性动作。也不能用于自己的动作。
  × そちらに着くか着かないかのうちに電話を掛けてください。
  ○ そちらに着いたらすぐ電話を掛けてください。
    → 一到那边就给我打个电话。

近义表达方式还有「～(か)と思うと、～か～ないかのうちに、～が早いか、～たとたん(に)、～なり、～や否や」等。

N2　2. ～(か)と思うと、～(か)と思えば、～(か)と思ったら

- ◆接続　動詞た形
- ◆理解　(副助詞「か」＋)格助詞「と」＋動詞「思う」のと/ば/たら形
- ◆意味　～が起こった瞬間のすぐ後/刚(想着)……(马上)就……
- ◆例文　△ やっと晴れたと思うと、また雨が降ってきた。

→ 刚想着终于晴了，结果雨又下起来了。

△ 学生たちは来たと思えば、すぐ帰ってしまった。

→ 学生刚一来就走了。

△ 赤ちゃんは笑ったかと思ったら、突然泣き出した。

→ 婴儿刚笑一下突然就哭了起来。

- ◆特徴　後項－現実のできごと
- ◆解説　表示前一动作发生之后瞬间就发生了后面这一意料之外的变化。
- ◆注意　由于是对实际发生的事情的客观描写，所以后项不能是命令、否定以及「～つもり、～よう」等意志性动作。也不能用于自己的动作。近义表达方式还有「～(か)と思うと、～か～ないかのうちに、～が早いか、～たとたん（に）、～なり、～や否や」等。

N2　3.～次第

- ◆接続　動詞ます形
- ◆理解　接尾辞「－次第」
- ◆意味　～したらすぐ／一……就……
- ◆例文　△ ご希望の商品が入り次第ご連絡いたします。

→ 您需要的商品一到我们就马上和您联系。

△ 資料が手に入り次第知らせてください。

→ 资料到了请联系我。

△ 今日の仕事が終わり次第、すぐそちらに向かうつもりです。

→ 打算今天工作一结束就马上去您那边。

- ◆特徴　後項－話し手の応対、意志、予定など
- ◆解説　前项是说话者或听话者关心的条件，后项表示该条件实现后所采取的行动，多为说话人的请求、希望等意志性表达。多用于电话交谈等场合中对信息的索取、提供等。
- ◆注意　属于很礼貌的表达方式。

N2　4.～たとたん（に）

- ◆接続　動詞た形
- ◆理解　助動詞「た」＋名詞「途端」（＋格助詞「に」）

- ◆意味　〜が起こった瞬間／刚一……就……
- ◆例文　△ 誰か私の名前を呼んだ。振り向いたとたん殴られた。
    - → 有人叫了我的名字。一回头，被人打了一下。
    - △ 会社を出たとたん、雨が降ってきた。
    - → 刚出公司就下起雨来。
    - △ 犯人はそのことを聞いたとたん、顔色が変わった。
    - → 犯人一听到这个消息就脸色大变。
- ◆特徴　後項 - 現実のできごと
- ◆解説　表示前一动作发生后的瞬间，发生了不可预期的后一动作。二者时间间隔很短，几乎同时发生。后项多为说话人经历的意外事件，且为非意志的客观事实。
- ◆注意　由于是对实际发生的事情的客观描写，所以后项不能是命令、否定以及「〜つもり、〜よう」等意志性动作。也不能用于自己的动作。
    - × 私は部屋に入ったとたん、テレビをつけた。
    - ○ 私は部屋に入ると、すぐテレビをつけた。
        - → 我一进屋就打开了电视。
    - 近义表达方式还有「〜（か）と思うと、〜か〜ないかのうちに、〜が早いか、〜なり、〜や否や」等。

N1　5. 〜が早いか

- ◆接続　動詞る形
- ◆理解　格助詞「が」＋形容詞「早い」＋終助詞「か」
- ◆意味　〜するのと同時に／刚一……就……
- ◆例文　▲ 小学校へ入るが早いか僕はたちまち世間に多い「いじめっ子」というものに巡り合った。（2010 年真題）
    - → 刚上小学我就碰上了社会上所谓的"欺负人的孩子"。
    - ▲ 緊急の電話を受けた警察官は、パトカーに飛び乗るが早いか、猛スピードで現場へ向かった。（2004 年真題）
    - → 刚接完紧急电话，警察就跳上警车奔赴现场。
    - △ こどもはカバンを置くが早いかゲーム機を取り出した。
    - → 孩子刚把书包放下就拿出了游戏机。

- ◆特徴　後項 - 現実のできごと
- ◆解説　表示后项与前项几乎同时发生，形容中间的时间很短。前后项必须是已经发生的事情。
- ◆注意　是书面语。由于是对实际发生的事情的客观描写，所以后项不能是命令、否定以及「～つもり、～よう」等意志性动作。也不能用于自己的动作。

　　　　×先生は教室に入るが早いか、授業を始めてください。
　　　　○先生は教室に入ると、すぐ授業を始めた。
　　　　　→老师一进教室就开始讲课了。
　　　近义表达方式还有「～（か）と思うと、～か～ないかのうちに、～たとたん（に）、～なり、～や否や」等。

N1　6. ～そばから

- ◆接続　動詞る形／た形
- ◆理解　名詞「側」＋格助詞「から」
- ◆意味　～してもすぐまた／刚……就……
- ◆例文　▲私は彼にパソコンの使い方を教えているが、教えるそばから忘れてしまうので、何度も同じ説明を繰り返さなければならない。（2005年真題）
　　　　　→我正在教他怎么用电脑，刚教完他就忘，所以必须反复说明。
　　　△あの子は物覚えが悪いので、注意するそばから間違える。
　　　　　→那孩子记性不好，刚提醒完就又弄错。
　　　△部屋を片付けたそばから汚されるから、腹が立った。
　　　　　→刚收拾好房间又被弄乱，真让人生气。
- ◆特徴　前項 -「言う、教える、片付ける、聞く、注意する、習う、読む」のような動詞

　　　　後項 - 好ましくないことが多い
- ◆解説　一做某个动作就会伴随另一个动作的产生，后一个动作往往使前一个动作失去效力、意义。这样的情况反复发生，暗含说话人的无奈等心情。
- ◆注意　是稍显陈旧的表达。

N1　7. ～つ～つ

- ◆接続　動詞ます形
- ◆理解　完了の助動詞「つ」の終止形
- ◆意味　～たり～たり / 有时……有时……、一会……一会……
- ◆例文　△ 彼は彼女のうちの前を行きつ戻りつしている。
    → 他在她家门前走来走去。
    △ 両チームは追いつ追われつして、最後はAチームが一点の差で負けた。
    → 两队不相上下，最后A队以一分之差告负。
    △ その会社とはお互いに持ちつ持たれつの関係にある。
    → 我们与那家公司是互相协助的关系。
- ◆解説　主要接「行く‐戻る」这样的对义词和「追う‐追われる」这样同一词的主被动形式，表示两个动作的同时、交替进行。能够接续的动词有限。
- ◆注意　其他惯用形式还有「押しつ押されつ、差しつ差されつ、持ちつ持たれつ、抜きつ抜かれつ」等。

N1　8. ～なり

- ◆接続　動詞る形
- ◆理解　接続助詞「なり」
- ◆意味　～すると同時に / 一……就……
- ◆例文　△ 彼は病院に着くなり倒れてしまった。
    → 他刚到医院就晕倒了。
    △ 母親の顔を見るなり、子供はわっと泣き出した。
    → 一看到妈妈，孩子就哇的一声哭了起来。
    △ 私の料理を一口食べるなり、父は変な顔をして席を立ってしまった。
    → 父亲刚吃了一口我做的菜，就脸色变了，离开了饭桌。
- ◆特徴　後項‐現実のできごと
- ◆解説　表示在前一动作的同时发生了后一动作，后项动作一般是非一般的、不可预料的行为。

◆注意　由于是对实际发生的事情的客观描写，所以后项不能是命令、否定以及「〜つもり、〜よう」等意志性动作。也不能用于自己的动作。
× 学校に着くなり、校長室に行ってください。
○ 学校に着いたら、校長室に行ってくささい。
→ 到学校了马上去一趟校长办公室。
近义表达方式还有「〜(か)と思うと、〜か〜ないかのうちに、〜が早いか、〜たとたん(に)、〜や否や」等。另外，「〜なり」还有立场、角度的用法，「〜なり、〜なり」还可以表示例示、并列。

N1　9.〜や、〜や否や

◆接続　動詞る形
◆理解　接続助詞「や」＋副詞「いな」＋間投助詞「や」
◆意味　〜すると、同時に／刚一……就……
◆例文　△ ベルが鳴るや否や学生たちは飛び出した。
→ 下课铃一响，学生们就飞奔出教室。
△ 演奏が終わるや否や、大きな拍手が湧き出した。
→ 演奏刚一结束就爆发出了雷鸣般的掌声。
△ 彼女はその知らせを聞くや否や、わっと泣き出した。
→ 她一听到这个消息就哇的一声哭了起来。
◆特徴　後項‐現実のできごと
◆解説　紧跟着前一动作发生了后一动作的意思，表示短时间内动作的相继发生。后项多受前项的影响引发的出乎意料的事情。前后项都必须是已经发生的事情。
◆注意　由于是对实际发生的事情的客观描写，所以后项不能是命令、否定以及「〜つもり、〜よう」等意志性动作。也不能用于自己的动作。近义表达方式还有「〜(か)と思うと、〜か〜ないかのうちに、〜が早いか、〜たとたん（に）、〜なり」等。

10.〜(か)と思う間もなく

◆接続　動詞普通形
◆理解　(副助詞「か」＋)格助詞「と」＋動詞「思う」＋名詞「間」＋取

り立て助詞「も」+「ない」の連用形
- ◆意味　〜とすぐ/刚一……就……、马上就……
- ◆例文　△ 急に暗くなったかと思う間もなく、激しい雨が降り出した。
  → 天空刚一变暗，大雨就下起来了。
  △ やっと仕事が終わったと思う間もなくまた新しい仕事が入ってきた。
  → 刚想着工作终于做完了，结果新的工作马上就来了。
  △ 息子は学校から帰ってきたと思う間もなくもう遊びに出かけて行った。
  → 儿子刚从学校回来就又跑出去玩了。
- ◆特徴　後項-現実のできごと
- ◆解説　表示前后两个动作或事项连续发生，中间的时间间隔很短。
- ◆注意　一般用作书面语。前后项动作都不能是说话人自己的动作。
  × 私は朝ごはんを食べた間もなく会社に行った。
  ○ 私は朝ごはんを食べるとすぐ会社に行った。
  → 吃完早饭我马上去上班了。
  近义表达方式还有「〜（か）と思うと、〜か〜ないかのうちに、〜が早いか、〜たとたん（に）、〜なり、〜や否や」等。

二十八、表示添加、不限的表达

N2　1.〜上（に）

- ◆接続　動詞、イ形容詞普通形
  ナ形容詞語幹+な/である
  名詞+の/である
- ◆理解　それに〜/而且……、再加上……
- ◆意味　名詞「うえ」+格助詞「に」
- ◆例文　▲ 先週は甥の家でごちそうしてもらった上、家まで車で送ってもらった。（2017年真題）
  → 上星期在侄子家请我吃饭，吃完还开车送我回家。。
  ▲ この問題について先生にいろいろ教えてもらった上、専門書な

どの参考文献まで貸してもらった。（2013年真題）

→ 关于这个问题，老师给我讲解了很多，而且连专业的参考书都借给我了。

△ 昨日は財布をなくした上に雨に降られて、さんざんな一日だった。

→ 昨天丢了钱包还被雨浇了，真是凄惨的一天。

◆解説 表示在前项事物的基础上添加同类事物，进行正面或负面的评价。前后项事物的性质一般同为积极或同为消极。

◆注意 句末不能使用命令、禁止、请求、劝诱等主观表达。

N2　2.～どころか

◆接続 動詞、イ形容詞、ナ形容詞、名詞普通形
ナ形容詞語幹
名詞

◆理解 接続助詞「どころか」

◆意味 ～なんてとんでもない、むしろ～；～はいうまでもない～も［～ない］／非但没有……反而……、别说……就连……都(没有/不)……

◆例文 ▲ 考えている間に、感情はしずまるどころか、次第にざわざわと烈しくなっていった。（2009年真題）

→ 想着想着，情绪不但没有平复下来，结果变得更加焦躁起来。

△ その薬を飲んでみたら、よくなるどころか、ますます悪くなってきた。

→ 吃了那个药，非但没有好转，反而更加严重了。

△ あのころは授業料どころか家賃さえ払えなかった。

→ 那时候别说是学费了，连房租都交不起。

◆特徴 後項-正反対の事実(肯定文)；「～さえ(も)/まで/も/でも～ない」(否定文)

◆解説 句末为肯定时，转折的意思强烈。后项接续与前项完全相反的事物，表示与预想完全相反的事实。句末是「～さえ(も)/まで/も/でも～ない」等否定表达时，让步的意思强烈。表示不仅是前项没有达到要求，就连程度更低的后项都没有达到要求的意思。

◆注意　与「どころ」相关的表达还有表示难易、可能的「～どころではない」。

N2　3. ～に限らず［～も］

- ◆接続　名詞
- ◆理解　～だけでなく / 不限于……、不只……
- ◆意味　格助詞「に」＋動詞「限る」のない形＋打ち消しの助動詞「ず」
- ◆例文　△ 女性に限らず男性も美容院に通う人が多くなっている。
  → 不光女性，男性去美容院的人也多起来了。
  △ 今回に限らず、困ったことがあったらいつでも声を掛けてください。
  → 不只是这次，有困难的时候随时跟我说。
  △ 敬語は外国人に限らず、日本人にとっても難しい。
  → 敬语不只是外国人，对于日本人来说也很难。
- ◆特徴　後項-「～も、～でも」及び「あらゆる～、さまざまな～」などの添加表現
- ◆解説　表示不限于前面的提示对象，还有其他对象符合要求的意思。
- ◆注意　与動詞「限る」相关的句型有「～限りだ、～限り（は）、～とは限らない、～ない限り、～に限って、～に限らず、～に限る、～の限り、～を限りに」，它们都与「限る」表示的限定意义密切相关。

N2　4. ～に加え（て）

- ◆接続　名詞
- ◆理解　格助詞「に」＋動詞「加える」のます形（て形）
- ◆意味　～だけでなく、さらに～ / 加上……、而且……
- ◆例文　△ 学費に加えて家賃も払わなければならないので、留学はお金がかかるのだ。
  → 学费加上生活费都必须自己支付，留学实在是太耗钱了。
  △ 今日は大雨に加え、風まで強くなってきて大変な一日でした。
  → 今天下大雨，再加上风也加大了，实在是够受的。
  △ 暑さに加えて、飲み水も不足しているので救援はなかなか進まない。

→ 天热而且饮用水不足，导致救援进展缓慢。
- ◆特徴　後項-「～さえ、～まで、～も、～でも」などの添加表現
- ◆解説　在既有事物的基础上追加另一个事物，使程度更深。
- ◆注意　是稍显生硬的表达。

N2　5. ～のみならず[～も]、(ただ／ひとり)～のみならず[～も]

- ◆接続　動詞、イ形容詞普通形
  ナ形容詞語幹＋である
  名詞（＋である）
- ◆理解　(副詞「ただ」／数量詞「ひとり」＋)限定を表す取り立て助詞「のみ」
  ＋動詞「なる」のない形＋打ち消しの助動詞「ず」
- ◆意味　～だけでなく／不仅……、不只是……
- ◆例文　▲ 財政問題は、ひとり東京のみならず日本全体の問題だ。（2010年真題）
  → 财政问题不只是东京，整个日本都存在这样的问题。
  △ 今年は野菜のみならず、肉類の輸出量も下がったという。
  → 据说今年不只是蔬菜，肉类的出口量也下降了。
  △ その提案に対して、ひとり中国のみならず、多くの国が賛成の意見を表している。
  → 对于那项提议不只是中国，很多国家都表示了赞成。
- ◆特徴　後項-「～さえ、～まで、～も、～でも」などの添加表現
- ◆解説　表示不局限于某一个对象，还扩展到了其他对象。
- ◆注意　是正式的书面语表达。相关表达还有「(ただ／ひとり)～だけでなく」。日常会话中多使用「～だけでなく、～のみならず、～に限らず」等。

N2　6. ～はおろか[～も]

- ◆接続　名詞
- ◆理解　取り立て助詞「は」＋副詞「おろか」
- ◆意味　～は当然として／不要说……（就连……也……）
- ◆例文　▲ こんな成績で進学はおろか卒業だって危ないよ。（2017年真題）
  → 这样的成绩别说升学了，连毕业都危险。

　　　　　△ お金はおろか、財布さえ持って来なかった。
　　　　　　→ 别说钱了，连钱包都没带。
　　　　　△ 最近は忙しくて、旅行はおろか、十分眠ることもできない。
　　　　　　→ 最近太忙了，别说去旅游了，连睡个饱觉的时间都没有。
◆特徴　　後項-「～さえ、～まで、～も、～でも」などの添加表現；否定的
　　　　　な事柄が多い
◆解説　　前项自不必说，就连比它程度高的后项都成立，多含有说话人的惊讶、
　　　　　不满等语气。
◆注意　　不能用在对对方的命令、禁止、请求、劝诱的句子中。

N2　7. ～ばかりか、～ばかりでなく[～も]

◆接続　　動詞、イ形容詞普通形
　　　　　ナ形容詞語幹＋な／である／だった
　　　　　名詞＋（である）／だった
◆理解　　限定を表す取り立て助詞「ばかり」＋か／［格助詞「で」＋打ち消
　　　　　しの助動詞「ない」の連用形］
◆意味　　～だけでなく／不仅……而且……、不只是……
◆例文　　△ 日本語を勉強し始めたごろは漢字ばかりか、ひらがなもカタカ
　　　　　　ナも書けなかった。
　　　　　　→ 刚开始学日语的时候别说汉字了，连平假名和片假名都写不好。
　　　　　△ 私にはコーヒーが効かない。コーヒーを飲んだら、元気を出せ
　　　　　　ないばかりか、もっと眠くなってしまう。
　　　　　　→ 咖啡对我根本不起作用。喝完之后不但不会变精神，而且还会
　　　　　　　更加瞌睡。
　　　　　△ あの人は親切であるばかりでなく、部活にも積極に参加してい
　　　　　　る。
　　　　　　→ 那个人不仅热情，还积极参加社团活动。
◆特徴　　後項-「～さえ、～まで、～も、～でも」などの添加表現
◆解説　　「～ばかりか」表示在一个程度较重的事物的基础上加上了程度更重
　　　　　的事物，表示程度的加深。「～ばかりでなく」表示在一个对象的
　　　　　基础上添加另一个对象。

◆注意　「～ばかりか」与「～ばかりでなく」不同，其后不能接续表示意志、希望、命令、劝诱等主观表达。

×リンゴばかりか、バナナも食べてください。

○リンゴばかりでなく、バナナも食べてください。

→别光吃苹果，香蕉也吃了吧。

N2　8.　～はもちろん[～も]、～はもとより[～も]

◆接続　名詞（＋助詞）

◆理解　取り立て助詞「は」＋副詞「勿論」／「元より」

◆意味　～は言うまでもない／……自不必说、不用说……

◆例文　△彼はなまけもので、休日はもちろん、平日でもたいてい9時頃まで寝ている。

→他特别懒，休息日自不必说，平时也都是睡到9点。

△大企業はもとより、中小企業でもこの国に進出している。

→不用说大企业了，中小企业也在往这个国家投资。

△これは本当にいい本だ。内容の充実さはもちろんのこと、印刷もきれいだ。

→这真是一本好书，内容充实不说，印刷也很精美。

◆特徴　後項－「～さえ、～まで、～も、～でも」などの添加表現

◆解説　表示提示一个理所当然成立的典型例子，在此基础上加上新的对象。

◆注意　「～はもとより」比「～はもちろん」更为书面语化。另外，「～はもちろんのこと」也表示相同的意思。

N2　9.　～も～ば～も、～も～なら～も

◆接続　名詞＋も＋［動詞、イ形容詞ば形］／［ナ形容詞語幹、名詞＋なら］＋名詞＋も

◆理解　添加を表す取り立て助詞「も」＋仮定を表す接続助詞「ば」／「なら」＋添加を表す取り立て助詞「も」

◆意味　～も～し～も／既……又……

◆例文　△あの子はもう大学生なのに、まだ料理もできなければ、洗濯もできない。

→ 那孩子都大学生了，不会做饭也不会洗衣服。

△ この頃、暖かい日もあれば寒い日もある。

→ 最近天气时暖时寒。

△ そのパソコンは値段も手ごろならサイズもちょうど良い。

→ 那个电脑价格合适尺寸也正好。

◆解説　强调同一事项的两种性质或倾向，也可以表示两个同类或不同类事物的并存。

◆注意　相关表达还有表示评价视点的「～も～なら～も～だ」，接续人名和组织名称含有「～もよくないし、～もよくない」的批评语气。

△ 親子ともに不正な行為をするなんて、まったく親も親なら子も子だ。

→ 父子都做不正当的事，真是上梁不正下梁歪啊。

N1　10. ～だけでなく[～も]、(ただ/ひとり)～だけでなく[～も]

◆接続　動詞る形

イ形容詞辞書形

ナ形容詞語幹＋である

名詞（＋である）

◆理解　（副詞「ただ」/数量詞「ひとり」＋）限定を表す取り立て助詞「だけ」＋格助詞「で」＋打ち消しの助動詞「ない」の連用形

◆意味　～に止まらず/不只是……、不仅仅是……

◆例文　△ 高齢化だけでなく、少子化なども日本の社会問題になっている。

→ 不只是高龄化，少子化等也成为日本的社会问题。

△ 何かを勉強する場合、ただ知識を覚えるだけでなく、問題に対する考え方も注意しなければならない。

→ 在学习知识的时候，不仅仅是要记知识点，还必须注意对问题的思考方式。

△ 交通渋滞はひとり北京だけでなく、全国の各人都市を持つ問題だ。

→ 交通堵塞不只是北京，也是全国各大城市存在的问题。

◆特徴　後項-「～さえ、～まで、～も、～でも」などの添加表現

◆解説　表示不局限于某一个事物，满足命题的对象范围可以推及其他对象。

◆注意　相关表达还有书面语色彩较强的「(ただ/ひとり)～のみならず」。日常会话中多使用「～だけでなく、～のみならず、～に限らず」等。

N1　11.～もさることながら[～も]

◆接続　名詞
◆理解　添加を表す取り立て助詞「も」＋動詞「然る」（「そのような」という意味）＋形式名詞「こと」＋接続助詞「ながら」
◆意味　～はいうまではないが/……自不必说、不用说……了(连……也)
◆例文　▲非常用備蓄食糧としての条件というのは、食品そのものの品質はさることながら、保存の方法に至るまで、非常に欲ばった具備条件が求められている。（2007年真題）
　　　　→作为非常时期的储备粮的必备条件，粮食本身的质量就不用说了，连保存方法都需要具备很苛刻的条件。
　　　△その先生は研究の方もさることながら、人柄もよい。
　　　　→那位老师研究方面自不必说，人品也好。
　　　△いじめの問題もさることながら、引きこもりや不登校といった学校問題も深刻になりつつある。
　　　　→校园欺凌问题不可忽视，闭门不出、不上学等学校问题也在不断恶化。
◆特徴　後項-「～さえ、～まで、～も、～でも」などの添加表現
◆解説　表示前项是这样，后项就更是这样的意思。用于添加对象或对事物的原因、性质等的进一步补充。
◆注意　文语性表达，用在书面语或演讲等正式的口语中。

二十九、表示同格、内容的表达

1.～といった

◆接続　名詞
◆理解　格助詞「と」＋動詞「言う」のた形
◆意味　～のような/……这样的……、……这类的……

- ◆例文　△ 刺身とかお寿司といった日本料理が大好きだ。
　　　　　→ 我很喜欢吃刺身和寿司这类的日本料理。
　　　　△ 日本では地下鉄やバスといった公共交通機関では電話をしてはいけないことになっている。
　　　　　→ 在日本，在地铁和公交车这一类的公共交通工具上是不允许打电话的。
　　　　△ 大学時代は『こころ』とか『わが輩は猫である』といった夏目漱石の作品をたくさん読んだ。
　　　　　→ 上大学的时候读了《心》《我是猫》等很多夏目漱石的作品。
- ◆解説　用于列举同类事物的一个或几个具体的例子。
- ◆注意　有时候以「～とか～と（か）いった」的形式使用。

2. ～ところの

- ◆接続　動詞普通形
　　　　名詞＋である
- ◆理解　形式名詞「ところ」＋格助詞「の」
- ◆意味　～している／所……的……、即……
- ◆例文　△ 日米間の最大懸案であるところの貿易摩擦について議論が行われている。
　　　　　→ 关于日美之间的最大悬案即贸易摩擦展开了讨论。
　　　　△ 我々が求めるところのものはもっと大きな夢なのです。
　　　　　→ 我们所谋求的是更大的梦想。
　　　　△ これは最近よく言われるところの「爆買い」の一例ではないか。
　　　　　→ 这就是最近所经常谈到的"爆买"的一例。
- ◆解説　前项说明了后项的具体内容，二者为同位关系。在将欧美语言翻译为日语时候的直译表达形式，带有较强的翻译腔。一般可以省略，如上面的例子就可以直接说成「最大懸案である貿易摩擦、求めるもの、言われる『爆買い』」。
- ◆注意　属于书面语表达。

3. 〜との

- ◆接続　引用の文
- ◆理解　格助詞「と」＋格助詞「の」
- ◆意味　〜という/……的……、说是……
- ◆例文　△ 合宿は熱海にしてほしいとの意見をもらった。
    → 收到了合宿地点想选择热海的意见。
    △ 郵便局に問い合わせたところ、届いているとの返事がきた。
    → 去邮局问了一下，回答说已经寄到了。
    △ 来月のシンポジウムは延期になったとの通知が届いた。
    → 收到通知说下个月的研讨会延期了。
- ◆特徴　後項-「依頼、警告、提案、手紙、返事、命令」など言語活動や、「意見、考え、希望、見解」など思考活動にかかわる名詞
- ◆解説　前項即引用部分详细描述了后续名词的具体内容，二者处于同位的关系。
- ◆注意　一般用在较正式、生硬的场合。用来引用别人的发言、观点等，不能用于引用说话人自己的话语。自己的观点可以使用「〜という」。
    △ 私は北京にも女性専用車両を設置すべきだという意見を持っている。
    → 我的想法是，北京也应该设置女性专用车厢。

此外，「〜との」还可以后续形式名词「こと」，形成表示传闻、传言、引用的「〜とのことだ」。

三十、表示推测、推量的表达

N2　1. 〜恐れがある

- ◆接続　動詞普通形
    名詞＋の
- ◆理解　名詞「恐れ」＋格助詞「が」＋動詞「ある」
- ◆意味　〜という心配がある/有……的危险、可能……
- ◆例文　△ 明日は大雪になる恐れがある。

　　　　　　　→ 明天可能会有大雪。
　　　　△ この雨による土砂災害の恐れがあります。
　　　　　　　→ 这场雨可能会引起塌方。
　　　　△ 火事を引き起こす恐れがあるので、バッテリは解体しないでください。
　　　　　　　→ 可能会引起火灾所以不要把电池解体。
◆特徴　前項-否定、マイナス表現の場合が多い
◆解説　表示可能发生不好的事情，只能用于对不好的事情的推测。
◆注意　是较生硬的表达，经常用在新闻、天气预报、通知中。

N2　2.～に相違ない

◆接続　動詞、イ形容詞普通形
　　　　ナ形容詞語幹＋（である）/だった
　　　　名詞＋（である）/だった
◆理解　格助詞「に」＋名詞「相違」＋ない
◆意味　きっと～と思う / 一定是……、肯定是……
◆例文　△ 犯人は窓から逃げたに相違ない。
　　　　　　　→ 犯人一定是从窗户逃走的。
　　　　△ この調子で行くと優勝するのはあのチームに相違ない。
　　　　　　　→ 照这种情况来看，获胜的肯定是那个队。
　　　　△ 詳細な資料がそろっているところを見ると彼はよく準備してきたに相違ない。
　　　　　　　→ 从这么详细的材料来看，他肯定是做好了充分的准备。
◆解説　表示说话人很有把握的推断。
◆注意　是比「～にちがいない」生硬的书面语。

N2　3.～にちがいない

◆接続　動詞、イ形容詞普通形
　　　　ナ形容詞語幹＋（である）/だった
　　　　名詞＋（である）/だった
◆理解　格助詞「に」＋名詞「違い」＋ない

二十三、表示倾向、样态的表达

N2　1.〜がち

- ◆接続　動詞ます形
  　　　　名詞
- ◆理解　接尾語「がち（勝）」から
- ◆意味　〜になりやすい、〜になることが多い／往往……、容易……
- ◆例文　△ こんな日が続くと、さすがの熱帯鳥も体調を崩しがちです。
  　　　　　→这样的天气持续的话，热带鸟也受不了。
  　　　　△ あの学生は体が弱くて、授業を休みがちだ。
  　　　　　→那个学生身体弱，常常请假。
  　　　　△ 私は子供のころ、よく病気がちで、両親に心配をかけたものだ。
  　　　　　→小时候，我经常生病，让父母操碎了心。
- ◆特徴　後項－マイナス的な意味が多い
- ◆解説　表示带有很强的倾向性。接动词表示该动作发生的频率很高；接名词时表示容易导致某种状态。多用于不好的倾向性。
- ◆注意　「〜がち」一定是表示长时间内可以存在的事情或现象，所以不能用于眼前一时的现象。
  　　　　△ 今日、私は風邪がちで、頭が痛い。（×）
  　　　　△ ほら、曇ってきた。雨になりがちだろう。（×）

N2　2.〜かのようだ

- ◆接続　動詞、イ形容詞普通形
  　　　　ナ形容詞語幹、名詞＋である／だった
  　　　　名詞
- ◆理解　副助詞「か」＋助動詞「よう」から
- ◆意味　〜と同じぐらい／就像……一样
- ◆例文　△ 目を半眼に閉じ、まるで眠っているかのようだ。
  　　　　　→眼睛半闭，像睡着了一样。
  　　　　△ 山に入ろうとする入口に、まるで道標か何かのように欅の老いた巨木が立っていた。

◆意味　きっと～と思う／一定是……、肯定是……
◆例文　△ カバンの中にないから、どこかに落としたに違いない。
　　　　　→ 包里面没有，所以一定是掉在哪里了。
　　　△ 長い行列ができているから、その店は美味しいに違いない。
　　　　　→ 排了这么长的队，那家馆子肯定好吃。
　　　△ こんなに遅くまで勉強しているのはあのまじめな中村さんに違いない。
　　　　　→ 这么晚还在学习的人肯定是很认真的中村。
◆解説　说话人以某事为依据，做出非常确信的推断。
◆注意　比「たぶん～だろう」的确信程度要高，与「～に相違ない」相比更口语化。

N1　4.～ものと思われる

◆接続　動詞、イ形容詞、ナ形容詞普通形
◆理解　形式名詞「もの」＋格助詞「と」＋動詞「思う」の受身形
◆意味　～だろう／预计……、可能……
◆例文　△ 台風12号は、おそらく明日未明には紀伊半島南部に上陸するものと思われます。
　　　　　→ 12号台风预计在明天天亮之前在纪伊半岛登陆。
　　　△ 調査を通して事故の原因が明らかになるものと思われる。
　　　　　→ 通过调查应该能够弄清事故的原因。
　　　△ 現場の残された指紋は犯人を割り出す手がかりになるものと思われる。
　　　　　→ 现场留下的指纹可能会成为锁定犯人的证据。
◆解説　表示对事物发展方向或原因等的推量。这种推量不是个人的主观臆断，而是由实际情况引发的自然的、客观的推测。
◆注意　和「と思われる」意思相同，加入「もの」后一般用在较严肃的会话或文章中。

5. 〜かもしれない

- ◆接続　動詞、イ形容詞普通形
　　　　　ナ形容詞語幹
　　　　　名詞
- ◆理解　副助詞「か」＋終助詞「も」＋動詞「知る」の可能形＋打ち消しの助動詞「ない」
- ◆意味　〜かどうか分からない / 可能……、说不定……
- ◆例文　△ だめかもしれないけど、やってみたいです。
　　　　　　→ 可能做不好，但是想试试。
　　　　　△ 考えようによっては、これも悪くないかもしれない。
　　　　　　→ 换个角度考虑，或许这个也不错。
　　　　　△ 彼女にしたら、こんな問題は簡単すぎるかもしれない。
　　　　　　→ 对于她来说，这种问题可能太简单了。
- ◆解説　表示推测有这种可能性的意思，这种可能性可高可低。

6. 〜のだろう

- ◆接続　動詞、イ形容詞普通形
　　　　　ナ形容詞語幹、名詞＋な
- ◆理解　助動詞「のだ」＋助動詞「だろう」
- ◆意味　〜だろうか / 是……吧
- ◆例文　△ タバコの匂いがする。誰かタバコを吸ったのだろう。
　　　　　　→ 有股烟味，肯定有人吸烟了。
　　　　　△ 平気な顔をしているところをみると、まだ事故のことを知らされていないのだろう。
　　　　　　→ 从他若无其事的脸色来看，他应该还不知道出了事故这件事吧。
　　　　　△ A: どうしてまた、こんなことになったのだろう？
　　　　　　　B: 申し訳ありません、うまく描けなくて。
　　　　　　→ A: 怎么又搞成这样了？
　　　　　　　　B: 对不起，我没画好。
- ◆特徴　後項 – 驚き、非難、疑いなどの気持ち（確認を表す場合）
- ◆解説　读下降调时表示推量，表示对原因、理由的推测或说话人的判断。在

疑问句中读上升调时表示确认，表示说话人基于既有的语境、状况所得出的信息，向听话人进行确认。此时多包含惊讶、责备、怀疑等语气。
- ◆注意　口语中多使用「～んだろう」的形式。

三十一、表示无关、无视的表达

N2　1.～にしろ、～にせよ

- ◆接続　動詞、イ形容詞普通形

  ナ形容詞語幹＋である／だった

  名詞（＋である）
- ◆理解　格助詞「に」＋動詞「する」の命令形
- ◆意味　仮に～としても／即便……、就算是……也……
- ◆例文　△ かりに無料にしろ、そんなものはもらいたくない。

  →即使是不要钱，那种东西也不想要。

  △ どんな商品を買うにしろ、店員に領収書をもらわなければならない。

  →不管买什么东西，都必须向售货员索取发票。

  △ できなかったにせよやる気をなくしてはいけないんだ。

  →即使是没做好，也不能失去干劲儿。
- ◆特徴　前項-「たとえ、仮に」などの副詞及び「いくら、いつ、どこ、誰、何」などの疑問詞

  後項-話し手の主張、判断、評判、納得できない持ち、非難など
- ◆解説　表示即使承认前项是事实，也会出现后面的情况。
- ◆注意　基本意思、用法与「～にしても」相同，但是更显生硬。惯用形式有副詞「いずれにせよ／しろ、なにしろ」等。「～にしろ～にしろ、～にせよ～にせよ」可以表示例示、并列。

N2　2.～にかかわらず、～にかかわりなく

- ◆接続　動詞る形＋かどうか、動詞る形＋動詞ない形

  名詞
- ◆理解　格助詞「に」＋動詞「関わる」のない形／ます形＋打ち消しの助動

詞「ず」/「なく」
- ◆意味 　〜に関係なく / 无论……、不管……
- ◆例文 　△ 晴雨にかかわらず試合は行われる。
    → 不管是刮风下雨，比赛照常进行。
    △ 出欠にかかわりなくご連絡ください。
    → 出席与否敬请告知。
    △ 親が賛成するかどうかにかかわらず、私はこの大学に入りたい。
    → 不管父母是否同意，我都要上这所大学。
- ◆特徴 　前項 -「年齢、性別、学歴」といった幅を持つ名詞や「男女、有無、国の内外」といった対立関係にある言葉や「〜かどうか、〜するしない」のような対立する二つのことがらを表す表現
- ◆解説 　表示和所示要素无关，不受其限制的意思。
- ◆注意 　相似形式还有「〜にもかかわらず」，不过「〜にもかかわらず」表示的是转折的意思，前项是一个既成事实。
    △ 謝ったにもかかわらず、彼女はまだ機嫌が悪い。
    → 我都道了歉了，但是她还是闷闷不乐。

N2　3.〜はともかく(として)

- ◆接続 　名詞
- ◆理解 　取り立て助詞「は」＋副詞「ともかく（兎も角）」(＋として)
- ◆意味 　〜は先に問題にしないで / 先不说……、……暂且不谈
- ◆例文 　▲ せっかく友たちに紹介してもらったが、家賃はともかく、学校からとても遠いので、浦和のアパートはやめることにした。（2009年真題）
    → 难得朋友给我介绍了浦和的公寓，但是先不说房租，因为离学校太远，所以决定放弃了。
    △ 友達はともかく、先生には絶対に言わないでください。
    → 朋友暂且不说，老师可是绝对不能告诉的。
    △ お金の問題はともかくとして、大事なのは時間があるかどうかということだ。

→ 先不说钱的问题，重要的是有没有时间。
- ◆解说　比较两个话题后先搁置前一个话题，优先考虑后一话题。一般来说后项比前项更重要。

N2　4. 〜もかまわず

- ◆接続　動詞、イ形容詞普通形＋の
  ナ形容詞語幹＋な/である＋の
  名詞（＋な/である＋の）
- ◆理解　極限を表す取り立て助詞「も」＋動詞「構う」のない形＋打ち消しの助動詞「ず」
- ◆意味　〜を気にしないで/不顾……、不分……
- ◆例文　▲だめだと言われても、どの町にも、所かまわず大通りを横断する人がいる。（2007年真题）
  → 即使是被提醒说不能这么做，但是哪个城市都有不分场所乱穿马路的人。
  △地下鉄の中であるのもかまわず大声で電話を掛ける人がいる。
  → 有些人在地铁中还大声打电话。
  △子供達は寒いのもかまわず雪の中で遊んでいる。
  → 孩子们不畏寒冷，在雪中玩耍着。
- ◆解说　不顾及一般来说需要注意的地方，无视这种情况做某事。
- ◆注意　惯用形式有「相手かまわず、あたりかまわず、ところかまわず、人目もかまわず」等，接在名词后面有时候可以省略「も」。

N2　5. 〜を問わず

- ◆接続　名詞
- ◆理解　格助詞「を」＋動詞「問う」のない形＋打ち消しの助動詞「ず」
- ◆意味　〜に関係なく/不问……、不管……、无论……
- ◆例文　▲社会にすこしでも還元し自分なりに奉仕する精神さえあれば、ボランティア活動は経験の有無を問わず、誰でも自由に参加できる。（2014年真题）
  → 只要具有为回报社会而贡献自身力量的这种精神，那么无论有

没有经验，任何人就都可以参与志愿者活动。

▲ ボランティア活動は経験の有無を問わず、誰でも自由に参加できる。（2012年真题）

→ 志愿者活动不论有没有经验，任何人均可自由参加。

△ その工場は昼夜を問わず生産を続けた。

→ 那个工厂不分昼夜连续生产。

◆特徴　前項－「年齢、性別、学歴」といった幅を持つ名詞や「男女、有無、国の内外」といった対立関係にある言葉

◆解説　表示后项的成立与前项没关系或不用考虑前项条件的限制。

◆注意　「～を問わず」只是假定的一个条件，并且强调条件的多样性。与「～にかかわらず、～にかかわりなく」的意思、用法大体一致。

N1　6.〜ならいざしらず

◆接続　動詞、イ形容詞、ナ形容詞普通形（＋の）

　　　　ナ形容詞語幹

　　　　名詞

◆理解　仮定を表す接続助詞「なら」＋感動詞「いざ」＋動詞「知る」のない形＋打ち消しの助動詞「ず」

◆意味　〜は別だが／如果……的话另当别论，但是……

◆例文　▲ 小学生ならいざ知らず、大学生になってまでそんなことをするとは信じられない。（2003年真题）

→ 如果是小学生还情有可原，都大学生了还说那种话真是让人难以置信。

△ やり方が知らないのならいざしらず、知りながらこんなミスをするなんて。

→ 不知道怎么做就算了，明明知道怎么做却还犯这样的错误。

△ ドラマならいざしらず、現実ではこんなことはありえないだろう。

→ 电视剧就不说了，在现实中这样的事情绝对不会发生。

◆特徴　後項－驚きや大変だという意味の表現が続くことが多い

◆解説　表示"如果是前项那另当别论，但是要是后项的话就……"这样排除

前项，同时强调后项的意思。前后项一般为「小学生－大学生、知らない－知る、ドラマ－現実」这样的对比表达。一般来说后项比前项更重要或程度更深，需要展开更多的描述，是更特殊的情况。

◆注意　是书面语表达形式。

N1　7.～（よ）うが～まいが、～（よ）うと～まいと

◆接続　動詞意向形＋よう

　　　　動詞る形；する→すまい；Ⅰ類動詞、Ⅲ類動詞（-i-る、-e-る、する、来る）のない形＋まい動詞る形／ない形＋まい

◆理解　動詞意向形＋接続助詞「が」／仮定を表す接続助詞「と」～打ち消しの助動詞「まい」＋接続助詞「が」／仮定を表す接続助詞「と」

◆意味　～ても～なくても／不管……还是不……

◆例文　△　彼が結婚しようが結婚しまいがあなたには何の関係もないだろう。

　　　　　　→他结不结婚都跟你没关系吧。

　　　　△　雨が降ろうと降るまいと試合は時間通りに行います。

　　　　　　→不管下不下雨，比赛都按时举行。

　　　　△　参加しようと参加しまいと知らせておかなければならない。

　　　　　　→不管是参加还是不参加都必须通知一声。

◆解説　接续同一动词意志形的肯定否定形式之后，表示不论是否进行该动作后项都会成立。

◆注意　是较生硬的口语形式。

N1　8.～をものともせず

◆接続　名詞

◆理解　格助詞「を」＋名詞「もの」＋格助詞「と」＋極限を表す取り立て助詞「も」＋動詞「する」の打ち消し形

◆意味　～を少しも恐れないで／不顾……、不把……当回事

◆例文　△　そのカメラマンは危険をものともせず、戦場に向かった。

　　　　　　→那个摄影师不顾危险赶赴战争现场。

　　　　△　彼は大雨をものともせず迷子になった子供を探している。

→ 他不顾大雨，继续搜寻着走失的孩子。

△ 彼女は親の反対をものともせず彼と結婚した。

→ 她不顾父母的反对，和他结婚了。

◆特徴　前項-「意見、期待、心配、反対、非難、批判、不安」といった人の態度、あるいは「ガン、怪我、病気」といった体の障害、「病気、雨、風」といった自然現象を表す言葉など

　　　　後項-主体の意志を表す表現

◆解説　虽然知道有危险或困难，但仍然毫不畏惧，勇敢面对。表达了动作主体的坚定意志。多含有对动作主体行为的赞赏语气。

◆注意　书面语，不能用于说话人自身的行为，即动作主体不能为第一人称。

N1　9. ～をよそに

◆接続　名詞

◆理解　格助詞「を」＋名詞「余所・他所」＋格助詞「に」

◆意味　～を自分と無関係のものとして／不顾……、不理会……

◆例文　△ 彼は周囲の反対をよそに、むりやり自分の提案を通そうとしている。

→ 他不理会周围的反对，想强行通过自己的提案。

△ 親の心配をよそに、彼女は一人で海外旅行に行った。

→ 她不顾父母的担心，一个人去国外旅游了。

△ 住民の不安をよそに、原発の建設が進められている。

→ 不顾居民的不安，核电的建设正在进行。

◆特徴　前項-「意見、期待、心配、反対、非難、批判、不安」といった人の態度を表す言葉など

　　　　後項-主体の意志を表す表現

◆解説　不考虑别人的态度和周围状况的情况而强行做某事，多伴随感叹、批判的语气。

◆注意　和「～をものともせず」的意思相近，但是二者接续的名词性质和说话人对动作主体的语气有所不同。

10. ～（よ）うが～（よ）うが、～（よ）うと～（よ）うと

- ◆接続　動詞意向形
- ◆理解　動詞意向形＋接続助詞「が」／仮定を表す接続助詞「と」
- ◆意味　～ても～ても／不管是……还是……
- ◆例文　△ 賛成しようが反対しようがあなたの自由です。
  → 不论是赞成还是反对，都是你的自由。
  △ 雨が降ろうがやりが降ろうが、会いに行きます。
  → 不管是刮风还是下雨，我都会去见你。
  △ 笑われようとバカにされようと自分の考え方を素直に表したい。
  → 不论是被冷嘲还是被热讽，我都要诚实地表达自己的看法。
- ◆特徴　前項 – 意見、行動を表す動詞が多い
  後項 – 意志、評価などを表す表現
- ◆解説　接续相反或相近意义的动词，表示不管哪种情况后项都依然成立的意思。

三十二、表示习惯、经验的表达

N2　1. ～ことになっている

- ◆接続　動詞る形、ない形
- ◆理解　形式名詞「こと」＋格助詞「に」＋動詞「なる」のている形
- ◆意味　～ことに決まっている／规定……、决定……
- ◆例文　△ このマンションではペットを飼ってはいけないことになっている。
  → 这座公寓规定不能养宠物。
  △ 今日は夕食の後、友達と花火をすることになっている。
  → 今天晚饭后要和朋友放烟花。
  △ 木曜日の会議は4時から開かれることになっている。
  → 周四的会议是4点开始。
- ◆特徴　前項 –「～してもいい、～してはいけない、～しなければならない」
  のような規則を述べる表現など
- ◆解説　是「～ことになる」的ている形，一般用于公司、学校等的规定，以

及习惯、计划等。这样的规定不是个人的决定，是多人集中讨论的结果或集体决定的、约定俗成的。
- ◆注意　与「～ことにしている」表达的意思不同，后者表示个人的决定、习惯等。

2. ～ことにしている

- ◆接続　動詞る形、ない形
- ◆理解　形式名詞「こと」＋格助詞「に」＋動詞「する」のている形
- ◆意味　～ことに決めている／決定……、一直……
- ◆例文　△ 仕事に遅れないように朝早く起きることにしている。
    → 为了上班不迟到，我每天早上都早起。
  △ 胃の調子が悪くなってからお酒を飲まないことにしている。
    → 胃出毛病之后，我一直都不喝酒。
  △ 面倒くさいから、朝食はパンだけですますことにしている。
    → 由于做饭太麻烦了，所以早饭我都是吃面包。
- ◆特徴　前項－意識的な動作；原因・理由など（先行文）
- ◆解説　是「～ことにする」的ている形，表示个人主观决定的事情一直持续的意思。一般表示自己的习惯或计划等。
- ◆注意　由于是自己做出的决定或习惯，所以一般不用于公事性场合。
    × 食券は販売機で買うことにしています。
    ○ 食券は販売機で買うことになっています。
      → 餐券是在售票机上买。

3. ～ようにしている

- ◆接続　動詞る形、ない形
- ◆理解　助動詞「ようだ」の連用形＋動詞「する」のている形
- ◆意味　～ことを意図して～をしている／尽量做到……、一直……
- ◆例文　△ 体にいいからと思って、緑の野菜を食べるようにしています。
    → 我觉得对身体好，所以青菜一直吃的很多。
  △ 病気にでもなったら困るから、日ごろ運動するようにしている。
    → 生病就不好了，所以我平时一直注意运动。

△ 父は年をとっているので、何事でもできるだけ心配させないようにしている。
→ 父亲年事已高，所以什么事情我都尽量不让他担心。
◆特徵　前項 – 普通は意志動詞が来る
◆解説　为了达到某个目标或因为某种情况而努力做某事，表示习惯性地放在心上、一直注意的事情。

三十三、表示限定、排除的表达

N2　1. ～きり / ～きりだ

◆接続　名詞
◆理解　限定を表す取り立て助詞「きり」（＋断定の助動詞「だ」）
◆意味　～だけで、～だけだ / 只……、只有……
◆例文　▲すぐぎょっとしてあたりを見回したが、われに返って自分一人きりなのに安堵して、いそいそと着物を着かえ始めた。（2006年真題）
→ 她吓了一跳，环顾四周发现只有自己一个人才放下心来，高兴地开始换衣服。
△ 入学して以来、故郷に帰ったのは一回きりだ。
→ 入学以来，只回过一次老家。
△ こんな経験は一度きりで十分だ。
→ 这种经历有一次就足够了。
◆特徵　前項 –「一人、一日」のような最小の数量など
◆解説　表示对数量、范围的限定。
◆注意　口语中有时使用「っきり」的形式。「～きり」还有经过、结果的用法，接在动词た形后面表示某个动作结束之后"就再也没有……"的意思。

N2　2. ～しかない

◆接続　動詞る形
　　　　名詞
◆理解　限定を表す取り立て助詞「しか」＋打ち消しの助動詞「ない」

三十三、表示限定、排除的表达

- ◆意味　～以外はない／只能……、只有……
- ◆例文　△ 責任はこちら側にあるのだから、謝るしかない。
    - → 责任在我们这边，所以只能道歉。
  - △ 収入が減る一方で、教育費などの支出は増えていくのだから、節約するしかない。
    - → 收入在减少，而教育费用等支出却在增加，所以就只有勤俭节约了。
  - △ 高山さんの提案には賛成しがたいが、ほかにいい提案がないから、賛成するしかない。
    - → 不太赞成高山的提案，但是没有别的更好的提案，所以只能赞成了。
- ◆解説　表示除此之外没有别的办法，含有不得不这么做的语气。
- ◆注意　经常用在口语会话中，比「～よりほか（に／は）ない」语气更委婉。

N2　3. ～に限って

- ◆接続　名詞
- ◆理解　格助詞「に」＋動詞「限る」のて形
- ◆意味　～の場合だけは／只限于……、只有……
- ◆例文　△ うちの子に限って、そんなことをするはずがない。
    - → 我们家孩子才不会做那种事。
  - △ あの先生に限って、学生を殴ったりはしないと思う。
    - → 唯有那位老师，不会做出殴打学生之类的事情。
  - △ 車を洗った翌日に限って雨が降る。
    - → 每次都是洗完车就下雨。
- ◆特徴　後項-否定、マイナス表現の場合が多い
- ◆解説　表示对熟知的对象或话题进行正面的描述，意为"只有……不会做出某种出格的行为"。或者在不应该出现某种情况的时候却出现了某种相反的负面后果，意为"(限于)偏偏不该……的时候却……了"。
- ◆注意　两种情况都是对名词的限定，与动词「限る」相关的句型「～限りだ、～限り（は）、～とは限らない、～ない限り、～に限って、～に限らず、～に限る、～の限り、～を限りに」都与「限る」表示的限

定意义密切相关。

N2　4. 〜ぬく

- ◆接続　動詞ます形
- ◆理解　動詞「抜く」
- ◆意味　最後まで〜する /……到最后、把……做完
- ◆例文　△ マラソンの途中はやめたかったが、頑張って最後まで走り抜いた。
  → 马拉松的途中想放弃，但是努力跑到了最后。
  △ これは考え抜いた決断だから、もう変わりはしません。
  → 这是我深思熟虑做出的决定，不再改变了。
  △ 彼は事件の裏の事情を知り抜いている。
  → 他熟知事件真相。
- ◆特徴　前項－動作、思考動詞などの場合が多い
- ◆解説　克服困难，把事情、动作做彻底、做到最后的意思。表示动作的程度之深
- ◆注意　慣用形式还有「生き抜く、頑張り抜く、困り抜く、悩みぬく、守り抜く」等。另外，与动词「抜く」相关的句型还有「〜抜きで（は）/〜抜きに（は）/〜抜きの /〜を抜きにして（は）」。

N2　5. 〜よりほか（に / は）ない

- ◆接続　動詞る形
- ◆理解　比較を表す格助詞「より」＋他（＋格助詞「に」/取り立て助詞「は」）＋ない
- ◆意味　〜以外に方法はない / 只有……、只好……、没有比……更好的了
- ◆例文　△ 終電はもう行ってしまったので、タクシーで帰るよりほかはなかった。
  → 末班车已经过了，只好打车回去了。
  △ 謝罪するよりほかなかった。
  → 没有办法只好道歉了。
  △ この道よりほかに近い道はないよ。

→ 没有比这条路更近的路了。
- ◆特徴　前項－そうなってしまった原因・理由など
- ◆解説　表示虽然不尽人意，但是由于没有其他办法也就只好这样做了。多含有无奈的语气。
- ◆注意　是书面语，口语中多用「～しかない」。

N1　6. ただ～のみ

- ◆接続　動詞る形

  イ形容詞辞書形

  ナ形容詞語幹＋である

  名詞（＋である）
- ◆理解　限定の意味を表す副詞「ただ」＋限定を表す取り立て助詞「のみ」
- ◆意味　ただ～だけ / 只有……、只是……
- ◆例文　△ 上の命令であれば、ただそれに従うのみだ。

  　　→ 如果是上头的命令的话只能遵守。

  　　△ クラス全員で賛成するのはただ二人のみだ。

  　　→ 所有班级成员中赞成的只有两人。

  　　△ 今できるのはただ手術の成功を祈るのみです。

  　　→ 现在能够做的只有祈祷手术成功。
- ◆解説　表示限定在一个对象或动作上。
- ◆注意　是较生硬的书面语表达。「ただ～のみならず［～も］」是其否定形式，表示不限于某个对象的意思。

N1　7. ～ならでは（の）

- ◆接続　名詞
- ◆理解　断定の助動詞「なり」の未然形＋接続助詞「で」＋取り立て助詞「は」（＋格助詞「の」）
- ◆意味　～に特有の、～でなければ不可能な / 只有……才有的……、独具……特色的……
- ◆例文　▲ 海に囲まれた島国ならではの豊かな海産物は日本料理にはなくてはならない存在です。（2008 年真題）

→ 日本料理中不可或缺的是那些只有被大海环绕的岛国才有的丰富的海产品。

▲ この地方の冬は厳しく、生活も大変だが、雪国ならではの冬の楽しみ方もある。（2005年真題）

→ 这个地方冬天寒冷，生活很不方便，但是也有雪国的独特乐趣。

△ これはあの鬼才ならでは書けない作品だ。

→ 这是只有那位文学奇才才能写出来的作品。

◆特徵　前項 - 高く評価できるもの

◆解説　表示此特色是该名词所独有的，包含很高的评价语气，含有对这种特色的自信和自豪。多用于公司的宣传、广告等。

◆注意　「名詞＋ならでは＋～ない」的表示"只有……才能够做到"的意思。

N1　8. ～ばそれまでだ

◆接続　動詞ば形

◆理解　仮定を表す接続助詞「ば」＋指示詞「それ」＋格助詞「まで」＋断定の助動詞「だ」

◆意味　～ばそれですべて終わりだ／要是……的话就完了

◆例文　▲ この内部資料は正に我々の切り札だから、ばれてしまえばそれまでだ。（2016年真題）

→ 这份内部资料是我们最后的王牌，泄露出去可就完了。

▲ 郵便局は民営化していないと言われればそれまでだが、料金においても努力することは大事だと思う。（2008年真題）

→ 要是说邮局没有民营化那就没什么可说的了，但是我认为在降低邮资方面下功夫是非常重要的。

△ どんな優れた才能を持っていても、それを発揮する場がなければそれまでだ。

→ 再有才，没有施展的地方也白搭。

◆特徵　前項 -「～ても、～ばそれまでだ」のように、前項は「～ても」の形で表れることが多い。

◆解説　在强调前项很突出、程度很高的同时也说明了一个很小的原因或缺乏必要的条件就可能导致所有的努力和成果付诸东流。也用于忠告、激

励对方的场合。

N1　9. ～まで(のこと)だ

- ◆接続　動詞る形 / た形
- ◆理解　格助詞「まで」(＋格助詞「の」＋形式名詞「こと」)＋断定の助動詞「だ」
- ◆意味　～するだけのことだ；～しただけのことだ / 大不了……、只有……、只是……罢了
- ◆例文　△ もし就職が決まらなくても、私は困らない。アルバイトで生活するまでのことだ。
  → 工作定不下来也没什么大不了的。不行就靠打零工生活。
  △ 誰も使い方を教えてくれなければ、自分で説明書を読むまでだ。
  → 没人教我怎么用也没关系，大不了自己看说明书。
  △ 私は率直な感想を述べたまでで、誰かを批判する意図はありません。
  → 我只是谈一下自己的感想罢了，并不是要批评谁。
- ◆特徴　前項-「～なければ、～なくても」などで示す先行動作(「～るまで(のこと)だ」の場合)
- ◆解説　「～るまで(のこと)だ」表示即使行不通也没关系，仍然还有「～る」这一办法。「～たまで(のこと)だ」表示动作仅仅限于「～た」这一单纯的动作本身，没有更深的含意。
- ◆注意　接续「る形」时和接续「た形」时二者的意思不同。

N1　10. ～をおいて[～ない]

- ◆接続　名詞
- ◆理解　格助詞「を」＋動詞「置く」のて形
- ◆意味　～以外に / 除……之外(没有)……、只有……
- ◆例文　△ この役を演じられる人は彼女をおいて他にいない。
  → 这个角色除了她之外没有人能演。
  △ 彼をおいてこの仕事に適任する者はいない。
  → 只有他才适合这项工作。

△ 心理学を勉強したいなら、あの大学をおいて他にいい大学はない。
→ 要是想学心理学，除了那所大学之外没有其他好学校了。
- ◆特徴　後項-「他にない」ような否定表現の場合が多い
- ◆解説　表示满足要求的对象仅限于此，除此之外没有更合适的对象的意思，强调对象的地位之高。

11. ～によらず

- ◆接続　名詞
- ◆理解　格助詞「に」＋動詞「よる」のない形＋打ち消しの助動詞「ず」
- ◆意味　～と関係なく／不问……、不管……
- ◆例文　△ 性別や年齢によらず、経験のある人が必要だ。
→ 不问性别和年龄，只要是有经验的人都可以。
△ 出身校によらず、教師の資格を持つことが唯一の条件だ。
→ 不问毕业院校，唯一条件是要有教师资格证。
△ 何事によらず、細心の注意を払わなければならない。
→ 凡事都要细心认真。
- ◆解説　表示后项不受前项条件的限制，与之无关，不受影响的意思。接在疑问词后面表示无论哪种情况的意思。
- ◆注意　惯用形式还有「見かけによらず」，表示与相貌不符、人不可貌相的意思。

三十四、表示原因、理由的表达

N2　1. ～あまり（に）

- ◆接続　動詞、イ形容詞普通形
ナ形容詞語幹＋な
名詞＋の
- ◆理解　程度が甚だしいことを表す副詞「あまりに」
- ◆意味　～過ぎるので、～という感情が強いため／因为太……了……、太……了，以致于……

◆例文　△ 試験の結果を心配するあまり、夜眠れなかった。

　　　　　→因为太担心考试成绩，以致于晚上觉都没睡好。

　　　　△ 合格の知らせを聞いて、彼女は嬉しさのあまり泣き出した。

　　　　　→听到考试及格的消息，她太高兴了，以致于都哭出来了。

　　　　△ 彼女は彼がもう結婚したと聞いて、驚きのあまり、声も出せなかった。

　　　　　→听到他已经结婚了的消息，她吃惊得说不出话来。

◆特徵　前項—「悲しみ、感激、気になる」など感情を表す言葉が多い

◆解説　表示前项的程度太强烈了，以致于出现了不一般的情况或产生了预想不到的结果。

◆注意　句末不能使用意志、希望、推量等表达。另外，「あまりにも～」是用来加强事物程度的表达。

N2　2.～以上（は）

◆接続　動詞、イ形容詞普通形

　　　　ナ形容詞語幹＋な／である／だった

　　　　名詞＋である／だった

◆理解　名詞「以上」＋は

◆意味　～だから当然／既然……就必须……

◆例文　△ 任せてくださいと言った以上、きちんとやらなければならない。

　　　　　→既然说了"交给我好了"就必须好好做。

　　　　△ 試合に出る以上勝ちたい。

　　　　　→参加比赛就想拿第一。

　　　　△ 学生である以上、勉強を第一にすべきだ。

　　　　　→是学生就必须把学习放在第一位。

◆特徵　後項—「～つもりだ、～てはいけない、～にちがいない、～はずだ、～べきだ」などの意志、義務、推量、働きかけ表現

◆解説　接在表示决定、准备、身份的词后面，表示"既然这么做了"的意思，后续对策、决心、义务、建议等表达。

◆注意　与「～上は、～からには」意思相同，是较正式的表达。

N2 3. ～上は

- ◆接続　動詞、イ形容詞普通形
  ナ形容詞語幹＋な / である / だった
  名詞＋の / である / だった
- ◆理解　名詞「上」＋は
- ◆意味　～のだから / 既然……就必須……
- ◆例文　△ やろうと決めた上はたとえどんな困難に遭ってもやり通すだけだ。
  →既然決定要做，不管会遇到什么困难都要做到最后。
  △ 実行する上は万全な準備が必要だ。
  →既然要实行，那就要做好充分的准备。
  △ こうなった上は私がすべての責任を負う。
  →到了这种地步，我会负全责。
- ◆特徴　後項-「～つもりだ、～てはいけない、～にちがいない、～はずだ、～べきだ」などの意志、義務、推量、働きかけ表現
- ◆解説　表示因为做了某个决定，既然到了这种地步，就必须要采取与之相适应的行动。
- ◆注意　与「～以上は、～からには」意思相同。另外，与「～上」相关的表达还有表示目的的「～上で」和表示前后、前提的「～た上で」，以及表示添加的「～上に」。

N2 4. ～おかげで / ～おかげだ / ～おかげか

- ◆接続　動詞、イ形容詞普通形
  ナ形容詞語幹＋な
  名詞＋の
- ◆理解　名詞「おかげ」＋断定の助動詞「だ」/ で
- ◆意味　～の助けや恩恵によって / 托……的福、多亏……
- ◆例文　△ あなたが手伝ってくれたおかげで、仕事が早くすみました。
  →多亏你帮忙，工作提前做完了。
  △ 君が余計なお世話をしてくれたおかげで、彼女に疑われた。
  →都怪你多事，我被她怀疑了。

△ 雨のおかげか、道はずいぶんきれいになった。

→ 可能是因为下了雨，路上干净了很多。

- ◆特徴　後項-過去のことや感謝の言葉が多い
- ◆解説　表示多亏了前项要素，产生了好的结果，含有感恩的语气。也用于帮了倒忙的场合，此时含有讽刺的语气。「おかげか」表示不确定的原因。
- ◆注意　提示导致坏结果的原因时用「～せいで」，但是「～せいで」不带讽刺语气。另外，「おかげさまで」一般用在句子开头，表示寒暄。

N2　5.～からには

- ◆接続　動詞、イ形容詞普通形

  ナ形容詞語幹、名詞＋である
- ◆理解　原因・理由を表す格助詞「から」＋には
- ◆意味　～のだから、当然～/既然……所以必须……
- ◆例文　△ 引き受けたからには責任を持ってやります。

  → 既然答应了，我就会负责做好。

  △ やるからには、最後までやらなければならない。

  → 既然要做就必须做到最后。

  △ 約束したからには守るべきだ。

  → 既然约定好了就必须遵守。
- ◆特徴　後項-「～つもりだ、～てはいけない、～にちがいない、～はずだ、～べきだ」などの意志、義務、推量、働きかけ表現
- ◆解説　以既成事实、计划为条件，后续与之相应的对策、决心、义务、建议等表达。表示由于这个原因理所当然地必须这么做的意思。
- ◆注意　后项表示坚持到最后，做到最后的意志性的情况较多。

N2　6.～ことから

- ◆接続　動詞、イ形容詞普通形

  ナ形容詞語幹｜な/である/だった

  名詞＋である/だった
- ◆理解　形式名詞「こと」＋原因・理由を表す格助詞「から」
- ◆意味　～が原因・理由で、～が由来となって/由于……、从……来看

◆例文　△　この現象は、一度に大量に買うことから「爆買い」と呼ばれている。

　　　　　　→从一次性大量购入这一点来看，这种现象被称为"爆买"。

　　　　△　お客様が多いことからこの店の人気の高さが分かった。

　　　　　　→由于食客众多，可见这家店的人气之高。

　　　　△　ちょっとしたことから喧嘩になってしまった。

　　　　　　→鸡毛蒜皮的事演变为争吵。

◆特徴　後項－「～と呼ばれる、～ことが分かった」など

◆解説　提示事物名称的由来或判断的依据。

◆注意　与「～ところから」的不同之处在于后者具有暗示还有其他理由的语气。

N2　7.～ことだから

◆接続　名詞＋の

◆理解　形式名詞「こと」＋原因・理由を表す接続詞「だから」

◆意味　～だから、きっと～／因为是……(的事情、情况)所以……

◆例文　△　A: 鈴木さん、まだ来ないなあ。

　　　　　　B: いつも遅く来る彼のことだから、今日も遅れるだろう。

　　　　　　→A: 铃木还不来啊。

　　　　　　　B: 他这样老迟到的人，估计今天也得晚到。

　　　　△　スポーツ万能な木村さんのことだから、参加しないわけがないだろう。

　　　　　　→木村是体育全能，不会不参加。

　　　　△　外国人のことだから、どう考えているかまったくわからない。

　　　　　　→因为是外国人，所以他们怎么想的完全不清楚。

◆特徴　前項－形容詞などの連体修飾成分＋人称代名詞／名詞

　　　　後項－「きっと、だろう」などの推量表現

◆解説　对具备该修饰成分所示性质的人或事物的评价，修饰成分是判断的重要依据。

◆注意　一般来讲，被修饰名词所具有的性质是说话人和听话人都知道的，或者是说出来之后听话人马上会产生同感的。

三十四、表示原因、理由的表达

N2　8. 〜せいだ／〜せいで／〜せいか

- ◆接続　動詞、イ形容詞普通形

  ナ形容詞語幹＋な

  名詞＋の

- ◆理解　名詞「所為」＋断定の助動詞「だ」／で／か
- ◆意味　〜が原因・理由で／因为……、都是……的原因
- ◆例文
  ▲ 寝る前にお茶を飲んだせいか、昨夜はなかなか眠れませんでした。（2003年真題）
    → 好像是由于睡前喝了茶的原因，昨天夜里怎么也睡不着。

  △ 子供の目が悪くなったのはテレビを見すぎたせいだと思います。
    → 我觉得孩子视力恶化是看电视看多了的缘故。

  △ まったくあなたのせいでこうなったの。
    → 都是你的错才弄成这样。

- ◆特徴　後項－否定、マイナス表現の場合が多い
- ◆解説　表示不好的原因，多包含非难、后悔、不快等感情。「〜せいか」表示不确定的原因。另外，「〜のは〜のせいだ」是先说结果，后追究原因的说法。「〜のせいにする」是"归咎于……"的意思。
- ◆注意　与「〜おかげで」等相比，后项一般是不好的结果。

N2　9. 〜(だ)からこそ

- ◆接続　動詞、イ形容詞、ナ形容詞、名詞普通形
- ◆理解　原因・理由を表す格助詞「から」＋強調を表す取り立て助詞「こそ」
- ◆意味　まさに〜から／正是因为……
- ◆例文
  △ あなたのためだと思っているからこそ、厳しく要求するのだ。
    → 正是为你着想才那么严格要求的。

  △ あの店は美味しいからこそ客がいっぱいなのだ。
    → 那家店的菜很好吃，所以人才很多。

  △ 友達だからこそ言えるけど、そうじゃなければ絶対に言わないよ。
    → 正因为是朋友才可以告诉你，否则的话我是绝对不会说的。

- ◆特徴　後項－「〜のだ」が来る場合が多い

- ◆解説　強調原因的说法。说明正是由于该原因才产生了后面的情况。
- ◆注意　一般不用于负面的、消极的强调。

N2　10.〜だけあって、〜だけのことはある

- ◆接続　動詞、イ形容詞普通形
  　　　　ナ形容詞語幹＋な / である / だった
  　　　　名詞、名詞＋な / である / だった
- ◆理解　限定を表す取り立て助詞「だけ」＋動詞「ある」のて形 / 格助詞「の」＋形式名詞「こと」＋は＋動詞「ある」
- ◆意味　さすが〜ので、それにふさわしく / 不愧是……所以……
- ◆例文　△ 王さんはさすがに10年も東京に住んでいただけあって、東京のことならなんでも知っている。
  　　　　→小王真不愧是在东京住过10年，东京的什么事都门儿清。
  　　　　△ ここは国内一の図書館だけあって、あらゆる分野の本がそろっている。
  　　　　→这里不愧是国内一流的图书馆，各个领域的图书一应俱全。
  　　　　△ そこは一ヶ月前から予約しておかなければならない。さすがに一流レストランだけのことはある。
  　　　　→那家饭店必须提前一个月预约。不愧是一级饭店。
- ◆特徴　前項－「さすが、確かに、やはり」などの副詞
  　　　　後項－肯定、プラス評価
- ◆解説　表示与前项所示的经验、地位、能力等相适应的积极的、正面的评价。
- ◆注意　后项不能为消极评价。

N2　11.〜だけに

- ◆接続　動詞、イ形容詞普通形
  　　　　ナ形容詞語幹＋な / である / だった
  　　　　名詞、名詞＋な / である / だった
- ◆理解　限定を表す取り立て助詞「だけ」＋格助詞「に」
- ◆意味　〜ので、それにふさわしく / 正因为……所以……
- ◆例文　△ 彼は以前勉強したことがあるだけに、スペイン語がぺらぺら話

せる。

→ 他不愧是以前学过西班牙语，说得很流畅。

△ 直美は若いだけに、走りが速い。

→ 直美就是年轻，跑得很快。

△ 森さんはプロの運転手であるだけに、道路に詳しい。

→ 小森是专职司机，对路很熟。

◆特徴　後項－評価や判断をいうことが多い

◆解説　表示由前面的理由或状况得出的与之相适应的结果。

◆注意　「～だけに」还可以表示与预想相反的、转折的意思，此时多和「かえって」连用。

△ このカバンは安いだけにかえって質はあまりよくない。

→ 这个包是便宜，但是质量却不太好。

N2　12. ～につき

◆接続　名詞

◆理解　接続助詞「につき」

◆意味　～のために／因为……、由于……

◆例文　△（店の張り紙）店内改装中につき、しばらく休業させていただきます。

→（店门口张贴的告示）由于本店装修，暂停营业。

△ 連休前につき、本日は3時まで営業いたします。

→ 连休前一天营业至3点。

△ 体調不良につき、参加をとりやめさせていただきます。

→ 由于身体不适，敬请允许缺席。

◆特徴　後項－許可を求める表現、知らせが多い

◆解説　对顾客或使用者等出示理由，用于展板、告示、书信等书面通知的正式场合。

◆注意　一般用于较正式的场合。「～につき」还有基准、参考的用法，表示数量之间的比例、分配关系。

N2 13. ～ばかりに

- ◆接続　動詞、イ形容詞普通形
  ナ形容詞語幹＋な／である／だった
  名詞＋である／だった

- ◆理解　限定を表す取り立て助詞「ばかり」＋格助詞「に」→ 接続助詞「ばかりに」

- ◆意味　～というだけの原因で／都是因为……、由于……

- ◆例文　△ 英語ができないばかりに、海外へ一回も出張したことがない。
  → 就因为不会英语，一次也没有去国外出过差。
  △ ガスを消すのを忘れたばかりに、火事を引き起こしてしまった。
  → 仅仅是因为忘记了关煤气，结果引起了火灾。
  △ 撮影に興味を持っているばかりに、しょっちゅうカメラマンとしてあちこちに行かされる。
  → 都是因为对摄影感兴趣，经常被派往各处充当摄影师。

- ◆特徴　後項－悪い結果、損失など

- ◆解説　表示仅仅是因为前项这一很小的原因却造成了很严重的后果。后项多为负面结果，暗含说话者的后悔、不满、惋惜等语气。也用于有时候本来是一件好事，但是反而招致了不好的事情发生的场合。

- ◆注意　会話中还使用「～ばっかりに」的形式。另外「～たいばかりに／～ほしいばかりに」表示都是因为想做什么或想要什么东西而造成了重大后果。

N2 14. ～もの／～もん

- ◆接続　動詞、イ形容詞普通形
  ナ形容詞語幹＋な／だった
  名詞＋な／だった

- ◆理解　終助詞「もの／もん」

- ◆意味　～ので／因为……嘛、由于……

- ◆例文　▲ A：「活動女優って面白いかい？」とオング君は聞きました。
  B：「だめさ。お金がないんだもの」と娘は答えました。（2010年真題）

→ A:"做电影演员好玩吗?"翁问道。

　　B:"不好玩,因为不赚钱嘛!"姑娘答道。

△ A: ダイエットしているのに、そんなにたくさん食べてもいいの。

　B: だって、美味しいもん。

→ A: 减肥还吃那么多,不好吧?

　B: 因为太好吃了嘛。

△ わたし、姉ですもの。弟の心配をするのは当たり前でしょう。

→ 我是姐姐,担心弟弟是理所当然的。

- ◆特徴　前項-個人的な理由、言い訳
- ◆解説　強調自己主张的合理性、正当性,含有说明、辩解的语气。接在敬体形式「~です/~ます」后是较有品位的说法,多为女性用语。
- ◆注意　非正式的口语表达形式。口语中还经常使用「~もん、~んだもん、~だって~んだもん」的形式,给人以撒娇、孩子气的印象。

N2　15.～ものだから

- ◆接続　動詞、イ形容詞普通形

  ナ形容詞語幹+な/だった

  名詞+な/だった
- ◆理解　形式名詞「もの」+原因・理由を表す接続詞「だから」
- ◆意味　～ので/因为……、由于……
- ◆例文　▲「父危篤すぐ帰れ」というメッセージが入ったものだから、慌てて新幹線に乗って帰ってきた。(2013年真題)

  → 收到了"父病危速归"的消息,所以急忙坐新干线回来了。

  △ その車はあまりにも手に入れたいものだから、つい借金をしてしまった。

  → 实在是太想要那辆车了,没办法,所以贷了款。

  △ A: どうして食べないの。

  　B: だって、まずいもんだから。

  → A: 为什么不吃?

  　B: 太难吃了嘛。
- ◆特徴　前項-程度が激しい重大な事態

後項 – 正当化した行動、判断
- ◆解説　表示原因，强调前项事态的程度比较严重，所以才做出了某种应对措施。由于将原因客观化，所以含有后项措施是正当、自然而然的含意。也用于句末，有时和「だって」连用暗含有反驳、争辩或申诉的语气。
- ◆注意　一般用于口语中，非正式场合还经常使用「～もんだから」。后项不能为意志性、命令性表达。
  × 遠いものだからタクシーで行こう。
  ○ 遠いからタクシーで行こう。
  → 太远了，打车去吧。

N1 16. ～こととて

- ◆接続　動詞、イ形容詞普通形
  ナ形容詞語幹＋な
  名詞＋の
- ◆理解　形式名詞「こと」＋原因・理由を表す接続助詞「とて」
- ◆意味　～ことなので / 因为……、由于……
- ◆例文　△ 子供のやったこととて、どうか大目に見てやってください。
  → 还是孩子，请您手下留情。
  △ 急なこととて、何のおもてなしもできなくて、申し訳ありません。
  → 您来的太突然，没能好好款待，实在是抱歉。
  △ 休み中のこととて、学生はなかなか捕まえないですよ。
  → 由于是假期，所以学生不好找。
- ◆特徴　後項 – 謝罪などの表現
- ◆解説　提示道歉和后项事件的原因、理由，请求对方原谅。
- ◆注意　是较生硬的正式表达。经常搭配的形式还有「慣れぬこととて、高齢のこととて」等。

N1 17. ～ではあるまいし / ～でもあるまいし

- ◆接続　名詞
- ◆理解　では / でも＋動詞「ある」＋否定の「まい」＋原因・理由の接続助詞「し」

三十四、表示原因、理由的表达

- ◆意味　～ではないのだから／又不是……所以……
- ◆例文　△ 子供ではあるまいし、そんないたずらはやめなさい。
  - → 又不是小孩了，别那么淘气了。
  - △ 先生ではあるまいし、試験にはどんな問題が出されるか分からないよ。
  - → 我又不是老师，考什么我怎么会知道。
  - △ 初めてのことでもあるまいし、緊張することはないよ。
  - → 又不是第一次了，不用紧张。
- ◆特徴　後項‐話し手の判断、主張、助言、忠告など；また否定の場合が多い
- ◆解説　要是前面的情况的话还好说，但是事实不是这样的，所以就不必或不能这么做。多表示自己的主张或对对方的安慰。
- ◆注意　是较陈旧的表达方式，一般用于会话中，不能用作正式的书面语。

N1　18. ～とあって

- ◆接続　動詞、イ形容詞普通形
  - ナ形容詞語幹
  - 名詞
- ◆理解　格助詞「と」＋動詞「ある」のて形
- ◆意味　～という状況なので、～ので／因为……、由于……
- ◆例文　△ 今年は冷夏とあって、ビールの販売量は例年よりかなり減ったそうだ。
  - → 据说今年夏天因为气温比较低，所以啤酒的销量比历年减少了不少。
  - △ 入学試験が近づいているとあって、図書館が人でいっぱいだ。
  - → 由于入学考试临近，所以图书馆爆满。
  - △ 人気俳優の出演とあって、切符ははやばや売り切れてしまった。
  - → 由于有人气演员参演，所以票很快就卖完了。
- ◆特徴　前項‐様子、状況表現の場合が多い
  - 後項‐話し手が観察したことを述べる場合が多い
- ◆解説　由于某个特殊的原因、状况而采取的应对措施或发生的事情，常用于

新闻报道。
- ◆注意　「～とあっては」表示假定出现了某种情况，后项为采取的措施。
　　△ 私の悪口をしたとあってはただではすまない。
　　　→ 要是真说了我的坏话可跟他没完。

N1　19.～ばこそ

- ◆接続　動詞ば形
　　　　イ形容詞語幹＋ければ
　　　　ナ形容詞語幹＋てあれば／ならば
　　　　名詞＋であれば
- ◆理解　用言のば形＋強調を表す取り立て助詞「こそ」
- ◆意味　まさに～から／正因为……才……
- ◆例文　△ あの会社は優秀な社員がいればこそ大いに発展してきたのだ。
　　　　　→ 因为有优秀的员工，那家公司才取得了如此大的发展。
　　　　△ 家族の支えがあればこそ仕事に専念できるのだ。
　　　　　→ 正因为有家人的支持，我才能够专注于工作。
　　　　△ 君のことを考えればこそそんなに心配しているのだ。
　　　　　→ 正是为你考虑才会这么担心的。
- ◆特徴　前項－状態表現の場合が多い
　　　　後項－「～のだ」などの結果表現と呼応することが多い
- ◆解説　表示正是因为这个理由的意思，是对原因、理由的强调。
- ◆注意　「～ばこそ」和「～からこそ」意思相同。但是前者稍显陈旧，只偏向于好的理由，后者也可以用于不好的理由。

N1　20.～ゆえ(に)

- ◆接続　動詞、イ形容詞普通形
　　　　ナ形容詞語幹＋な／である／だった
　　　　名詞＋(の)／である／だった
- ◆理解　名詞「故」＋格助詞「に」→ 接続詞「故に」
- ◆意味　～から、～のため／因为……的缘故、由于……的原因
- ◆例文　△ 経験が少ないゆえに失敗する場合が多い。

→ 因为经验不足而失败的情况也很多。

△ 貧しさがゆえに、大学に入られない高校生がまだいる。

→ 现在还有因为贫困的原因而无法上大学的高中生。

△ 海外生活に慣れないゆえ、留学を断念する学生もいる。

→ 有的学生由于无法适应国外生活而不得不放弃留学。

◆特徴　後項－否定、マイナス表現の場合が多い

◆解説　表示事物的原因、理由。

◆注意　较生硬的文语性表达。接名词的时候多用「名詞＋ゆえ（に）、名詞＋がゆえ（に）」的形式。有「それゆえ、それがゆえに」等惯用形式。

21. ～でもって

◆接続　名詞

◆理解　格助詞「で」＋動詞「持つ」のて形

◆意味　～で；それで／因为……；用……；然后……

◆例文　△ 地震でもって多くの人が死んだ。

→ 很多人死于地震。

△ 行動でもって成果を出したい。

→ 我要用实际行动取得自己的成果。

△ A：二人は喧嘩して、先生に叱られたよ。

B：でもって、それからどうなったの。仲直りした？

→ A：他们俩打架被老师老师批评了。

B：后来怎样了，和好了吗？

◆特徴　前項－原因、道具、及び前提を表す言葉

◆解説　表示该名词成为事件的原因，相当于表示原因、理由的格助词「で」。也可以用来表示方法、手段，相当于表示工具、手段的格助词「で」。还可以用于补充谈话内容，以前项为参考，使谈话继续发展下去，相当于接续词的「で」。

◆注意　一般用于较随便的会话中。另外，「～でもって」还有立场、角度的用法，相当于「として」的意思。

三十五、表示主题、话题的表达

N2　1. ～というと、～といえば、～といったら

- ◆接続　名詞
- ◆理解　格助詞「と」＋「言う」のと/ば/たら形
- ◆意味　～について考えてみると；その～は/说到……；你所说的……
- ◆例文　△ 日本といえば、私は桜を連想します。
  → 说到日本，我首先想到的是樱花。
  △ 一人暮らしの寂しさといったら、言葉では言い表せない。
  → 一个人生活的孤独是无法用语言形容的。
  △ A: 大学時代の鈴木先生、また結婚したって。
  　B: またというと、今度は3度目だよね。
  → A: 听说大学时候的铃木老师又结婚了。
  　B: 你说的又，这次是三婚了吧。
- ◆特徴　後項－話し手が浮かぶイメージ；確認内容
- ◆解説　将自己想到的或对方提出的内容作为话题提示出来，表达由之联想到的情况。也可以就对方说的内容是否与自己所想的一致进行确认。
- ◆注意　在表示确认的用法中，引用内容一般是原封不动地引用，也可以省略引用内容。如上例就可以直接使用「というと、今度は3度目だよね」。

N1　2. ～ときたら

- ◆接続　名詞
- ◆理解　格助詞「と」＋動詞「来る」の「たら形」
- ◆意味　～について言えば/说到……、说起……
- ◆例文　▲ あそこの家の中ときたら、散らかし放題で足の踏み場もない。
  （2013年真題）
  → 说起那边的家，屋子里乱七八糟的，连下脚的地方都没有。
  ▲ 家の弟ときたら、わがままでどうしようもない。（2011年、2017年真題）
  → 要说我弟弟啊，他任性得不得了。
  △ 夫ときたら、休みの日はゲームばかりしていて、ちっとも家事

を助けてくれない。
→说起我老公，放假的时候净是打游戏，家务上一点也不帮我。

- ◆特徴　前項－人称代名詞、名詞

  後項－「しようがない、～ない」などのような否定、マイナス表現の場合が多い
- ◆解説　「～ときたら」把具有特殊性质的人或事物作为话题提示出来进行说明，多伴随说话人的感情性主观评价，含有批判、不满、非难、感叹等负面语气。
- ◆注意　后项多为说话人的负面评价，这一点与其他提示主题的表达不同。

3. ～となると、～となれば、～となったら

- ◆接続　動詞る形 / た形

  名詞
- ◆理解　格助詞「と」＋「なる」のと / ば / たら形
- ◆意味　～のような特別なことは / 说到……、在……的情况下
- ◆例文　△ 海外旅行となると、いろいろ準備が必要だ。
  →说到国外旅行，必须事先做好各种准备。
  △ 契約を結ぶとなれば、必要な書類をそろえなければならない。
  →要是签约的话就必须备齐各种文件。
  △ クラシックなら少し知っているが、ジャズとなったら全く分からない。
  →古典乐还稍微懂点，爵士乐就一窍不通了。
- ◆特徴　前項－主題

  後項－主題に対する説明
- ◆解説　接在名词后面的表示主题的意思较强，表示说话人对该话题的本质的判断。
- ◆注意　表示话题的「～となると、～となれば、～となったら」后项不能用「～たい」等意志性表达。另外，需要注意与「いざ～となると / となれば / となったら」的区别，后者假定的语气强烈，强调条件的实现以及在该条件下出现的各种问题。

4. ～とは

- ◆接続　名詞
- ◆理解　格助詞「と」＋主題の「は」
- ◆意味　～は/……是……、所谓的……是……
- ◆例文　△ 爆買いとは、一度に大量に買うことを表す俗語である。
  → 爆买是一次性大量购买的俗称。
  △ 枕詞とは、主として和歌に見られる修辞で、特定の語の前に置いて語調を整えたり、ある種の情緒を添える言葉のこと。
  → 枕词是和歌中常见的一种修辞方式，用在特定的词语前面以调整语调或者增加某种特殊的情调。
  △ ねえ、AIってどういう意味？
  → 我说，AI是什么意思啊？
- ◆特徴　後項－「～ことだ、～ものだ、～という意味だ」など
- ◆解説　将某个名词作为主题提示出来，然后对其意义进行说明。
- ◆注意　非正式场合还可以写作「～って」。此外，「～とは」还有感慨、感叹的用法，此时可以放在句子的末尾。

5. ～におかれましては

- ◆接続　名詞
- ◆理解　格助詞「に」＋「置く」の受身形＋まして＋は
- ◆意味　～は/……是……
- ◆例文　△ 先生におかれましては、お変わりなくお過ごしのこととお喜び申し上げます。
  → 老师依然健康如故，我们倍感欣慰。
  △ 皆々様におかれましてはご健勝にお過ごしの由、お喜び申し上げます。
  → 闻悉大家身体康健，不胜欣喜。
  △ 会長におかれましては、弊社との協同開発にご尽力をいただき、誠にありがとうございます。
  → 会长您为了和弊公司的合作开发费尽心力，实在是不胜感激。
- ◆特徴　前項－目上の人を表す名詞

後項 – 感謝、健康状態などについての近況の尋ね
- ◆解説　接在身份地位比自己高的人称名词后面，询问其健康状况、近况，或表达问候、谢意。
- ◆注意　是非常正式的书信用语。

三十六、表示主张、强制的表达

N2　1.〜ことはない

- ◆接続　動詞る形
- ◆理解　形式名詞「こと」＋は＋ない
- ◆意味　〜する必要はない／用不着……、没必要……
- ◆例文　▲ たいした問題ではないのだから、悩むことはないと思います。（2003年真題）
　　　　　→不是什么大不了的问题，用不着苦恼。
　　　　△ 怖がることはないよ。鬼なんて、世の中にないから。
　　　　　→不用害怕，世界上根本没有鬼。
　　　　△ 私が悪かったけど、わざわざ人の前で話すことはないだろう。
　　　　　→是我不好，但是你也没必要在别人面前特意提起吧。
- ◆特徴　前項 –「なにも、わざわざ」などの副詞；思考、心理、行動を表す動詞。
- ◆解説　用于劝告对方没有必要做出过多的反应。
- ◆注意　有时候会从"没必要"的意思中派生出责难的语气。

N2　2.〜ざるをえない

- ◆接続　動詞ない形
　　　　する→せざるをえない
- ◆理解　打ち消しの助動詞「ず」の連体形「ざる」＋格助詞「を」＋動詞「得る」のない形
- ◆意味　どうしても〜しなければならない／不得不……、必须……
- ◆例文　△ 同僚が病気で休んだため、代わりに出張せざるをえなかった。
　　　　　→同事生病请假了，我只能替他去出差。
　　　　△ 上司の命令なら、嫌でもやらざるをえない。

→ 如果是上司的命令的话，即使不高兴也必须得做。

△ これだけ証拠があれば、彼も悪口を言ったこと認めざるをえないだろう。

→ 有这么多证据，估计他不得不承认说了我的坏话。

- ◆特徴　前項－行動を表す動詞
- ◆解説　动作执行者其实不想那么做，但迫于客观原因不可避免地、不得不做某事。
- ◆注意　多用于书面语和正式场合。

N2　3. ～ずにはいられない/～ないではいられない

- ◆接続　動詞ない形

　　　する→ せず

- ◆理解　否定の助動詞「ず/ない」＋には/では＋「いる」の可能形のない形
- ◆意味　どうしても～しないでいることはできない/不能不……、忍不住……
- ◆例文　▲ 聞かないほうがいいとは分かっていたが、私は聞かずにはいられなかった。（2015年真題）

　　→ 明明知道不问为好，但是我还是忍不住问了。

　▲ 大学の入学試験は人生を決める試練の場だから、わが子の将来を考えると、いくら準備したといっても、やはり心配せずにはいられない。（2013年真題）

　　→ 高考是决定人的一辈子的大事，虽说孩子准备得很充分，但是一想到孩子的将来，我还是不禁担心。

　▲ 人形浄瑠璃を偏愛している、といっても言い過ぎではない。偏愛せずにはいられないので、これからも研究、執筆は続ける。（2010年真題）

　　→ 对木偶净琉璃可以说是偏爱，正是出于这种无法割舍的偏爱，以后我会继续这方面的研究、创作。

- ◆特徴　前項－感情、思考を表す動詞
- ◆解説　表示身体上无法忍受或控制，看到事物的实际情况自然而然地做出某个动作或产生某种感情的意思。

◆注意　一般只用于主语为第一人称的情况，用于其他人称需要加上「ようだ、らしい、のだ」等表达。与「～ずにはいけない、～ずにはおかない、～ずにはすまない、～ずにはならない」进行区别时，可以着眼于句型中所否定的动词。

N2　4. ～というものだ、～というものではない/～というものでもない

- ◆接続　動詞普通形
  - ナ形容詞語幹
  - 名詞
- ◆理解　引用の助動詞「という」＋形式名詞「もの」＋断定の助動詞「だ」/ではない/でもない
- ◆意味　まったく～だ；～ではない/真是……；并非……
- ◆例文　▲ 真夏だからといって誰もいない部屋まで冷房をつけるなど、それこそ無駄というものだ。（2014年真題）
  - →虽然是大夏天的，但是没有一个人的房间也开着空调，这才是真正的浪费。
  - ▲ 誰もいない部屋まで暖房をつけるなど、それこそ無駄というものだ。（2012年真題）
  - →连没有人的房间都开着暖气，这纯属浪费。
  - △ 怪我は治ったが、出場できるというものではない。
  - →伤虽然好了，但是还不能上场比赛。
- ◆特徴　前項 - 主張、判断の内容
- ◆解説　「～というものだ」表示说话人就观察到的事实发表评论、感想。「～というものではない/～というものでもない」表示对某个主张或观点表示部分的否定，是一种委婉的否定形式。
- ◆注意　「～というものだ」是就现实表达说话人观点，没有过去形式。

N2　5. ～(ない)ことだ

- ◆接続　動詞る形/ない形
- ◆理解　形式名詞「こと」＋だ
- ◆意味　～した方がいい；～しない方がいい/需要……；不要……

◆例文　△　合格したければ、ちゃんと復習することだ。
　　　　　　→想及格就要好好复习。
　　　　　△病気のときは、ゆっくり休むことだ。
　　　　　　→生病的时候需要好好休息。
　　　　　△　痩せたければ、そんなにたくさん食べないことだよ。
　　　　　　→想减肥就不能吃那么多。
◆特徴　前項－望ましい結果のための行動
◆解説　表示说话人的主张，一般用来表达地位高的人对地位低的人的忠告、建议。
◆注意　「～ことだ」是口语表达形式，一般不能用于上级。此外，「～ことだ」还有表示感叹的用法。

N2　6. ～に決まっている

◆接続　動詞、イ形容詞普通形
　　　　ナ形容詞語幹＋（である）／だった
　　　　名詞＋（である）／だった
◆理解　格助詞「に」＋動詞「決まる」のている形
◆意味　きっと～だ／一定是……、肯定……
◆例文　▲　そんなことをされては誰だっていい気持ちはしないにきまっている。（2003年真題）
　　　　　　→被那么整，肯定谁都不会好受。
　　　　　△そんなにたくさん食べては太くなるに決まっている。
　　　　　　→吃那么多，一定会长胖。
　　　　　△一週間で原稿を完成するなんて無理に決まっている。
　　　　　　→一星期把稿子写完，肯定做不到。
◆特徴　前項－話し手が信じ込んでいること
◆解説　表示说话人很有自信的推测或断定。
◆注意　是口语形式。

N2　7.〜にほかならない

- ◆接続　名詞
- ◆理解　格助詞「に」＋他＋「なる」のない形
- ◆意味　〜以外のものではない/(不是别的)正是……、不外乎……
- ◆例文
  - △ 優勝できたのはチーム全員の努力の結果にほかならない。
    - → 能够获胜是全体队员们努力的结果。
  - △ 考えさせてくださいというのは、すなわち断るということにほかならない。
    - → "让我考虑一下"不外呼就是"拒绝"的意思。
  - △ 無事に卒業できたのは家族が支えてくれたからにほかならない。
    - → 能够顺利毕业正是由于有家庭的支持。
- ◆特徴　前項-そのような結果を導く原因
- ◆解説　表示说话人的判断、主张或解释，强调不是别的，正是前面所提示的要素引起了这样的结果。
- ◆注意　前面还可以接续「〜ということ」这样的引用形式以及「〜から、〜ため」这样的原因小句。

N2　8.〜べき(だ)、〜べきではない

- ◆接続　動詞る形
  - する→ するべき/すべき
- ◆理解　推量の助動詞「べし」の連体形＋断定の助動詞「だ」/ではない
- ◆意味　〜するのが当然だ；〜しない方がいい/应该……；不应该……
- ◆例文
  - ▲ そしてさらに驚くべきことは、日本の代表的な文芸評論家たちが、このことを明言していることである。(2009年真題)
    - → 而且更令人吃惊的是，日本的代表性文学评论家们已经对此做过明确表态。
  - △ 地下鉄やバスの中では、携帯電話で大声で話すべきではない。
    - → 在地铁和公交车上不能大声打电话。
  - △ 人に迷惑をかけたら、お礼を言うべきだ。
    - → 麻烦别人就应该道谢。
- ◆特徴　前項-そうすべき場面、前提など

◆解説　出于社会常识、道德共识、义务等应该或不应该做某事。用于对方的行为时多表示建议、劝告等意义。「～べきだった/～べきではなかった」表示对过去应该做（不做）某事的后悔、反省、不满等，意为"当时真应该……；当时真不应该……"。

◆注意　修饰名词时使用「～べき＋名词」的形式，表示"应该/必须……的……"的意思。惯用表达有「言うべきこと、帰るべき家、尊敬すべき人、恥ずべきこと」等。另外，法律或规则规定的行为应该用「～なければならない」。

×　海外旅行に行くときはパスポートを持って行くべきだ。
○　海外旅行に行くときはパスポートを持たなければならない。
　　→出国旅游的时候必须带护照。

N2　9.　～まい

◆接続　動詞る形
　　する→　すまい
　　Ⅰ類動詞、Ⅲ類動詞（-i-る、-e-る、する、来る）のない形＋まい

◆理解　意志・推量を表す打ち消しの助動詞「まい」

◆意味　～ないつもりだ；～ないだろう/不打算……；不会……吧

◆例文　▲　親を悲しませるような事はしまいと心に誓った。（2012年真题）
　　　　　→我发誓不做让父母伤心的事情。
　　　　▲　東京の大阪に対する反感はかくの如きものであるか。しかし、私はこれはあくまで将棋界のみのこととして考えたい。すくなくとも文壇ではこのようなことはあるまいと、考えたい。（2010年真题）
　　　　　→东京对大阪的反感会是怎样的呢？但是我希望这只是象棋界的事，至少文坛不会出现这样的情况。
　　　　△　あいつは真面目だから嘘をつくまい。
　　　　　→他很诚实，不会撒谎的。

◆特徴　前項-「決して、もう、二度と」などの副詞（否定の意志の場合）

◆解説　表示不做某事的强烈意志，或表示否定的推量。

◆注意　两种用法都是较生硬的书面语。「まい」用在句末表示否定的意志时只能用于主语是第一人称的情况。

N2　10.～ものか/～もんか

- ◆接続　動詞る形

  　　　　イ形容詞普通形

  　　　　する動詞語幹＋な

  　　　　名詞＋な

- ◆理解　形式名詞「もの」＋か

- ◆意味　絶対に～ない/絶不……、哪能……

- ◆例文　△ あんな嘘つきを2度と信じるもんか。

  　　　　　→ 再也不相信这种骗子了。

  　　　　△ それぐらいの困難で諦めるものか。絶対に合格してみせるよ。

  　　　　　→ 就这点困难哪能放弃，我一定考及格给你们看。

  　　　　△ A: 離婚してから寂しいでしょう。

  　　　　　　B: 寂しいものか。気楽でいいよ。

  　　　　　→ A: 离婚之后很孤单寂寞吧。

  　　　　　　　B: 哪里会寂寞。一个人很轻松，挺好的。

- ◆特徴　前項－「決して、絶対、2度と」などの副詞

- ◆解説　用反问的形式表达强烈的否定。表示再也不做某事的强烈意志；或与期待、意见完全相反的结果。

- ◆注意　一般为非正式用语，较礼貌的表达形式是「～ものですか」。

N2　11.～ものだ

- ◆接続　動詞る形、ない形

  　　　　イ形容詞辞書形

  　　　　ナ形容詞語幹＋な

- ◆理解　形式名詞「もの」＋断定の助動詞「だ」

- ◆意味　本来、一般に～だ/本来……、一般来说……

- ◆例文　△ お金を借りたら、すぐ返すものだ。

  　　　　　→ 借钱就应该还。

△ 目上の人に対して失礼なことを言わないものだ。
→ 不能对上级说失礼的话。
△ 物事はなかなか自分の希望通りにならないものだ。
→ 事物总是不往自己希望的方向发展。

◆特徴　前項‐社会、道徳公認的准则或共识
◆解説　从社会基本立场对事物本来的性质、倾向、道理、社会常识、道德约束等的描述。多表示提醒、忠告等意思。
◆注意　「～ものだ」还有回想、感叹的用法，表示禁止的有「～ものではない」。

N1　12.～言わずもがな

◆接続　名詞＋は
◆理解　「言う」のない形＋打ち消しの助動詞「ず」＋願望を表す終助詞「もがな」
◆意味　言うべきではない；言わない方がいい／不用说……；不说……为好
◆例文　▲ この問題は一年生は言わずもがな、三年生でも難しい。（2011年真題）
→ 这个问题别说一年级学生了，对于三年级学生来说都很难。
△ その映画は国内では言わずもがな、海外でも人気がある。
→ 不仅是国内，那部电影在国外也很受欢迎。
△ あんまり腹が立ったので、つい言わずもがなのことを言ってしまった。
→ 实在是太生气了，不由地说了不该说的话。

◆特徴　後項‐並列対象の添加
◆解説　表示前项自不必说，后项也满足句子要求。另外还有"不应该说……"的用法，此时一般不出现并列对象。
◆注意　古语的「～もがな」是表示愿望的终助词，表示"要是……多好"的意思。在现代语中保留「もがな」的惯用表达还有「あらずもがな(没有为好)」。

N1　13.～ずにはおかない／～ないではおかない

◆接続　動詞ない形
　　　　する→ せずにはおかない

◆理解　打ち消しの助動詞「ず／ない」＋には／では＋「置く」のない形
◆意味　必ず～する／不……就不行、必须……
◆例文　▲ ことに彼の匂うような美青年ぶりは、ほんの一挙手一投足でも、らちもない噂をさざ波のように立てずにはおかない。（2008年真題）
　　　　→特别是他这样的美男子，哪怕是举手投足，都会招致连绵不断的绯闻。
　　　△ 警察は犯人を逮捕しないではおかないと言っている。
　　　　→警察说不抓住犯人绝不罢手。
　　　△ その映画は、見る人を感動させずにはおかなかった。
　　　　→那部电影感动了每一位观众。
◆特徴　前項－行動、感情を表す動詞
◆解説　不这样做就无法放下，表示一种强烈的意志、心情等。以无生物做主语的时候多接感情动词，表示由此自然引发的某种心理状态。
◆注意　与「～ずにはいけない、～ずにはいられない、～ずにはすまない、～ずにはならない」进行区别时，可以着眼于句型中所否定的动词。

N1　14. ～ずにはすまない／～ないではすまない

◆接続　動詞ない形
　　　　する→ せずにはすまない
◆理解　打ち消しの助動詞「ず／ない」＋には／では＋「済む」のない形
◆意味　～ないでは許さない／不……就不算完、必须……
◆例文　▲ またしても現職大臣の汚職が発覚した。このままでは内閣が総辞職せずにはすまないだろう。（2002年真題）
　　　　→现任大臣的贪污事件再次爆出，再这样下去，内阁就只有集体辞职了。
　　　△ こっちが悪いから、謝らないではすまないだろう。
　　　　→是我们不好，必须道歉。
　　　△ 先生にあんなにお世話になったのだから、一言お礼を言わずにはすまない。
　　　　→给老师添了那么多麻烦，不道声谢怎么能行。

- ◆特徴　前項 – 行動を表す動詞
- ◆解説　从实际情况、社会常识或自己的心情来判断，不做某事就就解决不了问题。表示不可避免的行为或决定等。
- ◆注意　属于较生硬的表达。与「～ずにはいけない、～ずにはいられない、～ずにはおかない、～ずにはならない」进行区别时，可以着眼于句型中所否定的动词。

N1　15.～てしかるべきだ

- ◆接続　動詞て形
- ◆理解　て＋「然り」の連体形＋推量の助動詞「べし」の連体形＋断定の助動詞「だ」
- ◆意味　～のが当然だ／当然……、必须……
- ◆例文　△ 当局がなんの対応もしないから、批判があってしかるべきだ。
  　　　　→当局没有做出任何反应，所以当然会有批评的声音。
  　　　△ 状況が変わったのだから、会社の経営方針も見直されてしかるべきだ。
  　　　　→情况发生了变化，公司的经营方针也必须重新审视。
  　　　△ 今回の件は先方が謝ってしかるべきだ。
  　　　　→这件事应该对方道歉。
- ◆特徴　前項 – 当然すべき動作
- ◆解説　表示从实际情况或一般常识来看，那样做或发生那种的情况是理所当然的。
- ◆注意　「しかるべき」表示理所当然、应该的意思，还用作连体修饰语，意为"恰当的、与之相适应的"。如「しかるべき対策を立てる（制定相应对策）」。

N1　16.～でなくてなんだろう

- ◆接続　名詞
- ◆理解　でなくて＋何＋推量の助動詞「だろう」
- ◆意味　これこそまさに～である／不是……又是什么呢、这才是……
- ◆例文　△ 他人の作品を断らずに引用している。これが盗作でなくてなん

だろう。
→ 不声明一下就引用别人的作品，这就是剽窃。

△ 買わなければならないなんて、これが押し売りでなくてなんだろう。
→ 不买就不行，这不是强买强卖又是什么呢？

△ 彼女のためならなんでもする。これが愛でなくてなんだろう。
→ 为了她什么都可以做，这才是真正的爱。

- ◆特徴　前項‐嘆きや怒り、感動の対象；そう判断する根拠、前提など（先行文）
- ◆解説　用反问的形式强调肯定的意思，说明正是前项所述内容。多包含感叹、愤怒、感动等语气。
- ◆注意　一般用于小说、随笔等书面语中。

N1　17. ～べくして

- ◆接続　動詞る形

　　する→するべくして / すべくして
- ◆理解　推量の助動詞「べし」の連用形＋して
- ◆意味　～のは当然だ / 必然……、肯定会……
- ◆例文　△ 領土問題をめぐる紛争が長続きし、この戦争が起こるべくして起こったといえる。
→ 领土纠纷持续不断，可以说这次战争是必然发生的。

△ 2年間も準備してきた。試験は合格すべくして合格したのだ。
→ 准备了两年时间。考试当然会及格。

△ 訓練をあまりにも怠けるので、試合は負けるべくして負けた。
→ 平时训练太懒惰了，比赛注定会输。

- ◆特徴　前項‐動詞る形

　　後項‐同じ動詞のた形
- ◆解説　表示所预料、担心的事情实际发生了。
- ◆注意　「～べくして」是书面语。「～べく」、「～べくもない」的用法请参考相关条目。

N1　18. 〜を禁じえない

- ◆接続　　名詞
- ◆理解　　格助詞「を」＋動詞「禁じる」のます形＋動詞「得る」のない形
- ◆意味　　〜(という気持ち)を抑えることができない / 不禁……、忍不住……
- ◆例文　　△ 地震で家族を失った人たちに同情を禁じえない。
  → 不禁同情那些在地震中失去亲人的人们。
  △ 住民の反対を無視して軍事施設を強化しようとする政府のやり方に、怒りを禁じえない。
  → 对于政府不顾居民反对强化军事设施的做法深表抗议。
  △ 同級生と十年ぶりの再会で、涙を禁じえなかった。
  → 和老同学十年再会，忍不住流下了眼泪。
- ◆特徴　　前項－「怒り、苛立ち、驚き、悲しみ、同情、涙、〜の念、喜び、笑い」といった気持ちを表す言葉
- ◆解説　　看到事物的样子、情景后油然而生某种无法用意志控制的情绪。
- ◆注意　　多用于书面语和正式场合。

N1　19. 〜を余儀なくさせる、〜を余儀なくされる

- ◆接続　　名詞
- ◆理解　　格助詞「を」＋「ほかに方法がない」の意味を表す形容詞「余儀ない」の使役、受身形
- ◆意味　　しかたなく〜をするしかない /(迫不得已) 不得不……、只能……
- ◆例文　　▲ 思いがけないゲリラの反撃が政府軍の撤退を余儀なくさせた。（2013年真題）
  → 游击队出其不意的反击使得政府军不得不撤退。
  ▲ 両親の急病は一人っ子の彼に帰国を余儀なくさせた。（2011年真題）
  → 父母突然生病，他作为独生子只能回国。
  ▲ 当院長にセクハラの防止対策等改善を申しいれたが、何の改善も行われなかったため、周囲に対する誤解も解けず、退職を余儀なくされた。（2007年真題）
  → 对该院长提出了预防性骚扰的对策，但是他没有做出任何改善

措施。此举也导致人们的误解无法消除，所以他被迫辞职了。
- ◆特徵　前項‐行為を表す名詞。抵抗できない事情がその行為の原因になる。
- ◆解説　表示自然或环境等人的主观意志左右不了的客观情况导致人称主语没有别的办法，不得不这么做。
- ◆注意　「～を余儀なくさせる」是使役形式，表示客观情况等非人称代词主语迫使人称主语做某事；「～を余儀なくされる」是被动形式，表示人称主语迫于形势被动地不得不做某事。二者的主语是不同的。

20. ～ことになる

- ◆接続　動詞る形、ない形
- ◆理解　形式名詞「こと」＋格助詞「に」＋なる
- ◆意味　つまり～／也就是说……
- ◆例文　△ あいつが財布を忘れたから、結局私がご馳走することになった。
    → 那家伙没带钱包，只有我请客了。
    △ 春子は怪我したから、今日は休むことになるよ。
    → 春子受伤了，所以今天没来上课。
    △ 受賞者は一年生3人、三年生4人で、合わせて7人ということになる。
    → 获奖者一年级有3人，三年级有4人，也就是说一共有7人获奖。
- ◆特徵　前項‐判断、主張の原因、理由など
- ◆解説　由前提信息做出理所当然的判断或进一步指出事物的本质。
- ◆注意　「～ことになる」还有表示非个人决定的、客观结果的用法。「～ことになっている」表示规则、规定等。

21. ～のだ／～んだ

- ◆接続　動詞普通形
    ナ形容詞語幹＋な
    名詞＋な
- ◆理解　格助詞「の」＋断定の助動詞「だ」
- ◆意味　～ということである／……是……的
- ◆例文　△ 誰が反対しても、彼女と結婚するのだ。

→ 不管谁反对，我都要和她结婚。

△ どんな困難に遭っても頑張り続ける人が成功するのだ。

→ 不管遇到什么困难都一往无前的人一定会成功。

△ それぐらいのこと、君自身で決めるんだ。

→ 这点小事，你自己拿主意。

◆ 特徴　前項－話者の強い主張、決意
◆ 解説　用于说话人强调自己的主张或者表达自己的决心，口语中多使用「～んだ」。
◆ 注意　「～のだ／～んだ」还有说明、变换说法、理解领会等用法。

22.～はずだ、～はずの

◆ 接続　動詞、イ形容詞普通形

　　　ナ形容詞語幹＋な／である／だった

　　　名詞＋の／である／だった

◆ 理解　「当然」の意味を表す形式名詞「はず」＋断定の助動詞「だ」／の
◆ 意味　～のは当然だ／……是理所当然的、肯定会……
◆ 例文　▲ 消防当局の提供する避難期間に対する一通りの予備知識と、その知識から当然生まれるはずの信頼とをもっておりさえすれば、たとい女子供でも、そうあわてなくてすむわけである。(2010年真題)

→ 只要具有消防局提供的关于避难时间的一般知识以及由此产生的信赖关系，那么即使是女性，也不会那么慌乱。

▲ エサを充分に食べているので普通は体重が増えるはずだ。でもこの子ネズミの体重は減っている。何か異常があるに違いない。(2009年真題)

→ 吃的食物是足够的，所以一般来说体重也肯定会增加。但是这只小老鼠的体重却在减少。一定是发生了什么特殊情况。

▲ その夜は妹たちが学校からくるはずになっていたので、葉子はおばあさんの勧める夕飯も断わって夕方その家を出た。(2006年真題)

→ 妹妹们那天夜里肯定会从学校过来，所以叶子连奶奶推荐的晚

饭都拒绝了，傍晚的时候从家里出来了。

◆特徵　前項 - 事実や状況など。

後項 - 結果、逆接表現など。

◆解説　表示说话人基于某种客观原因的有把握的判断，结果一般是理所当然的。

◆注意　不能用于推测说话人本身的意志性行为、计划。

× 私は日本に行くはずだ。

○ 私は日本に行くつもりだ。

→ 我打算去日本。

日语专业八级考试对其他语法项目的考查

按照《日语专业八级考试大纲》的规定，日语专业八级考试的语法部分还要格助词、副词等起到一定语法作用或者与其他句子成分呼应起到一定语法作用的词类进行考查。综观2002—2017年日语专业八级考试真题，可以发现考查的重点在格助词、助动词、接续助词、被动态、现在时、形容词（イ形容词、ナ形容词）、副词、惯用句等。

格助词、助动词、接续助词等起语法作用的词汇在日语学习的初、中级阶段已经涉及很多；时态、语态等语法项目在日语语法学习的初级阶段也已经介绍完毕。同时，从2002—2017年的日语专业八级考试的真题来看，对形容词、副词考查得最多。所以为了做好日语专业八级考试语法部分的试题，最关键的是要补充一些专业八级词汇中的形容词、副词、惯用句。

由于语法部分对其他项目的考查牵涉词汇方面的内容较多，所以本书不做更进一步的分析。对语态、时态等语法项目也不做更深的讲解，读者可以参考相关词汇、语法书籍。下面参考历年专业八级考试的真题，按照词类的不同，对日语专业八级考试语法部分涉及的词汇方面的考查进行一个大概的讲解。

一、格助词

格助词是接在名词的后面，表示名词与谓语之间的关系的词类。格助词不能单独使用，也不能活用。现代日语中常用的格助词有9个，它们是「が、を、に、と、で、へ、から、まで、より」。

(1) 私は、美術や音楽に関する本を読むこともけっこうであろうが、それよりも、何も考えずに、たくさん見たり聞いたりすること＿＿＿第一だ、といつも思っています。(2010年真题)

  A. は   B. が   C. も   D. を

格助词「が」具有排他的意思，意为"……才是……"，与谓语呼应，表示满足谓语要求的仅限于前项。在(1)中，「～ことが～」表示满足后项要求的仅

限于前项事项的意思。句子整体是"我认为看一些美术、音乐的相关书籍虽然也是必要的，但是与之相比，什么也不想，多看、多听才是最重要的"的意思，所以 B 为正确选项，其他选项都不能表示排他的意思。

(2) お酒を飲む時、日本人はビール_____入り、焼酎やウィスキーなどだんだんアルコール度数を強めにしていくのです。（2009 年真题）

  A. が   B. から   C. に   D. を

格助词「から」具有时间、空间等事物的起点的意思，意为"从……开始"。在 (2) 中，与动词「入る」呼应，「～から～ていく」表示从某个起点向某个方向发展的意思。句子整体是"喝酒的时候，日本人从啤酒开始喝，然后喝烧酒、威士忌等，酒精度是逐渐增高的"的意思，所以正确答案为 B，其他三个格助词都不能表示起点。

(3) 言うすべもない混乱と疲れ_____、何ものも恐れぬ勇気を得ていた。(2008 年真题)

  A. で   B. から   C. を   D. と

与 (2) 相同，(3) 中也是表示起点的意思，「～から～を得る」表示"从……获得……"的意思。句子整体意为"从无以言表的混乱和劳累中，我得到了无所畏惧的勇气"，所以正确答案为 B，其他选项都不能表示起点。

(4) いずれの社会においても、個人の社会生活は、目_____見えない網のように張り巡らされた複雑なシステムの中で行われている。(2007 年真题)

  A. も   B. に   C. の   D. が

「目に見える」是"能够映入到眼睛中的，眼睛能够看到的"的意思，此时格助词「に」表示事物的到达点。(4) 整体意为"在任何社会中，个人的社会生活都是在一个眼睛看不到的、复杂的网络中进行的"，所以正确答案为 B，其他三个格助词都不能表示到达点。

二、助动词

助动词可以接在动词、形容词、名词等后面，形成复杂的谓语。大部分助动词都有活用形式，也有部分助动词没有活用形式。助动词有表示推测、推量的「だろう」、「かもしれない」、「ようだ」，表示评价的「べきだ」、「ものだ」，表示说明的「のだ」、「わけだ」等。

本书对句型表达的分类涉及的助动词有表示推测、推量的「のだろう」，表示主张、强制「べき（だ）、べきではない」、「まい」、「べくして」等。下面是日语专业八级考试真题对表示推测、推量的助动词「そうだ」的考查。

(5) 会議の直前で発表用のUSBを無くしたなんて、いかにも彼の_____ことだ。
    (2015年真题)
    A. やりたい　　B. やるべき　　C. やるらしい　　D. やりそうな

(6) 帰国する日にパスポートをホテルに置き忘れてくるなんて、いかにも彼の_____ことだ。(2014年真题)
    A. やるべき　　B. やるべく　　C. やるそうな　　D. やりそうな

助动词「そうだ」有两种用法，一种用法是接在用言的普通形后面表示传闻。即从别人那里听到的或从书上看到的事情。常和表示信息来源的副词「～によると」、「～の話によると」等连用。另一种用法是接在用言的连用形后面表示样态，即说话人根据自己的所见所闻而做出的判断。

(5)和(6)都是「そうだ」表示样态的用法，此时副词「いかにも（如何にも）」相呼应形成「いかにも一そうだ」的形式，表示根据推测确实是这样的意思。(5)意为"马上开会了，竟然能把发言用的USB弄丢，这真是他能干得出来的"，(6)意为"在回国那天居然把护照忘在宾馆，这真是他能做出来的事"。其他三个选项中的助动词接续相应的动词形式都不能表示样态的意思，所以两题的答案均为D。

三、接续助词

接续助词是接在从句后面表明从句和主句之间的关系的词类。主从句之间的逻辑关系不同，所选择的接续助词也不同。根据性质和功能的不同，接续助词可以分为表示条件的「と」、「ば」、「たら」、「なら」；表示原因、理由的「から」、「ので」、「ため」等；表示转折的「が」、「けれど」、「のに」等；表示同位关系的「けれど」、「が」、「し」等。

本书对句型表达的分类涉及的接续助词有表示确定条件的「つつ（も）」、「ものの」、「ものを」，表示瞬时、同时的「なり」，表示添加、不限的「どころか」等。

(7) いますぐじゃないとだめだとまでは_____、「善は急げ」ですよね。(2016年真題)

　　A. 言わなく　　　B. 言わないが　　　C. 言っても　　　D. 言いたいが

　　(7) 考查的是表示转折、让步的接续助词「が」，但是也涉及表示程度的提示助词「まで」，「～まではーないが」表示"虽然不……但是……"的意思。句子整体意为"虽然不说是'不马上做就不行'，但是'好事要趁早'啊"，主从句为转折关系，所以正确答案为 B。

(8) 甲：今日は遅いですね。どうしたんですか。

　　乙：いやあ、朝_____、9時だったんですよ。びっくりしました。(2009年真題)

　　A. 起きると　　　B. 起きれば　　　C. 起きるなら　　　D. 起きたら

　　「～たら」表示的是特定的、一次性的确定条件关系，强调前提条件实现后出现的结果，后项可以出现意志、希望、命令、请求等表达。

　　「～たら」还可以表达事实条件，表示前项动作发生之后发生了后项这一客观事实，后项一般用过去时。表示以前项事件的发生为契机，发生了后面的动作。(8) 意为"甲：今天来晚了啊，怎么回事啊？乙：别提了，早上一起来发现都9点了，吓了我一跳"，正确答案为 D。「と」、「ば」、「たら」、「なら」之间存在如下不同：

　　「～と」表示恒常的、反复的客观相关关系，可以用来表示自然现象、习惯、机械设置的功能等。后项不用意志、希望、命令、请求等表达。

　　「～ば」表示一种水到渠成的一般法则，只要具备了前项条件一般就会……，后项不能出现意志、希望、命令、请求等表达。和「～と」表示的客观、事实条件不同，「～ば」表示的是理论上的讨论，是一种假定条件。「～ば」表示要想使后项成立就要满足前项的条件，所以注重前提条件的实现，表达的焦点也在前项，含有"不这样做就实现不了……"的意思。另外，由于期待条件实现后能带来好的结果，所以后项一般表达的是希望出现的状况。「ば」与「さえ」连用表示使后项成立最低条件。「～ば」还可以表示与事实相反的条件。

　　「～なら」承接说话人的话，以此为话题(前提条件)展开叙述。也可以是纯粹地由说话人自己设定话题展开叙述。「～なら」接た形和词典形都可以，接た形表示的时间先后关系为前项→后项，接词典形可以表示后项→前项的顺序。

这些是与「～と」、「～ば」、「～たら」不同的。另外，「～と」、「～ば」、「～たら」表示的前后项有相关关系，而「～なら」表示的前后项关系比较自由，后项也可以出现意志、希望、命令、请求等表达。

因为「～たら」的后项可以出现意志、希望、命令、请求等表达，使用范围较广，除了「～なら」表示接过对方的话并设为主题展开讨论的用法不具备外一般都可以用。

四、时态

日语的基本时态包括过去、现在、将来三种。动词的た形一般表示过去、完了的意思，表示回想、发现时也可以用た形。る形一般表示非过去，即现在、将来的意思。

ている形表示动作、事态的继续、状态的持续、习惯、经验、经历等。ていた形表示过去的一段时间进行的动作或存在的状态。

(9) a. 私は今教室にいる。これから図書館に行く。/ 我现在在教室，等会儿要去图书馆。（现在、将来）

　　b. 昨日も図書館へ行った。/ 我昨天也去了图书馆。（过去）

　　c. 鈴木さんは今図書館で勉強している。/ 铃木现在在图书馆学习。（现在进行的动作）

　　d. 最初は日本語が難しいと思っていた。/ 开始我一直以为日语很难。（过去的状态）

下面是日语专业八级考试对日语的时态进行考查的试题。

(10) 私が入って行くと、こう言われた。「どうも私は障子を半分張りかけて置くのは嫌いだから、失礼ですが、張ってしまうまで話しながら_____。」
(2010年真题)

　　A. 待っていてください　　　B. 待っておいてください
　　C. 待ってください　　　　　D. お待ちしてください

(10) 表示"我一走进去，他就对我说：'我不喜欢把拉门的纸糊到一半就放在那里，所以不好意思，请你边和我说话边等我把纸糊完'"的意思。强调"在我糊的这一段时间内"的意思，所以要有动词的ている形，同时后面接续表示命令的「～てください」，所以正确答案为A。B中的表示"事先做好、准备好"

的意思；B只是"请稍等"的意思，没有突出状态性与句中的「張ってしまうまで」这一要求时间段的表达不相符；D的表达有误，正确的表达方式是「お待ちください」。

(11) 人気俳優の水鳩ヒロと、人気シンガー・ソングライターの絢香が結婚＿＿＿＿＿＿＿＿ことが2日、分かった。水鳩の誕生日の13日に結婚届を提出する予定だ。(2009年真题)

  A. していた B. している C. した D. する

  (11) 的意思是"2号我们得到消息说人气演员水嶋宏和人气原创歌手绚香将要结婚，他们计划在水嶋生日那天也就是13号提交结婚申请书"。从时间的先后关系来看，二人计划在13号提交结婚申请书，也就是说说出这句话的时间是在13号之前，此时他们还没有正式结婚。所以要用动词的る形表示一个将要进行的动作，正确答案为D。注意(11)中还包含了「～ことが分かる」这样的惯用形式，表示"可以发现、得知"的意思。

五、语态

  语态是指与事态相关的人或名词是由什么样的动词形态、何种句子成分表达出来的语法范畴。日语的语态包括主动态、被动态、使役态、被役态，它们对应的句子分别是主动句、被动句、使役句、被役句。

  主动句即一般的句子形式，是与被动句相对的。主动句是由动作的施事者充当が格名词(主语)的，而被动句需要在动词词干后面加上 -(r)a-re-ru，同时由动作的承受者充当主语。使役句是在动词的词干后面加上 -(s)a-se-ru，表示一个动作主体受到另一个动作主体的影响而去做某事的意思。被役句是使役和被动共同起作用的句子，表示动作主体的意向不被考虑，动作主体不是自愿的而是被强迫做某事。此时，做出强制的一方用に格来表示。被役形是将动词先变为使役形，然后将动词的使役形变为被动形，即实际上是在动词的词干后加 -(s)a-se-ra-re-ru。

(12) a. 先生は学生たちを褒めた。/ 老师表扬了学生。(主动句)

  b. 学生たちは先生に褒められた。/ 学生被老师表扬了。(被动句)

  c. 先生は学生たちに作文を書かせた。/ 老师让学生写作文。(使役句)

  d. 学生は先生に作文を書かされた。/ 学生被老师逼着写作文。(被役句)

下面是日语专业八级考试对日语的语态进行考查的试题。

(13)「藤本君、きみ、また北海道に出張なんだって？」
　　「ええ、そうなんですよ。つい先週も出張に_____なんですけどね。」(2014年真题)

　　A. いかれたばかり　　　B. いかれたまま
　　C. いかされたばかり　　D. いかされたまま

接续动词的た形,「ばかり」表示动作刚刚结束,「まま」表示保持动作原封不动,这种状态还在持续的意思,此时二者都是表示过去的意思。(13)表示"藤本,听说你又要出差去北海道了""是啊,上周刚(被派去)出差过",出差的动作已经结束,所以不能使用「まま」的形式。A和B是动词「行く」的被动形式,C和D是其被役形式。此处动作主语为"我"即"藤本",所以应该使用被役态。表示自己是否想去出差这一主观意志被忽略,被"强行"派去出差的意思,正确答案为C。

(14) 阿倍仲麻呂の帰国にあたって、詩聖と_____王維は惜別の詩を詠いました。(2011年真题)

　　A. 称した　　B. 称された　　C. 称させられた　　D. 称しえた

四个选项中A是主动态的过去形,选A的话意为"自称诗圣的王维"的意思。B是被动态,是指"别人、大家称他为诗圣",选择被动形式也符合史实。C是被役态,此句没有被迫、强制的意思,所以C不正确。D中的「一得る」是"可以……"的意思,表示根据状况判断可能性,不用于单纯表示能力的表现。所以正确答案为B,意为"在阿倍仲麻呂回国之际,被称为'诗圣'的王维写了一首惜别的诗"。

六、形容词

形容词是用来描述事物性质的词类。形容词修饰名词时有的以イ结尾加名词,这样的形容词称为イ形容词;有的以ナ结尾加名词,这样的形容词称为ナ形容词。

形容词有放在名词前修饰名词的连体形用法,放在句尾描述事物性质的终止形用法和修饰动词的连用形用法。其中连用形用法具有和副词相似的性质,但是不是副词。

日语专业八级考试对形容词的考查相对较多,主要是对ナ形容词的考查。以下是历年真题对形容词的考查情况。

(15) 学校前の止めてはいけないところに無断駐車するなんてまったく_____。(2016年真題)

　　A. べからざることだ　　　　B. いかがのことだ
　　C. もってのほかだ　　　　　D. 禁じえないことだ

(16) 止めてはいけないところに無断駐車するなんてまったく_____。(2015年真題)

　　A. いかがのことだ　　　　　B. 禁じえないことだ
　　C. べからざることだ　　　　D. もってのほかだ

　　ナ形容詞「もってのほか(以ての外)」是"荒唐、毫无道理、令人不能容忍"的意思，上面两个句子意为"在(学校门口)不准停车的地方乱停车，真是令人不能容忍"。所以「もってのほか」为正确答案。

　　由于「べからざる」是表示禁止的助动词，前面必须接续有动词，而句子中缺少动词所以选项「べからざることだ」不正确。「いかが」是询问、不确定的意思，在这里与句子中表示确定感情的「なんて」、「まったく」等表达相矛盾，所以选项「いかがのことだ」不正确。「禁じえない」前面接续「怒り、苛立ち、驚き、悲しみ、同情、涙、～の念、喜び、笑い」等表示思想感情的名词，并且需要格助词「を」来接续这些名词。此处没有相应的名词，所以该选项也不正确。

(17) 彼がそこへ行ったという事実は_____で、疑うべくもない。(2004年真題)

　　A. 明朗　　　B. 明晰　　　C. 明確　　　D. 明白

　　句子意为"他去过那里这个事实很清楚，没有怀疑的余地"。四个选项的词形、词义都比较相近，都可以用作ナ形容词或名词。「明朗」是"(性格)开朗；公开、透明"的意思；「明晰」是"清晰"的意思，一般指事物的条理性、逻辑性；「明確」是"准确、明了"的意思，一般指清晰度；「明白」是"明显、清楚"的意思，一般指事物的真伪。从句子的整体意思来看，正确答案应该为D。

(18) 消費者の反応は_____で、商品についての特別な意見はなかった。(2002年真題)

　　A. まちまち　　B. ぼつぼつ　　C. ちやほや　　D. むちゃくちゃ

　　「まちまち(区々)」是ナ形容词，"形形色色、各不相同"的意思；「ぼつぼつ」是副词，"慢慢、一点一点地"的意思，主要用来修饰动词；「ちやほや」是副词，意为"吹捧、宠爱"，可以修饰动词，也可以加上「する」用作动词；「むちゃくちゃ(無茶苦茶)」是ナ形容词，"乱七八糟；过度、非常"的意思，

形容事物的状态、话语的逻辑，或者动作的程度。只有 A 符合题意，此时用作对事物性质的描述，(18) 意为"消费者对产品的反应各不相同，没有什么特别的意见"。

(19) 失敗を重ねても、いっこうに気にする様子はない。あいつは実に_____男だ。(2002 年真题)

  A. あっけない   B. くすぐったい

  C. しぶとい   D. すばしこい

  四个选项都是形容词，用作连体修饰语修饰名词。「あっけない（呆気ない）」是"简单的、没意思的、没劲儿"的意思；「くすぐったい（擽ったい）」意为"发痒；不好意思、难为情"；「しぶとい」是"顽强、倔强"的意思；「すばしこい」意为"敏捷、灵活"；句子整体意为"屡遭失败但是完全不介意，他真是个顽强的家伙"，正确答案为 C。

七、副词

  副词用来修饰动词、形容词、其他副词，表示动作、状态的情形、程度、说话者的感受等。副词没有活用。

  副词可以分为表示动作、状态的情形的状态副词；表示量或程度的程度副词，表示说话人感受，与后项动词、助动词等相呼应的诱导副词等。广义的副词还包括拟声拟态词。

  与其他词汇性表达相比，日语专业八级考试对副词考查得最多，所以在平时的学习中一定要注意副词的积累。

(20) 彼に会うたびに、当時の士気高揚振りが_____のように思い出される。(2016 年真题)

  A. いまさら B. いましか C. いまでも D. いままで

  表示"每次见到他，都会重新感受到当时他那高扬的士气"的意思。副词「いまさら（今更）」是"重新、再次"的意思。没有「いましか（今しか）」是由名词「いま」和表示限定的提示助词「しか」临时组成的，是"只有现在"的意思，后面必须与否定表达相呼应。「いまでも（今でも）」是"即使是现在"的意思，「いままで（今まで）」是"截至现在"的意思，二者一般需要直接和后面的动词相呼应，后面不能接续连体形的。所以正确答案为 A。

(21) 努力して合格できなかった＿＿＿＿＿＿、最初から諦めるなんて情けないと思わないか。(2016年真題)

　　A. からつけても　　　　　B. からむりでも
　　C. ならいえども　　　　　D. ならまだしも

(22) 努力して合格できなかったなら＿＿＿＿＿、最初から諦めるなんて情けないと思わないか。(2015年真題)

　　A. まだしも　　B. いえども　　C. つけても　　　　D. とはいえ

　(21) 和(22) 题是重复的题目，意为"努力了没有及格那还好说，从开始就放弃不觉得遗憾吗"。副词「まだしも（未だしも）」和表示假定的「なら」连用表示"如果……的话还算……"的假定的意思。「から」表示原因，不能和表示转折的「つけても」、「むりでも（無理でも）」直接连用，「いえども（言えども）」需要以「～といえども」的形式使用，并且和「～とはいえ」一样，不能直接接续表示假定的「なら」。所以上面两题的答案分别是 D 和 A。

(23) 仕事を途中で投げ出すなんて、＿＿＿＿＿＿無責任だと言われた彼のやりそうなことだ。(2006年真題)

　　　A. よほど　　　B. およそ　　　C. さほど　　　　D. いかにも

　在「いかにも～そうだ」这个搭配中，2002—2016真题对助动词部分考查过两次，(23) 是对副词的考查，意为"工作做到一半就丢下不管，这也真是他这种不负责任的人能干得出来的"。诱导副词「いかにも（如何にも）」是"实在是、确实是"的意思，「いかにも～そうだ」表示根据推测确实是这样的意思。四个选项中只有 D 才能和表示样态的「そうだ」连用。其余三个选项都是程度副词，「よほど（余程）」是"相当、分外"的意思；「およそ（凡そ）」表示大致的程度或一般的情况，"大约、大概；一般来说"的意思；「さほど（然程）」是"(不是) 那么地……"的意思。

(24) 二人はよく似ているので、＿＿＿＿＿＿兄弟かと思っていたら、仲のいい友達だった。(2005年真題)

　　　A. きっぱり　　B. くっきり　　C. しっかり　　　　D. てっきり

(25) 短編集だと書いてあるので、＿＿＿＿＿小説だと思って買ってきてしまった。(2004年真題)

　　　A. きっぱり　　B. てっきり　　C. はっきり　　　　D. くっきり

(24) 和 (25) 是对诱导副词「てっきり」的考查，「てっきり」是"一定、无疑"的意思，修饰动词「思う」表示"毫无疑问地认为……"。(24) 意为"因为他们两个长得很像，所以完全认为他们是兄弟俩，谁知道他们只是好朋友"，(25) 意为"因为上面写着'短篇集'，所以毫不怀疑地认为是小说买了回来"。「きっぱり」表示"断然、干脆、果断"的意思；「くっきり」意为"鲜明地、显眼地"；「しっかり」表示"好好地；稳固地；可靠地"的意思；「はっきり」意为"清楚地；鲜明地"。根据句子表达的意思，(24) 和 (25) 的答案分别为 D 和 B。

(26) うちの子は運転が乱暴で、事故を起こすのではないかと私はいつも_____している。(2005 年真题)

　　A. おどおど　　B. しみじみ　　C. はらはら　　D. ぼつぼつ

　　四个选项都是拟态词，属于副词范畴，句子意为"我们家孩子老是粗暴驾驶，我总提心吊胆的，生怕他出什么事"。「おどおど」是"(因为不安、害怕、自信心不足等) 忐忑不安、提心吊胆"的意思；「しみじみ」是"深切、痛切 (感受到)"的意思；「はらはら」是"捏一把汗、提心吊胆"的意思，是对事物进展过程的担心；「ぼつぼつ」是"一点一点、慢慢 (进行)"的意思。故正确答案为 C。

(27) 会社に入って半年は大変なことも多かったが、このごろ_____慣れてきた。(2005 年真题)

　　A. ようやく　　B. とにかく　　C. ついに　　D. ついでに

　　「ようやく（漸く）」表示"虽然有点迟，但是期待的事情还是最终实现了"的意思，一般与肯定谓语呼应；「とにかく（兎に角）」是"暂且不说、不管怎样先做……"的意思；「ついに（遂に）」与「ようやく（漸く）」意思相近，不过多与否定谓语相呼应，表示"花了很多时间、经历，但是最后终于还是没有能够……"的意思；「ついでに（序でに）」表示"顺便、顺道"的意思。所以正确答案为 A，句子意为"进公司的半年里有过很多艰苦的经历，不过现在终于习惯了"。

(28) 忙しくて料理ができないから、最近は_____外食ですませている。(2004 年真题)

　　A. もろともに　　B. もっぱら　　C. ことごとく　　　D. まるごと

「もろともに（諸共に）」表示"一起、一同"的意思，强调所有人的一致行动；「もっぱら（専ら）」是"主要、总是"的意思，强调专注于一个对象，该对象占了全部比重；「ことごとく（悉く）」表示"悉数、彻底"的意思，强调全部个体；「まるごと（丸ごと）」是"整个、全部"的意思，强调事物的整体性。结合句子表达的意思，即"由于太忙了没法做饭，所以最近总是在外面吃"可知正确答案为 B。

(29) いつまでも家で_____してないで、ちゃんと働きなさいよ。(2003 年真题)

　　A. ぶらぶら　　B. ぷらぷら　　C. ぺらぺら　　D. ぱらぱら

　　在拟声拟态词中，浊音给人以笨重、粗大的感觉，清音则给人以灵活、短小的感觉。(29)考查的是对拟声拟态词的理解，「ぶらぶら」可以指悬挂着的东西摆动的样子，也可以指人没有工作，闲待着；「ぷらぷら」这个词属于自造词，词典中未做收录；「ぺらぺら」指说话流利的样子，也可以指纸张等比较单薄，厚度小；「ぱらぱら」指雨淅淅沥沥地下或者事物的密度稀稀落落的样子，也可以指哗啦哗啦的翻书声。(29) 的正确答案为 A，意为"别整天在家闲着晃来晃去，好好工作去"。

(30) 男の子なんだからこれくらいのことで_____泣くな。(2003 年真题)

　　A. むずむず　　B. なよなよ　　C. めそめそ　　D. めらめら

　　「むずむず」是"痒、刺挠"和"急切、跃跃欲试"的意思；「なよなよ」表示"柔软、纤弱"的意思；「めそめそ」用来形容妇孺的哭泣声，指低声抽泣、啜泣、哭哭啼啼；「めらめら」指火势熊熊燃烧或感情昂扬的意思。四个选项中能够修饰动词「泣く」的只有 C，表示"大老爷们的，不要因为这点小事就哭哭啼啼的"。

(31) 人間関係でこんなに苦労するなら、_____この会社をやめてしまおう。

(2002 年真题)

　　A. いっしんに　　B. いったい　　C. いっき　　D. いっそ

　　「いっしょに（一緒に）」表示"和……一起做……"的意思；「いったい（一体）」用作副词时一般与疑问表达相呼应，表示"究竟、到底"的意思；「いっき（一気）」是名词，"一口气、一下子"的意思，「一気に」可以用作副词，表示一下子、一口气做完某事的意思；

　　「いっそ」是"倒不如、索性"的意思。注意长音形式的「いっそう（一層）」

表示程度的加强，是"更加、越发"的意思。(31) 是"这个公司人际关系这么复杂，干脆辞职算了"的意思，所以正确答案是 D。

八、惯用句

惯用句是由两个以上单词构成的、整体具有特殊意义的惯用表达。自 2005 年日语专业八级考试以来，对惯用句的考查一般是放在第三大题即词汇部分，包括对惯用句意思的考查和给出一个解释选择出对应的惯用句两种形式。该部分对惯用句的考查主要涉及与身体部位相关的惯用句和与日常生活相关的惯用句两类。下面是对与身体部位相关的惯用句的考查。

(32) 道で出会った息子さんにお悔やみを述べたとき、息子さんの言葉に_____。(2007 年真题)

  A. 心を打った　　　　B. 心を打たれた
  C. 心が痛かった　　　D. 心を痛くした

四个选项中只有 B「心を打たれる」是惯用句，是"打动、感动"的意思。(32) 意为"在路上遇到他儿子，在向他表达遗憾之情时被他的话深深打动了"，所以正确答案为 B。

以上分析了日语专业八级考试历年真题对格助词、助动词、接续助词、被动态、现在时、形容词（イ形容词、ナ形容词）、副词、惯用句的考查，对于其他词汇、语法项目以及古典语法等在此不做进一步讲解，读者可以参考相关词汇、语法书籍。

敬　语

一、敬语的分类

敬语大致可以分为两类：对话题中的人物表示尊敬的敬语和对听话人表示敬意的敬语。尊敬语、自谦语属于前一种敬语，礼貌语、郑重语属于后一种敬语。

1. 尊敬语

尊敬语是对话题中的动作执行者或状态描述的对象表达敬意的敬语表达。尊敬语的表现形式根据词性的不同有以下几种：

① 动词

　　a. 特殊形式，这部分动词有相应的特殊敬语形式。例如：

(1) ＿＿＿＿＿ものがあればお作りいたします。詳しくはこちらをご覧下さい。
　　(2006年真题)
　　A. お気になった　　　　B. お気に召した
　　C. お気になられた　　　D. 召しあがった

中，「お気に召す」是「気に入る」的敬语形式，表示"喜欢、相中"的意思，句子意为"如果您有看中的东西的话我们可以制作，具体的请您看这边"。A 的「気になる」是"在意、不放心"的意思；将其变成被动形式形成 C 这样的表达本身是不正确的，并不能表示相应的尊敬；D 的「召し上がる」是「食べる、飲む」的敬语形式，不符合题意。

(2) 渡辺先生が、さきほどそう＿＿＿＿＿。 (2004年真题)
　　A. 申しました　　　　　B. 申されました
　　C. おっしゃいました　　D. おっしゃられました

(3) 先生、うちの息子にきつく＿＿＿＿＿。(2004年真题)
　　A. おっしゃってくれませんか　B. おっしゃってくださいませんか
　　C. おっしゃってあげませんか　D. おっしゃってやりませんか

动词「言う」对应的敬语动词形式为「おっしゃる」，对应的自谦动词形式是「申す」。(2)和(3)的都是对"说"的动作主体"老师"的尊敬，所以答案分

别是 C 和 B。另外,「くださる」是授受动词「くれる」的敬语形式。

(4) それでは、さっそく始めますが、文案ができましたら、_____。(2002年真题)

　　A. ご覧になっていただけますか　　　B. ご覧にいたしましょうか
　　C. お見になっていただけますか　　　D. お見せいただけますか

「ご覧になる」是「見る」的敬语动词,「いただく」是「もらう」的敬语动词,所以正确答案为 A。需要注意的是「見る」这样的单音节动词是不能使用"お＋动词ます形＋になる"的形式表达敬意的。

常见动词对应的尊敬语形式见表 1(附对应的自谦语、郑重语形式)。

表1　常用动词的敬语形式

动词	尊敬语	自谦语	郑重语
行く・来る	いらっしゃる	参る、伺う	参る
いる	いらっしゃる	——	おる
食べる・飲む	召し上がる	いただく	いただく
寝る	お休みになる	——	——
死ぬ	お亡くなりになる	——	——
言う	おっしゃる	申す、申し上げる	申す
見る	ご覧になる	拝見する	——
着る	お召しになる	——	——
する	なさる	いたす	いたす
知っている	ご存知だ	存じている	存じている
くれる	くださる	——	——
あげる	——	さしあげる	——
もらう	——	いただく	——

b. 用"お＋动词ます形＋になる"的形式,如「お探しになる、お求めになる」等。但是「いる、見る、着る」这样的单音节动词没有这种敬语形式,需要按特殊形式处理。

c. 动词的被动形式,如「勤められる、持たれる」等。但是「できる、わかる」以及可能动词没有这种形式的敬语。

② 名词

a. 使用能够抬高人物地位的名词，如用方位名词「こ／そ／あ／どちら、どなた、～のほう」代指人；用表示敬意的后缀「－様、－方、－氏、－さん」、职务名称「(～)先生」等表达敬意。

(5)（電話で）「もしもし、藤井_____のお宅でしょうか。こちら山田電気と申しますが、…」(2015年真题)

  A. かた   B. どの   C. くん   D. さま

A、B、D 都是对人的敬称，「かた（方）」直接接在人名后面表示寄宿在某人之处的意思。接在数量词或指示词后面表示人的数量或指代人，如「お一人かた」、「このかた」等。「がた」是其复数形式，「先生がた」是"老师们"的意思。「どの（殿）」一般用于公文书函等正式的书面场合，附在收件人的姓名之后。「さま（様）」既可以用于口语也可以用于书面语，表示对人的敬称。「くん（君）」一般接在男性人名后，是上级对下级或亲密的朋友之间使用的称呼方式。所以 D 是正确答案。

b. 用表示敬意的前缀「お／ご－」。一般来说「お－」接在和语名词前，如「お宅、お名前、お手紙、お世話、お仕事、お部屋」等；「ご－」接在汉语名词前，如「ご住所、ご研究、ご家族、ご両親、ご兄弟」等。但是「お－」有时也接在数量不多的汉语名词前，如「お電話、お時間、お留守、お食事」等。

(6) 原さん、会社買収の件で至急ご相談したいんですが、部長は今。(2002年真题)

  A. お手すきでしょうか   B. お暇あきでしょうか
  C. お手あきでしょうか   D. お暇すきでしょうか

「手すき（手隙・手透き）」是"有空、空闲"的意思；「手あき（手空き・手明き）」是"没事干，闲人"的意思；「暇あき（暇明き）」是"悠闲、清闲"的意思；「暇すき」这一表达并不存在。四个选项都是名词，使用"お／ご＋名词＋でしょうか"的形式表示尊敬。正确答案为 A，意为"原先生，关于公司收购的事情我想和部长商量一下，部长现在有空吗"。

以下是常用的敬语接头词、结尾词(含自谦语的接头词)。

表 2 常用敬语接头词、结尾词

	接头词		结尾词	
尊敬语	お～ ご～ 御～ 貴～	お宅、お早い、お元気、お名前 ご家族、ご住所、ご注文、ご研究 御社、御礼、御地、御身 貴社、貴国、貴校、貴誌	～様 ～殿	奥様、お嬢様、お客様、お母様 課長殿、部長殿、編集長殿
自谦语	愚～ 小～ 拙～ 拝～ 弊～	愚見、愚考、愚息、愚妻 小社、小店、小著、小論 拙作、拙著、拙宅、拙論 拝借、拝見、拝受、拝読 弊社、弊国、弊店、弊校		

③ 形容词

形容词前面可以接续表示敬意的前缀「お/ご-」表达尊敬的意思。一般来说「お-」接在和语形容词前(多为イ形容词)，如「お早い、お寂しい、お忙しい、お暇」等；「ご-」接在汉语形容词前(多为ナ形容词)，如「ご心配、ご多忙、ご満足、ご不満」等。但是「お-」也接数量不多的汉语形容词，如「お元気」等。

2. 自谦语、郑重语

自谦语是指通过贬低动作主体来相对地抬高动作接受者的敬语表现。由于自谦语是面对动作接受者贬低自己的动作，所以要求必须有动作的接受者，否则不使用。自谦语的表现形式有以下几种：

① 动词

　　a. 特殊形式。部分动词对应的自谦语、郑重语形式比较特殊，参见表1。

(7)（電話で）先日ご注文＿＿＿＿品物の件について、お電話いたしました。(2016 年真題)

　　A. さしあげました　　　　B. ぞんじあげました
　　C. うけたまわりました　　D. もうしあげました

(8)（電話で）「先日ご注文品物の件について、お電話いたしました。(2015 年真題)

　　A. うけたまわりました　　B. しあげました
　　C. ぞんじあげました　　　D. もうしあげました

(9) 「もしもし、藤井様のお宅でしょうか。こちら山田電気と申しますが、先日ご注文_____品物の件について、お電話いたしました。」(2014年真題)
    A. うけたまわりました　　B. さしあげました
    C. ぞんじあげました　　D. もうしあげました

(10) この構想案についてぜひ皆様のご意見を_____存じます。(2013年真題)
    A. うけたまわりたく　　B. おめにかかりたく
    C. もうしあげたく　　D. ごらんにいれたく

(11) 「もしもし、藤井様のお宅でしょうか。こちら山田電機と申しますが、先日ご注文_____品物の件について、お電話いたしました。」(2012年真題)
    A. さしあげられました　　B. ぞんじあげました
    C. うけたまわりました　　D. もうしあげました

「うけたまわる（承る）」表示「受け＋賜る」的意思，是「受ける、引き受ける、聞く、伝え聞く、承諾する」的自谦语。在(7)、(8)、(9)、(11)中，「うけたまわる」是「受ける」的自谦语，「ご注文うけたまわる」表示「ご注文を受けた」的意思；在(10)中「うけたまわる」是「聞く」的自谦语，「存じる」是「思う」的自谦语，「ご意見をうけたまわりたく存じます」表示「ご意見を聞きたいと思います」的意思。自谦语「うけたまわる（承る）」已经连续在日语专业八级考试中出现了五次，虽然题目有所重复，但其重要程度可见一斑。

(12) ぜひ一度会長に_____のですが、ご都合はいかがでしょうか。(2016年真題)
    A. お目に掛けたい　　B. お目にかかりたい
    C. 拝見いたしたい　　D. 拝見いただきたい

(13) 「ぜひ一度会長に_____のですが、ご都合はいかがでしょうか。」(2015年真題)
    A. お目に掛けたい　　B. お目にかかりたい
    C. 拝見いたしたい　　D. 拝見いただきたい

(14) 「ぜひ一度会長に_____のですが、ご都合はいかがでしょうか。」(2014年真題)
    A. 見えになりたい　　B. お目にかかりたい
    C. 拝見いたしたい　　D. 拝見いただきたい

(15) ご主人に＿＿＿＿のを楽しみにしております。(2004年真題)

  A. お会いになる   B. 拝見する   C. お目にかかる   D. 会う

(16) では、さっそく専務に＿＿＿＿。(2002年真題)

  A. お目にかかっています   B. お目にかかってきます

  C. お目にかけています   D. お目にかけてきます

  同様重要的还有「会う」的自谦语「目に掛かる」。在2002—2016年的日语专业八级考试中共出现了五次，上述五道题的正确答案均为「目に掛かる」。(12)、(13)、(14)的答案都是B，(15)的答案是C，(16)的答案是B。需要注意的是，「目に掛ける」是「見せる」的自谦语形式，这在2003年的日语专业八级考试中也有所考查。(17)的正确答案为D。

(17) みなさんに、我が社で開発した新製品を＿＿＿＿。(2003年真題)

  A. ごらんくださいます   B. うけたまわります。

  C. おこしになります   D. お目にかけます

  另外，「いる」的自谦语是「おる」，相应的「ている」的自谦语形式是「ておる」，这也是敬语考查中的重点，具体考查如下：

(18) 食べ物に好き嫌いのない私は、何でも美味しく＿＿＿＿。(2009年真題)

  A. 上がっております   B. いただいております

  C. お食べしております   D. 召し上がっております

(19) 鈴木：約束はございませんが、田中部長がいらっしゃったらちょつとお目にかかりたいのですが。

  受付：あいにく部長は会議に＿＿＿＿。代わりのものでよろしければ、承りますが。(2008年真題)

  A. お出でになっています   B. 出られております

  C. 出ていらっしゃいます   D. 出ております

(20) 両親は先週から旅に出かけて＿＿＿＿。(2004年真題)

  A. いらっしゃいます   B. ございます

  C. おられます   D. おります

(21) アジア広告の今井でございます。いつも＿＿＿＿。(2002年真題)

  A. お世話にしております   B. お世話になっております

  C. お世話させてくださっております   D. お世話させていただいております

(22)（部長に対して）社長の随行は大山係長だと＿＿＿＿＿＿。(2002年真題)

　　A. お聞きになっておりましたが…

　　B. お伺いいたしておりましたが…

　　C. 聞いておりましたが…

　　D. 伺っておりましたが…

　　(18)中还涉及了「食べる」的自谦语「いただく」，(22)中包含了「聞く」的自谦语「伺う」，二者的正确答案分别为B和D。(19)和(20)的答案都是D，(21)的答案为B。

(23) 先日友人からちょっと面白いものをもらったのです。先生にもごらんに＿＿＿＿＿＿。(2016年真題)

　　A. あげましょう　　　　B. いたしましょう

　　C. なりましょう　　　　D. いれましょう

(24) 先日友人からちょっと面白いものをもらったのです。先生にもごらんに＿＿＿＿＿＿。(2015年真題)

　　A. あげましょう　　　　B. いたしましょう

　　C. いれましょう　　　　D. なりましょう

(25) 昨日ちょっと面白いものをもらったのです。先生にもごらんに＿＿＿＿＿＿。(2014年真題)

　　A. なりましょう　　　　B. いれましょう

　　C. あげましょう　　　　D. いたしましょう

　　和「目に掛ける」一样，「ご覧に入れる」也是「見せる」的自谦语形式，表示出示给别人看的意思。在(23)、(24)、(25)中，「先生にもご覧に入れましょう」是「先生にも見せましょう」的意思。

(26) 先生、こんばんは！北海道のこの時期の空の青さは特別です。今日、宅急便を受け取りました。ありがとうございました。懐かしい京都のお菓子を味わいながら＿＿＿＿＿＿。(2012年真題)

　　A. 召し上がりました　　B. 食べさせました

　　C. お食べいたしました　D. 頂きました

(27) 部長、稟議は、きのう専務の決裁を＿＿＿＿＿＿。(2002年真題)

　　A. させてもらいました　B. させていただきました

　　C. もらいました　　　　D. いただきました

「食べる」的自谦语是「いただく」，这在(18)中也已经涉及，所以(26)的正确答案为D。同时，「いただく」还是授受动词「もらう」的自谦语形式，在(27)中，「専務」的职务高于「部長」，所以应该用自谦语形式，正确答案为D。

(28) 中島先生のことは、よく_____おります。(2003年真题)

  A. ご存じ上げて   B. 存じ上げて

  C. お知りあげて   D. お存じ上げて

「存じ上げる」是「知る」、「思う」的自谦语形式，此时前面不能再接续「お／ご」，所以(28)应该选择B。此外，本题还包含了「ている」的自谦语形式「ておる」。

(29) 原因と対策に関して皆さんのお知恵を_____のですが、宜しくお願いいたします。(2008年真题)

  A. 拝借されたい   B. 拝見したい

  C. 拝借したい   D. 借りていただきたい

动词「拝借する」是「借りる」的自谦语，所以(29)的正确答案为C。

 b. 用"お／ご＋动词ます形＋する"的形式，如「お持ちします、お電話します」等。「お−」、「ご−」的使用规则同前。

② 名词

  有些和动作相关的名词可以加上「お／ご−」构成自谦语，表示自己的动作涉及对方时对自己动作的谦虚。如「お話、お電話、ご案内、ご相談、ご報告、ご連絡」等。其他表示自谦的接头词可以参考表2。

(30) 日頃は_____をご愛用いただきまして誠にありがどうございます。(2008年真题)

  A. 貴社の製品   B. 弊社の製品

  C. 貴社のご製品   D. 弊社のご製品

(31) 文書の解釈の違いが発生した場合は、_____に従っていただくものとします。(2007年真题)

  A. 弊社の説明   B. 弊社の解釈

  C. 貴社のご解釈   D. 貴社の御説明

(32) _____に間違いがありましたことを、お詫びいたします。(2005年真题)

  A. 貴紙の記事   B. 貴紙のお記事

  C. 弊社の記事   D. 弊社のお記事

涉及自己公司的事情时，对自己公司的称呼一般加上接头词「弊-」，所以(30)和(31)的答案均为B，(32)的答案为C。

(33) 来月_____お茶の会を開きます。皆様お揃いでおでまし下さいませ。楽しみにお待ちもうし上げております。(2006年真题)

  A. 拙宅にて B. 邸宅にて C. 御宅にて D. 自宅にて

「拙宅」是对自己家的谦虚的称呼方式，相当于汉语的"寒舍"的意思，所以(33)的答案为A。

郑重语是通过使用「おる、参る、申す」等降低自己身份来向对方表示敬意的敬语形式。有些动词既可以用作尊敬语又可以用作自谦语，而有些只能用作其一。表3是一些常见名词、形容词、副词的郑重语形式。

表3 其他常用词的郑重语形式

普通语	郑重语	普通语	郑重语
これ/ここ	こちら	今日（きょう）	本日（ほんじつ）
それ/そこ	そちら	昨日（きのう）	昨日（さくじつ）
あれ/あそこ	あちら	明日（あした）	明日（みょうにち）
どれ/どこ	どちら	おととい	一昨日（いっさくじつ）
どう	いかが	その日	当日（とうじつ）
今	只今（ただいま）	今年（ことし）	本年（ほんねん）
すぐ	即座に（そくざに）	去年（きょねん）	昨年（さくねん）
さっき	先程（さきほど）	おととし	一昨年（いっさくねん）
あとで	後程（のちほど）	いい/よい	よろしい
この間（このあいだ）	先日（せんじつ）	少し	少々（しょうしょう）
今度（こんど）	この度（このたび）	とても	誠に（まことに）

(34) ようやく春らしくなって_____が、皆様お元気でしょうか。(2003年真题)

  A. いらっしゃいました B. ございました

  C. まいりました D. いただきました

「まいる（参る）」是「行く、来る」的郑重语、自谦语，所以(34)的答案为C。

(35) 後任の林と申す者を連れて、ご挨拶に伺いたいのですが、ご都合は_____
_____。(2002 年真题)

A. いいでしょうね　　　　　B. よろしゅうですね
C. いかがでしょうか　　　　D. どうでしょうか

「いかか」是「どう」的郑重语，所以 (35) 的答案为 C。

3. 礼貌语、美化语

礼貌语是通过使用礼貌的语言向听话人表达敬意的敬语形式。比较典型的礼貌语是在句末使用「です」、「ます」等敬体形式，这一点和文体相关，又称"です・ます体"。

美化语是指为了使话语显得文雅、有品位而使用的措辞。美化语通过加前缀「お/ご-」来实现。这又分为几个层次：一般加「お/ご-」的，如「お茶、お菓子、ご飯」等；加不加「お/ご-」男女使用有别或有个人使用差别的，如「お花、お米」等；绝对不加「お/ご-」的，如「教科書、パソコン」等。另外，最近的日语变化显示出「お/ご-」的泛用，如一般不加「お-」的「ビール」也出现了「おビール」等，有人认为这是不规则用法。

二、敬语的使用

使用敬语的场合一般有以下几种：
① 对职务比自己高或年龄比自己大的人。
② 对陌生人或关系不亲密的人。
③ 在演讲等郑重场合。

对自己所属团体(如公司、家庭、社团等)的人也要用敬语。但是当对外部人员谈论起自己所属团体内部成员的事情时，即使该成员地位比自己高也要用自谦语。

这里介绍的是正面的敬语，还有"负面敬语"。这些都属于待遇表达方式，即出于人际关系或场面选择的语言表达。

三、敬语常用表达形式

（一）尊敬语常用表达形式

1. お/ご～になる

- ◆接続　お＋動詞ます形＋になる
  　　　　ご＋する動詞語幹＋になる
- ◆理解　敬語句型
- ◆意味　相手の動作への敬意／对对方动作的尊敬（您做……、请您做……）
- ◆例文
  ▲ 弊社としてはなるべくお客さんにお求めになりやすい値段で奉仕いたします。(2011年真題)
  → 敝公司尽量为顾客们提供价格实惠的商品。

  ▲ しっかりした構造だから、動きが活発なお子様はもちろん、大人も安心してお座りになれます。(2007年真題)
  → 因为结构很坚固，活泼好动的小孩子自不必说，大人也能放心地坐。

  ▲ 普通車ではなくグリーン車ですと、ゆったりお座りになれます。(2005年真題)
  → 如果不是普通列车而是绿色列车的话，您可以坐得舒适。

  ▲ 明日父がまいりますが、お会いになってくださいませんか。(2004年真題)
  → 我父亲明天来，能否请您见他一面？

  ▲ 万一、貴重品をお預けにならないで盗難にあった場合は責任を負いません。(2004年真題)
  → 如果贵重物品没有寄存而被盗，我们不负责任。

  ▲ 入場券はこちらでお求めになります。(2003年真題)
  → 请在这里领取入场券。

- ◆接続　前項－動作動詞
- ◆解説　接动词ます形或带有动作义的する动词的词干，表示对别人动作的尊敬。「お/ご～になってください」表示请求或有礼貌地劝诱对方做某事。
- ◆注意　单音节动词如「見る」等不能用「お見になる」的形式，一般用对应

的特殊形式如「ご覧になる」，或换用其他表达形式。表达的敬意比「れる／られる」高。

2. お／ご～なさる

- ◆接続　お＋動詞ます形＋なさる
　　　　ご＋する動詞語幹＋なさる
- ◆理解　敬語句型
- ◆意味　相手の動作への敬意／对对方动作的尊敬（您做……、请您做……）
- ◆例文　▲ 佐藤先生は大学で何をご研究なさっていらっしゃるんですか。
　　　　(2003年真題)
　　　　→佐藤先生您在大学从事什么研究？
　　　　△ 週末のシンポジウムは先生がご出席なさいますか。
　　　　→周末的研讨会老师您也参加吗？
　　　　△ そんないたずらはおやめなさい。
　　　　→那种淘气的事，不要做了。
- ◆接続　前項－動作動詞
- ◆解説　接动词ます形或带有动作义的する动词的词干，表示对别人动作的尊敬。与「お／ご～になる」相似，是尊他形式。「お食べなさる、お話しなさる」给人以陈旧的感觉，此时多使用「お／ご～になる」的形式。
- ◆意味　「お／ご～なさる」还可以表示亲近的命令，不用于身份、地位比自己高的对象。注意「なさる」的ます形是「なさい」。

3. お／ご～くださる

- ◆接続　お＋動詞ます形＋くださる
　　　　ご＋する動詞語幹＋くださる
- ◆理解　敬語句型
- ◆意味　相手の動作への敬意／对对方动作的尊敬（您做……、感谢您为我做……）
- ◆例文　▲ 愚息文男の進学について厚かましくもお願いいたしましたこと、まことに申し訳ございません。しかるところ、快くご承諾くだ

され、本当にありがとうございました。(2011年真題)
→有关犬子文男升学的事情，我厚着脸皮求助了您，实在是抱歉。而您却爽快地答应了。

▲本人による申請が困難な場合は、委任状を作成の上、代理人の本人が確認できる身分証明書・印鑑を必ずお持ちください。(2009年真題)
→在本人无法申请的情况下，请在写好委托书之后，务必让委托人带好身份证和印章。

▲(会場に集まったお客様への挨拶)この度は、遠くからおいでくださいまして、ありがとうございます。(2009年真題)
→(对会场里的客人致辞)这次各位不远千里来到这里，十分感谢。

▲あいにくの雨天でしたが、まだ薄暗く、寒い早朝からおこしくださいましてありがとうございます。(2008年真題)
→不巧是个下雨天，但您在天还未完全亮，并且十分寒冷的清晨来到了这里，真是很感谢。

▲遠いところをわざわざお出でくださり、どうもありがとうございます。(2007年真題)
→您特地从远方来到这里，真的很感谢。

▲社長はお忙しい中、私の結婚式にご出席くださった。(2003年真題)
→社长在百忙中出席了我的结婚仪式。

▲何もありませんが、どうぞお上がりください。(2002年真題)
→没什么菜，请您享用。

◆接続　前項－動作動詞
◆解説　接动词ます形或带有动作意思的汉语する动词的词干，表示对别人动作的尊敬。「くださる」是「くれる」的尊敬形式。
◆注意　与「～てくださる」相同，但是敬意程度更高。用「お/ご～ください」表示较有礼貌的劝诱。

4. お/ご～です

◆接続　お＋動詞ます形＋です

ご＋する動詞語幹＋です

- ◆理解　敬語句型
- ◆意味　相手の動作への敬意／对对方动作的尊敬（您做……、您是……）
- ◆例文　△ 部長、お帰りですか。
  → 部长，您是回去吗？
  △ お客様がこちらでお待ちです。
  → 客人您好，请在这边等候。
  △ 学長は本日の会議にはご欠席です。
  → 校长不参加今天的会议。
- ◆接続　前項－動詞動詞、動作を表す名詞
- ◆解説　接动词ます形或带有动作义的する动词的词干，表示对别人动作的尊敬。
- ◆注意　可以使用的动词有限，一般是比较固定的惯用形式。

5. ～で/ていらっしゃる

- ◆接続　動詞て形
  ナ形容詞語幹
  名詞
- ◆理解　敬語句型
- ◆意味　相手の動作への敬意／对对方动作的尊敬（是……；正在……）
- ◆例文　▲ とてもお美しくて、ドレスが大変お似合いでいらっしゃいますのよ。(2006年真题)
  → 很漂亮，礼服很适合你哦。
  ▲ あちらでお茶を召し上がっている方が、社長の奥様でいらっしゃいます。(2003年真题)
  → 在那里喝茶的是社长夫人。
  △ 王先生は国家教育委員会の副会長でいらっしゃいます。
  → 王先生是国家教委的副委员长。
- ◆接続　前項－動詞、名詞
- ◆解説　是「～である／だ、～ている」的尊敬语形式。
- ◆注意　「いらっしゃる」的ます形是「いらっしゃいます」。

6. ～(さ)せてくださる/ください

- ◆接続　動詞使役形
- ◆理解　敬语句型
- ◆意味　相手の動作への敬意／请允许（我）……、让我来……
- ◆例文　△ その俳優が大好きなので、ぜひ私に彼へのインタビューをさせてくださいませんか。
  - →因为我非常喜欢那名演员，所以对他的采访请交给我来做行吗？
  - △ この図書館の利用にあたって、注意事項を簡単に説明させてください。
  - →关于图书馆使用方面的注意事项，请允许我做简单的说明。
  - △ 調子が悪いので、午後休ませてください。
  - →身体不舒服，请允许我下午休息。
- ◆接続　前項 - 動作動詞
- ◆解説　表示请求允许的意思，由此显现对对方的尊敬，常用「～させてください」的形式。注意与表示授受的尊敬语「～てくださる」（「～てくれる」的尊敬语）的区别。
- ◆注意　表示授受的尊敬语主要是对方为自己做了某事，对对方的行为表示尊敬、感谢。
  - △ 皆様が手伝ってくださったおかげで、順調に済ませることができた。
  - →多亏大家帮忙，才得以顺利完成。

7. ～れる/られる

- ◆接続　動詞受身形
- ◆理解　敬语句型
- ◆意味　相手の動作への敬意／（您）做……
- ◆例文　△ 「国からご両親が来られたそうですね。どこかへ行かれましたか。」
  - →听说您父母来了，去哪里玩了吗？
  - △ 先生が上京されたおりにはいつもこのホテルに泊まられます。

→老师赴京的时候总是下榻这家酒店。

△ 先生は歴史の本を書かれました。

→老师写了本历史书。

- ◆接続　前項‐動作動詞、動作を表す名詞
- ◆解説　用被动的形式表示尊敬，尊敬程度较低。但是由于具有规则性，所以使用较广泛。
- ◆注意　在与被动、可能表现容易混淆的时候一般改用其他尊敬语形式。

（二）自谦语常用表达形式

1. お/ご～する

- ◆接続　お＋動詞ます形＋する

　　　　ご＋する動詞語幹＋する
- ◆理解　敬语句型
- ◆意味　謙譲語/我为您（们）做……
- ◆例文　▲ そうですね、週末でしたら、お会いすると思いますが……。(2016年真題)

　　→是啊，如果是周末的话，想去见见您。

　▲「カバンをお忘れになりました方、一階受付の所にお預かりしておりますので、お取りにいらっしゃってください。」(2014年真題)

　　→"遗失包的人请前来领取，您遗失的物品我们保管在一楼的前台。"

　▲ 近くの資料館でもらってきた資料がおもしろくて、日本語の授業に使えるかもしれないと思ってお送りしただけなのに、こんなにも丁寧にお礼を頂戴し、本当にありがとうございました。(2012年真題)

　　→我在附近的资料馆里拿到了一些有趣的资料，觉得您可能在上日语课时用得上，所以就给您寄过去了，可却收到了这么郑重的回礼，真是很感谢您。

　▲ そのご質問につきましては、今週中にお答えできるかと思いま

す。(2003年真題)

→ 关于那个问题，我想本周内回复您。

- ◆接続　前項 - 動作動詞、動作を表す名詞
- ◆解説　接动词ます形或带有动作意思的汉语する动词的词干，表示对自己动作的谦逊。意为为了对方而做某事。用「お/ご～いたす」的形式则谦恭的程度更强。
- ◆注意　这里一般不用「～てさしあげる」的授受形式，因为这会含有很强的施恩之嫌。

2. お/ご～いたす

- ◆接続　お＋動詞ます形＋いたす
  　　　ご＋する動詞語幹＋いたす
- ◆理解　敬語句型
- ◆意味　謙讓語 / 我为您（们）做……
- ◆例文　▲ 先日送っていただいた説明書に間違いがありましたので、ご報告いたします。(2007年真題)

　　→ 前几天您寄给我的说明书里有错误，我向您汇报一下。

　　▲ [受付が客に] 申し訳ございません。山田はただいけ、席をはずしておりますが、私でよろしければご用件をお伺いいたします。(2006年真題)

　　→（前台对客人说）很抱歉，山田现在不在座位上，如果可以跟我说的话，请问您有什么事情呢？

　　▲ 青木は今ほかの電話に出ております。後ほどこちらから電話いたしましょうか。(2002年真題)

　　→ 青木在接别的电话，回头给您回电。

- ◆接続　前項 - 動作動詞、動作を表す名詞
- ◆解説　接动词ます形或带有动作意思的汉语する动词的词干，表示对自己动作的谦逊。
- ◆注意　比「お/ご～する」更郑重礼貌。

3. お/ご〜いただく

◆接続　お＋動詞ます形＋いただく

　　　　ご＋する動詞語幹＋いただく

◆理解　敬語句型

◆意味　謙譲語/请您做……

◆例文　▲（メールで）山下です。先日お話があったスピーチの件なんですが、ぜひ私にやらせていただけないでしょうか。(2015年真题)

　　　　→（短信）我是山下。前几天提到的演讲的事情，能不能让我去参加呢？

　　　　▲（メール）渡辺です。先日お話があったスピーチの件なんですが、ぜひ私にやらせていただけないでしょうか。(2012年真题)

　　　　→（短信）我是渡边。前几天提到的演讲的事情，能不能让我去参加呢？

　　　　▲客：先日買った商品が、使ったらすぐ壊れてしまいましたよ。
　　　　店員：申し訳ございません。すぐ交換いたしますので、お手数ですが店頭にお持ちくださるか、弊社まで着払いでご郵送いただけないでしょうか。(2010年真题)

　　　　→顾客："我前几天买的商品，一用就马上坏掉了。"
　　　　店员："很抱歉，我马上为您换货，麻烦您把商品带到店里来，或者用货到付款的方式寄回敝公司，可以吗？"

　　　　▲本日、ご招待いただきましたが、都合により出席できず、もうしわけございません。(2008年真题)

　　　　→今天承蒙您的邀请，但由于个人情况我无法出席，实在是抱歉。

　　　　▲部長、3種類の企画がありますので、ご意見を聞かせていただきたいのですが…。(2002年真题)

　　　　→部长，共有3个企划方案，想听听您的意见。

◆接続　前項－動作動詞、動作を表す名詞

◆解説　接动词ます形或带有动作义的する动词的词干，对自己要求别人做某事情的谦逊。

◆注意　「いただく」是「もらう」的自谦形式。

4. お / ご〜願う

- ◆接続　お＋動詞ます形＋願う
  　　　　ご＋する動詞語幹＋願う
- ◆理解　敬語句型
- ◆意味　謙譲語 / 请（求）您做……
- ◆例文　▲ 先生、分からないところがありますが、ご説明願えますか。(2005年真題)
  　　　　→ 老师，我有不懂的地方，能请您说明一下吗？
  　　　　▲ 何か不都合な点がございましたら、ご連絡願います。(2003年真題)
  　　　　→ 如有不便之处，请您联系我。
  　　　　△ お忙しいところ申し訳ありませんが、何とかお引き受け願えませんでしょうか。
  　　　　→ 在您百忙之中打扰您实在抱歉，不管怎么样请您一定承担这件事。
- ◆接続　前項 - 動作動詞、動作を表す名詞
- ◆解説　接动词ます形或带有动作义的する动词的词干，对自己请求别人做某事情的谦逊。
- ◆注意　另外有「願えますか、願えませんか、願いたいのですが、願えないでしょうか」等形式。

5. お / ご〜申し上げる

- ◆接続　お＋動詞ます形＋申し上げる
  　　　　ご＋する動詞語幹＋申し上げる
- ◆理解　敬語句型
- ◆意味　謙譲語 / 我为您（们）做……
- ◆例文　▲ このたび小山正一、長田和江のご両人には、めでたくご結婚の運びと相成りました。つきましては、ここに祝賀会を催して両人の前途を祝したく、ご案内申し上げます。(2011年真題)
  　　　　→ 这次小山正一、长田和江二人喜结连理。因此，我们将举办庆祝会，来祝福两位新人前程似锦，现特邀请您前来参加。

△「このたびは、私どもの商品発送ミスにより、お客様に大変ご迷惑をおかけしましたことを深くおわび申し上げます。申し訳ございませんでした。」

→"由于这一次我们的商品发送出了问题，给您添了很大麻烦，实在是非常抱歉。在此我们深表歉意。"

△旅行の計画は一部変更になりましたので、ご連絡申し上げます。

→旅行计划有部分变更，特此通知您。

- ◆接続　前項－動作動詞、動作を表す名詞
- ◆解説　接动词ます形或带有动作义的する动词的词干，表示对自己动作的谦逊。
- ◆注意　比「お/ご～いたす」更谦恭的表达方式，多用于庄重的书面语或演讲。

6.～(さ)せていただく

- ◆接続　動詞使役形
- ◆理解　敬語句型
- ◆意味　～させてください／请允许我做……
- ◆例文
  ▲（メールで）山下です。先日お話があったスピーチの件なんですが、ぜひ私にやらせていただけないでしょうか。(2015年真題)
  →（短信）我是山下。前几天提到的演讲的事情，能不能让我去参加呢？

  ▲（メール）渡辺です。先日お話があったスピーチの件なんですが、ぜひ私にやらせていただけないでしょうか。(2012年真題)
  →（短信）我是渡边。前几天提到的演讲的事情，能不能让我去参加呢？

  ▲そんことについて、これから私からちょっと意見を言わせていただきたいと思いますが。(2006年真題)
  →关于那件事情，接下来请允许我来说说自己的意见。

  ▲お招きいただきまして、ありがとうございます。喜んで出席させていただきます。(2003年真題)
  →感谢您的邀请，非常荣幸出席。

  ▲部長、3種類の企画がありますので、ご意見を聞かせていただ

　　　　きたいのですが……。（2002 年真题）

　　　　→ 部长，共有三个企划方案，想听听您的意见。
- ◆接続　　前項 - 動作動詞
- ◆解説　　表示请求对方允许自己做某事，比「〜ていただく」谦恭。
- ◆注意　　「〜ていただく」是「〜てもらう」的自谦形式。

（三）郑重语常用表达形式

1. 〜ござる

- ◆接続　　イ形容詞（う音便）

　　　　イ形容詞語幹＋く＋ございません（否定形）

　　　　ナ形容詞語幹＋で

　　　　名詞＋で／が
- ◆理解　　敬語句型
- ◆意味　　丁寧語／是……、有……
- ◆例文　　▲ ここは靴売り場でござる。。

　　　　　　→ 这里是卖鞋专柜。

　　　　△ お忙しいところをわざわざおいでいただき、恐縮でございます。

　　　　　　→ 您百忙之中还特意光临，实在令我们过意不去。

　　　　△ お渡したいものがございます。

　　　　　　→ 我有东西要交给您。
- ◆接続　　前項 - 名詞
- ◆解説　　是「です(だ)、あります(ある)」的郑重语形式。ます形是「〜ございます」。
- ◆注意　　接形容词时形容词要发生う音便：以「い」结尾的形容词，将「い」变为「う」再加「ござる」；以「しい」结尾的形容词，将「しい」变为「しゅう」再加「ござる」。举例如下：

　　　　「い→う＋ござる」：

　　　　高い　　　　　　高うございます

　　　　早い　　　　　　早うございます

　　　　面白い　　　　　面白うございます

「しい→しゅう＋ござる」：
美しい	美しゅうございます
楽しい	楽しゅうございます
よろしい	よろしゅうございます

授受表达

　　授受表达是表示物品的给予、接受，以及恩惠、利益的给予、接受的表达。授受表达一般通过授受动词来实现。物品的给予、接受一般直接用动词「あげる」、「くれる」、「もらう」来表示，其敬语形式为「さしあげる」、「くださる」、「いただく」，这是授受动词的实意动词用法。恩惠、利益的给予、接受一般使用「〜てあげる」、「〜てくれる」、「〜てもらう」来表示，其敬语形式为「〜てさしあげる」、「〜てくださる」、「〜ていただく」，这是授受动词的补助动词用法。

1. 实意动词用法

　　「あげる」「くれる」都以给予者为主语，授受对象有明显的方向性：「あげる」表示的是由内向外的授受，第一人称给第二人称、第二人称给第三人称、第一人称给第三人称、第三人称之间的授受；「くれる」表示由外向内的授受，第二人称给第一人称、第三人称给第一人称、第三人称给第二人称的授受。另外，两者表示的授受关系还体现在亲疏方面，「くれる」提示的是亲近的接受者，是把接受者（第二或第三人称）当作自己一方的人来看待。具体见下图。

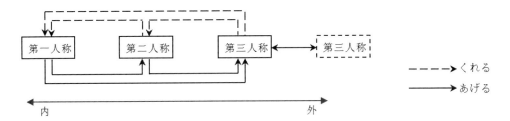

(1) a. 私は{あなた/田中さん}に本をあげた。/我给{你/田中}了一本书。

　　b. {あなた/田中さん}は鈴木さんに本をあげた。/{你/田中}给铃木了一本书。

(2) a. {あなた/田中さん}は私にノートをくれた。/{你/田中}给我了一个笔记本。

b. 鈴木さんは{あなた/弟}にノートをくれた。/铃木给{你/我弟弟}了一个笔记本。

「もらう」以物品或所有权的接受者为视点，授受对象没有人称的限制。

(3) a. 私は{あなた/田中さん}にペンをもらった。/我从{你/田中}那收到了一支钢笔。

b. {あなた/田中さん}は鈴木さんにペンをもらった。/{你/田中}从铃木那收到了一支钢笔。

「あげる」、「くれる」表示的一般是恩惠的授受，当被授受的事物不含有恩惠之意的时候一般用其他表示移动的动词。如「出す」、「渡す」等。而「与える」可以用于非恩惠的授受以及授予者有权利进行判断、授予他人的情况。

(4) a. 先生に宿題を{出した/渡した}。/把作业交给了老师。

b. 台風はこの都市に大きな被害を与えた。/台风给这个城市带来了巨大损失。

c. 評議会では優秀な参加者に賞を与えることに決めた。/评委会决定为优秀的参赛者颁奖。

2. 敬语用法

「あげる」、「くれる」、「もらう」的敬语形式分别是「さしあげる」、「くださる」、「いただく」，其用法如下图所示。

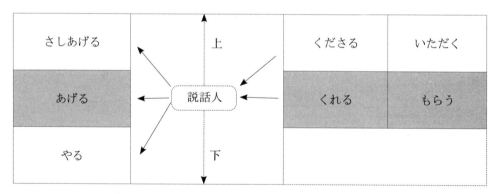

(5) a. 私は先生にお土産をさしあげた。/我给老师带了特产。

b. 先生が私にノートをくださった。/老师给了我笔记本。

c. 私は先生にノートをいただいた。/我从老师那收到了笔记本。

在使用授受动词的时候需要注意以下两点。首先，在表示说话人和亲属之间的授受行为时一般不用敬语形式。

(6) a. 私は母にプレゼントを｛×さしあげた／○あげた｝。／我给了妈妈礼物。
  b. 母が私にペンを｛×くださった／○くれた｝。／妈妈给了我钢笔。
  c. 私は母からペンを｛×いただいた／○もらった｝。／我从妈妈那收到了钢笔。

其次，给花浇水、动物喂食等一般用「やる」，但是一些人也用「あげる」。

(7) a. 花に水をやる。／给花浇水。
  b. 金魚に餌をあげる。／给金鱼喂食。

3. 补助动词「～てあげる・～てくれる」

「～てあげる・～てくれる」表示动作主体主动地施恩于……，说话人感觉动作发出者的动作、行为对于动作接受者是有益的，对动作发出者所做的事怀有感激之情。

(8) 子供の誕生日におもちゃを買ってあげた。／孩子生日的时候给他买了玩具。

(9) 朝は曇っていたが、その後_____楽しいピクニックをエンジョイすることができた。(2004年真题)
  A. 天気が持ち直してくれて B. 天気に持ち直してもらい
  C. 天気を持ち直してあげ D. 天気は持ち直してもらって

(9) 表示"早上有点阴天，之后天气就转好了，所以郊游也过得很愉快"。天气转晴使得自己受益，受益者是向内指向说话人的，所以正确答案为A。

动作的受益者除了可以用「に格」、「のために」表示外，以下情况一般用其他形式表示。

① 原来动词格用的是を格、に格、と格时，格形式保持不变。

(10) a. 学生を褒めた。→学生を褒めてやりました。／表扬了学生。
  b. 子供におもちゃを買った。→子供におもちゃを買ってあげた。／给孩子买了玩具。
  c. 一緒に行くと約束した。→一緒に行くと約束してあげた。／答应他跟他一起去。

② 宾语是受益者的所有物时，受益者用「～の」表示。

(11) a. 弟のゲーム機を直してあげた。/ 我给弟弟修了他的游戏机。

　　 b. 先生は私の論文を添削してくれた。/ 老师给我修改了论文。

「～てさしあげる」不用于直接对上司、长辈使用的场合，此时可以用谦逊方式或请求表达等间接形式来代替。

(12)　? 先生、お荷物を持ってあげましょうか。→先生、お荷物お持ちします。

　　 / 老师，我来拿行李。

不过，如果不是直接面对上述本人则可以使用，这种情况在日语专业八级考试中有所考查。

(13)（電話で）「あ、林君、あのね、講師の山下先生が場所が分からないって、そうそう、だから君、すぐ駅まで、迎えに行って、そして会場まで案内して_____。(2015年真题)

　　 A. やってくた さい　　　　B. いただいてくた さい
　　 C　あげてください　　　　D. もらってください

(14)「林君、山下先生が場所がわからないって電話でおっしゃっているので、すぐ駅で迎えに行って、そして会場まで案内して_____。」(2014年真题)

　　 A. あげてください　　　　B. いただいてください
　　 C. もらってください　　　D. やっていただけますか

(15) この出来たてのケーキをおばあさんに持っていって_____。(2013年真题)

　　 A. やりなさい　　　　　　B. もらいなさい
　　 C. あげなさい　　　　　　D. いただきなさい

(16)「林君、山下先生が場所が分からないって言っているので、会場までの地図を書いて_____。」(2012年真题)

　　 A. やってください　　　　B. いただいてください
　　 C. もらってください　　　D. あげてください

(17) すみませんが、倉田さんにそば屋の番号を教えて_____。(2004年真题)

　　 A. くれてください　　　　B. もらってあげなさい
　　 C. あげてください　　　　D. あげてもらいなさい

(13)－(17) 表示说话人指示听话人为第三者做某事，动作的受益者向外指向第三者。由于第三者未在说话现场，所以即使第三者是上级或身份地位较高的人此时也可以不使用授受动词的敬语形式。正确答案应该选择含有授受动词「あげる」一般形式的「あげてください/あげなさい」。

248

4. 补助动词「～てもらう」

「～てもらう」以动作、行为的接受者为主语，表示由于动作主体的行为而使主语得到了恩惠。也用于主语有意识地要求动作主体发出某行为。

(18)「もしもし、俊夫さんですか」

と言ったのは、確かに男の声です。

「いいえ、大野というものです。俊夫君の代理です」

「恐縮ですが、俊夫さんに出て＿＿＿＿＿。」(2010 年真题)

  A. もらってください   B. さしあげてください
  C. やってください   D. いただいてください

(18) 表示"不好意思，麻烦你让俊夫接一下电话"的意思，请求的发出者是说话人，请求的对象是"大野"。表示的是俊夫和大野之间的授受关系，所以应该选择 A。

(19) 私は締切を過ぎたレポートを提出したので、受け付けて＿＿＿＿＿。(2004 年真题)

  A. もらえなかった   B. もらわなかった
  C. あげられなかった   D. くれられなかった

(19) 表示"我提出的报告超过了截止日期，所以没能获得受理"的意思，受理者为第二或第三人称，动作的受益对象为"我"，正确答案为 A。

(20) 君たちは花も実もある新入社員。しっかり研修を＿＿＿＿＿。(2004 年真题)

  A. 積んでくれ。   B. 積んでもらいたい
  C. 積んでいただきたい   D. お積みになってください

(20) 是"你们是名副其实的新职员，希望你们好好研修"的意思，表达说话人对听话人的要求和希望，答案为 B。

「もらう」的授予者既可以用「に」也可以用「から」，两者有细微的差别。表示恩惠的授受以及に格偏向于主语主动地要求动作发出者做某事，所以に格只限于有能动性的动作主体。但是像电脑、某组织或人驾驶的汽车等容易被拟人化的事物也可用に格表示。「から」一般与「送る、届ける」、「教える、紹介する」等表示具体对象或抽象事物的移动的动词连用。同时，在动作的发出者是「実家、国」这样表示场所和组织的集体名词的时候用「から」更自然。

(21) 今回の研究では大規模なデータ処理はコンピュータにやってもらった。／

在本次研究当中，大规模的数据处理交由计算机来完成。
(22) 学校から推薦の書類を送ってもらった。／请学校寄来了推荐材料。

「～てもらう」不将动作主体作为主语凸显，所以比「～てくれる」更显客气。同时，由于「くれる」和「もらう」的视点不同，「～てもらう」还含有主语有意识地要求动作主体发出某行为，所以为了统一主语在后续感谢的表达时就不能用「～てもらう」而要用「～てくれる」。

授受动词之间还可以连用，此时需要把握好各个授受动词的动作要求者、执行者、接受者等，如(23)所示(引自加藤彰彦・佐治圭三・森田良行編．1989．『日本語概説』．桜楓社 P146)。

(23) 私が山田さんのために山田さんのお子さんをA先生に診てあげていただいてさしあげる。／为了山田先生，我请A医生为山田先生的孩子看了病。

下表分析了(23)所包含的授受动词、动作要求者、动作执行者、动作接受者、尊敬对象。

授受动词	动作要求者	动作执行者	动作接受者	尊敬对象
あげる	私	A先生	山田さんのお子さん	×
いただく	私	A先生	私	A先生
さしあげる	（私）	私	山田さん	山田さん

各参与要素之间的关系可以分析如下：

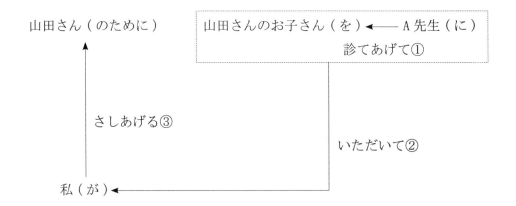

参考文献

何建军、徐莲主编.2014.《日语专业八级考试 语法敬语篇》.大连理工大学出版社.

教育部高等学校外语专业教学指导委员会日语组编.2000.《高等院校日语专业高年级阶段教学大纲》.大连理工大学出版社.

李占军编著.2013.《新日语能力测试全力出击 N1 语法 hold 住》.大连理工大学出版社.

李占军编著.2013.《新日语能力测试全力出击 N2 语法 hold 住》.大连理工大学出版社.

史兆红编著.2014.《日语专业八级考试真题 解析版》.外语教学与研究出版社.

王源、蛯原正子主编.2012.《日语专业八级考试综合辅导与强化训练》.外语教学与研究出版社.

许小明、Reika 主编.2015.《高等院校日语专业八级考试 10 年真题与详解》.华东理工大学出版社.

庵功雄・高梨信乃・中西久実子・山田敏弘.2000.『初級を教える人のための日本語文法ハンドブック』.スリーエーネットワーク.

庵功雄・高梨信乃・中西久実子・山田敏弘.2001.『中上級を教える人のための日本語文法ハンドブック』.スリーエーネットワーク.

石橋玲子編著.2007.『多様な日本語母語話者による 中上級日本語表現文型例文集』.凡人社.

グループ・ジャマシイ編著.1998.『教師と学習者のための 日本語文型辞典』.くろしお出版.

田中寛.2010.『複合辞からみた日本語文法の研究』.ひつじ書房.

友松悦子・宮本淳・和栗雅子.2010.『新装版 どんな時どう使う日本語表現文型』.アルク.

藤田保幸・山崎誠編．2006．『複合辞研究の現在』．和泉書院．
目黒真実監修．2008．『"生きた"例文で学ぶ！　日本語表現文型辞典』．アスク．
森田良行・松木正恵．1989．『日本語表現文型』．アルク．

索引

あ行

ーあげく（に）	56
ーあっての	113
ーあまり（に）	178
ー上（に）	151
ー上は	180
ー得る、ー得ない	76
ー以外の何ものでもない	113
ーいかんで（は）/ーいかんによって（は）、ーいかんによらず/ーいかんにかかわらず/ーいかんを問わず	37
いざーとなると、いざーとなれば、いざーとなったら	52
ー以上（は）	179
ー一方（で）	7
ー一方だ	12
ー言わずもがな	202
ー上で	74
ーおかげで/ーおかげだ/ーおかげか	180
ー恐れがある	160
ー折から	21
ー折に	22

か行

〜がいい	132
ーかいがある	60
ー限りだ	114
ー限り（は）	46
ーかけ/ーかける	13
ーが最後、ーたら最後	139
ーがたい	77
ーかたがた	3
ーかたわら	4
ーがち	124
ーがてら	4
ーかというと、ーかといえば	47

文型	頁
～（か）と思うと、～（か）と思えば、～（か）と思ったら	145
～（か）と思う間もなく	150
～か～ないかのうちに	145
～がいい	77
～かねない	77
～かねる	78
～かのようだ	124
～が早いか	147
～かもしれない	163
～からある、～からする、～からの	114
～からいうと、～からいえば、～からいったら、～からいって	63
～からして	99
～からすると、～からすれば	63
～からといって［～ない］	135
～から～にかけて	99
～からには	181
～から見ると、～から見れば、～から見て、～から見ても	64
～かわりに	8
～気味	125
～きらいがある	125
～きり	57
～きり／～きりだ	172
～きる、～きれる	79
～極まる、～極まりない	115
～くせに、～くせして	136
～くらい／～ぐらい	107
～げ	125
～こそ	108
～ことか	25
～ことから	181
～ごとき／～ごとく／～ごとし	128
～ことだから	182
～こととて	188
～ことなしに	5
～ことにしている	171
～ことになっている	170
～ことになる	207
～ことに（は）	26
～ことはない	195
～こと（も）なく	1

さ行

ー際	17
ー最中だ／ー最中に	17
ーさえーば	47
ーざるをえない	195
ーしかない	172
ー次第	146
ー次第だ	57
ー次第だ／ー次第で／ー次第では	28
ー始末だ	61
ー上（じょう）	64
ーずくめ	129
ーずじまい	61
ーずにいる、ーないでいる	14
ーずにおく／ーないでおく	14
ーずにしまう、ーないでしまう	15
ーずにすむ／ーないですむ／ーなくてすむ	58
ーずにはいられない、ーないではいられない	196
ーずにはおかない、ーないではおかない	202
ーずにはすまない、ーないではすまない	203
ーせいだ／ーせいで／ーせいか	183
ーそばから	148

た行

ーたいものだ	133
ーた上で	103
ーだけあって、ーだけのことはある	184
ー（だ）からこそ	183
ーだけでなく［ーも］、（ただ／ひとり）ーだけでなく［ーも］	157
ーだけに	184
ーだけ（の）	108
ーた末／ーた末に／ーた末の	60
ただーのみ	175
ーたて	15
たとえーても／たといーても、たとえーであれ	48
ーたところ	59
ーたところで	91

〜たとたん（に）	146	〜（で）さえ	109
〜だらけ	126	〜てしかるべきだ	204
〜たりとも［〜ない］	91	〜てしようがない	109
〜たる／〜たるもの	66	〜て堪らない	110
〜たばかりだ	16	〜でなくてなんだろう	204
〜たび／〜たびに	28	〜てならない	111
〜たらいい	133	〜ては	54
〜ついでに	1	〜ではあるまいし／〜でもあるまいし	188
〜っけ	40		
〜っこない	79	〜てはかなわない、〜ではかなわない	52
〜つ一つ	149		
〜つつある	13	〜てはじめて	105
〜つつ（も）	136	〜てほしい	134
〜っぱなし	129	〜てまで	116
〜っぽい	127	〜てもしかたがない、〜てもしようがない	121
〜つもりだ	49		
〜であれ	92	〜でもって	67
〜であれ〜であれ、〜であろうと〜であろうと	71	〜でもって	191
		〜てやまない	116
〜て以来	104	〜とあいまって	38
〜てからでないと［〜ない］、〜てからでなければ［〜ない］	104	〜とあって	189
		〜とあれば	53
		〜といい	134
〜てからというもの	106	〜といい〜といい	71
		〜ということだ	23

〜というと、〜といえば、〜といったら	192
〜というところだ、〜といったところだ	117
〜というもの	117
〜というものだ、〜というものではない／〜というものでもない	197
〜というより	9
〜といえども	93
〜といった	158
〜といったらない、〜といったらありはしない、〜といったらありゃしない	118
〜といっても	90
〜といわず〜といわず	72
〜と思いきや	140
〜とおり／〜とおりに／〜どおり／〜どおりに	42
〜とか	24
〜ときたら	192
〜どころか	152
〜どころではない	80
〜ところの	159
〜ところを	137
〜として／〜としては／〜としても	65
〜とすると、〜とすれば、〜としたら	49
〜とともに	29
〜となると、〜となれば、〜となったら	193
〜との	160
〜とのことだ	24
〜とは	27
〜とは	194
〜とはいいながら	142
〜とはいうものの	142
〜とはいえ	140
〜とは限らない	88
〜とばかりに	119
〜てほしい	25
〜といい	134
〜ともなく／〜ともなしに	73
〜ともなると、〜ともなれば	97
とやら	25
とやら	74

な行

句型	页码
ー（ない）うちに	105
ーない限り	50
ー（ない）ことだ	197
ーないことには［ーない］	50
ーないことはない、ーないこともない	80
ーないまでも	93
ーないものでもない	84
ーながら（に／の）	5
ーながら（も）	94
ーなくして（は）［ーない］	53
ーなくはない、ーなくもない	81
ーなしに（は）	6
ーならいざしらず	167
ーならでは（の）	175
ーなり	149
ーなりーなり	73
ーなり（に／の）	67
ーに当たって／ーに当たり	18
ーにあって／ーにあっては／ーにあっても	21
ーに至る／ーに至って（は）／ーに至っても	62
ーに至るまで	102
ーにおいて（は／も）、ーにおける	18
ーに応じて／ーに応じ／ーに応じては／ーに応じても／ーに応じた	29
ーにおかれましては	194
ーにかかっている	39
ーにかかわらず、ーにかかわりなく	164
ーにかかわる	39
ーに限って	173
ーに限らず［ーも］	153
ーに限る	131
ーにかけては／ーにかけても	30
ーにかたくない	84
ーに関して（は／も）／ーに関する	30
ーに決まっている	198
ーに比べ（て）	9
ーに加え（て）	153
ーにこしたことはない	119
ーに応え（て）／に応え／ーに応える	31

ー に際し（て）	19
ー に従って / ー に従い	32
ー にしたら、ー にすれば、ー にしても	66
ー にして	143
ー にして（は）	22
ー にしては	96
ー にしても	121
ー にしろー にしろ、ー にせよー にせよ	69
ー にしろ、ー にせよ	164
ー に過ぎない	111
〜 に相違ない	161
ー に即して	45
ー に沿って / ー に沿い / ー に沿う / ー に沿った	42
ー に対し（て）	10
ー にたえる、ー にたえない	85
ー に足りない	122
ー に足る	86
ー にちがいない	161
ー について / ー については / ー についても / ー についての	32
ー につき	185

ー につき	43
ー につけ（て）	20
ー につけー につけ	69
ー につれて / ー につれ	33
ー にとって / ー にとっては / ー にとっても / ー にとっての	33
ー に伴って / ー に伴い / ー に伴う	34
〜に（は）あたらない	86
〜には及ばない	88
ー にひきかえ	11
ー にほかならない	199
ー に基づいて / ー に基づき / ー に基づく / ー に基づいた	43
ー にもまして	12
ー によらず	178
ー にわたって / ー にわたり / ー にわたる / ー にわたった	100
ー 抜きで（は）/ ー 抜きに（は）/ ー 抜きの / ー を抜きにして（は）	2
ー ぬく	174
ー の至り	120

～（の）限り	112	～べからず／～べからざる	56
～の極み	120	～べき（だ）、～べきではない	199
～のこと（で）	122	～べく	75
～のだ／～んだ	207	～べくして	205
～のだろう	163	～べくもない	87
～のみならず［～も］、（ただ／ひとり）～のみならず［～も］	154		

ま行

～のもとで、～のもとに	44	～まい	200

は行

		～まじき	97
～ばいい	135	～まで（のこと）だ	177
～はおろか［～も］	154	～までもない	87
～ばかりか、～ばかりでなく［～も］	155	～まま（に）	20
～ばかりに	186	～まみれ	130
～ばこそ	190	～向き（だ／に／の）	96
～はずがない	89	～めく	130
～はずだ、はずの	208	～もかまわず	166
～ばそれまでだ	176	～もさることながら［～も］	158
～はともかく（として）	165	～も～なら～も～だ	98
（～ば）～ほど	34	～もの／～もん	186
～はもちろん［も］、～はもとより［～も］	156	～ものか／～もんか	201
		～ものがある	27
		～ものだ	41
～反面／～半面	10	～ものだ	201

～ものだから	187	～（よ）うものなら	54
～ものではない	55	～よりほか（に／は）ない	174
～ものではない	89		
～ものと思われる	162		

わ行

～ものなら	51	～わけがない	82
～ものの	138	～わけだ	35
～ものを	141	～わけではない、～わけでもない	83
～も～ば～も、～も～なら～も	156	～わけにはいかない、～わけにもいかない	83
		～わりに（は）	138

や行

を

～や、～や否や	150	～をおいて［～ない］	177
～やら～やら	70	～を限りに	45
～ゆえ（に）	190	～を皮切りに	102
～（よ）うが	94	～をきっかけに／～をきっかけとして／～をきっかけにして	36
～ようがない、～ようもない	82	～を禁じえない	206
～（よ）うが～まいが、～（よ）うと～まいと	168	～を契機に／～を契機として／～を契機にして	36
～（よ）うが～（よ）うが、～（よ）うと～（よ）うと	170	～を込めて	3
～（よ）うと	95	～を通して、～を通じて	101
～（よ）うではないか	133	～を通して	143
～ようにしている	171		
～ようによっては	40		

ーを問わず	166	ーを余儀なくさせる、ーを余儀なくされる	206
ーをはじめ（として）	101	ーをよそに	169
ーをめぐって／ーをめぐる	37		
ーをもって	7		

ん

ーをもって	144		
ーをもってすれば	68	ーんがため（に／の）	76
ーをもとに／ーをもとにして	44	ーんばかりだ／ーんばかりに／ーんばかりの	123
ーをものともせず	168		